杨泓精选集

杨 泓 ◎ 著

人民日报出版社

北 京

图书在版编目（CIP）数据

杨泓精选集 / 杨泓著 . — 北京：人民日报出版社，
2023.12

ISBN 978-7-5115-8138-9

Ⅰ.①杨… Ⅱ.①杨… Ⅲ.①杨泓—文集 Ⅳ.
① K85-53

中国国家版本馆 CIP 数据核字（2023）第 247854 号

书　　名：**杨泓精选集**
　　　　　YANG HONG JINGXUAN JI

作　　者：杨　泓

出 版 人：刘华新
策 划 人：欧阳辉
责任编辑：毕春月　刘思捷
装帧设计：新成博创 XIN CHENG BO CHUANG

出版发行：人民日报出版社
社　　址：北京金台西路 2 号
邮政编码：100733
发行热线：（010）65369509 65369527 65369846 65363528
邮购热线：（010）65369530 65363527
编辑热线：（010）65369521
网　　址：www.peopledailypress.com
经　　销：新华书店
印　　刷：北京盛通印刷股份有限公司
法律顾问：北京科宇律师事务所　（010）83622312

开　　本：710mm×1000mm　1/16
字　　数：210 千字
印　　张：19.5
版次印次：2024 年 4 月第 1 版　2024 年 4 月第 1 次印刷

书　　号：ISBN 978-7-5115-8138-9
定　　价：78.00 元

前　言

七十多年前，我成为考古学的学徒。前五年（1953—1958 年）在北京大学历史系考古专业学习，以辩证唯物主义和历史唯物主义研读历史学，同时学习考古学的基本知识。当年，北大历史系考古专业可谓名师荟萃：夏鼐先生讲授考古学通论；专业课的授课老师，旧石器时代考古学为裴文中、贾兰坡，新石器时代考古学为安志敏，商周考古学为郭宝钧，秦汉考古学为苏秉琦，南北朝、隋唐考古学为宿白；还有唐兰讲授古文字学，阎文讲授古代艺术和石窟寺艺术，徐邦达讲授古代书画，傅振伦讲授博物馆学通论。同时，与几个历史专业的同学一起学习中国史、亚洲史和世界史，授课老师有翦伯赞、周一良、张政烺、齐思和、邓广铭、汪篯等。考古技术课则是由考古研究所的先生来教，赵铨教照相、郭义孚教绘图、钟少林教修整器物、徐志铭教测量。田野考古实习由苏秉琦、宿白两位带领。

五年学习结束，告别母校，被分配到中国科学院考古研究所（1977 年中国社会科学院成立后，考古研究所成为中国社会科学院所属研究机构）工作，至今已度过六十六年。在这漫长的岁月里，我在所里一直是个普通的研究人员，没有担任过任何行政领导职务，力所能及地"凑合着"完成所领导交给的各项工作任务。在考古所，我服务于第三研究室（汉唐考古研究室），从 1959 年开始，一直负责汉代以后唐代以前这一历史阶段的考古学研究，即三国两晋南北朝考古学，最终主编完成多卷本《中国考古学》的《三国两晋南北朝卷》。此外，我为中国考古学创建了两个分支学科。一项为古代兵器考古学，为此还曾被《中国军事百科全书（第一版）》聘为《古代兵器》学科主编。另一项是中国美术考古学。自 1959 年至 20 世纪 80 年代，还兼在考古所编辑室从事考古书刊的编辑工作，此后又较长时间兼为《文物月刊》担任终审工作。在常年的编辑工作中，需要与其他报刊建立联系与合作，不仅要为它们提供科学准确的考古信息，还要写各报刊需要的向广大群众普及考古文物知识的文稿。

1959 年秋，考古所派遣我去西北大学，为历史系考古专业同学讲授《魏晋南北朝隋唐考古学》。此后，不断受邀在包括母校北大在内的各高校讲课。中国社会科学院研究生院成立后，担任考古系教授、博士导师，为研究生和外国留学生讲授《三国两晋南北朝考古学》《汉唐考古学》和《中国古代兵器》，部分讲稿集成《汉唐考古学九讲》《中国古代兵器通论》出版。1982 年，应日本关西大学邀请，作以中国古代甲胄研究为主题的学术讲座，他们还将我的《中国古兵器论丛》译成日文，并由关西大学出版社于 1986 年出版。此后，从 20 世纪末至 21 世纪初，不断应邀赴日本、韩国、美国以及中国香港的大学作学术讲座。

在六十六年的学术生涯中，我发表过数百篇长短文章。2021年，在郑彤帮助下，我将几十年来所写文章整理选录，编成《杨泓文集》，由文物出版社出版，文集共分五卷，分别为《考古学》、《古代兵器》（两册）、《美术考古》、《艺术史》和《文物考古小品》。现在应人民日报出版社之约，将文集中适合广大群众阅读的文章，精选成本文集，以飨读者。

杨　泓
2024年春于北京和泰园

前　言

吉祥与尊贵的化身*

　　在中国古代传说中，蛇、鹤都被认为是延年之物，故象征吉祥。据东晋王子年《拾遗记》载，三国时东吴丞相张昭的祖母孙氏乘轻舟游于江浦之际，忽有一条三丈长的白蛇腾入舟中，她咒曰，君为吉祥，勿毒噬我，乃箧而将还，置于房内，一宿视之，不复见蛇。而邻居则看见一只白鹤由张家凌云飞去。孙氏占卜，卜人告诉她，此吉祥也，子孙当贵。后来，她的孙子张昭果然为辅吴将军，位至丞相。时人认为是承蛇鹤之祥。

　　另一则传说，讲述了灵蛇报恩赠宝珠的故事，见东晋干宝《搜神记》。述说在隋县溠水旁有一处"断蛇丘"。其地名来源：因隋侯出行，见大蛇被伤中断，疑其灵异，使人以药封之，蛇乃能走，因号其处"断蛇丘"。岁余，蛇衔明珠以报恩。珠盈径寸，纯白，而夜有光明，如月之照，可以烛室。故谓之"隋侯珠"，

＊ 本文原载《人民日报》2013 年 2 月 17 日第 12 版。

亦曰"灵蛇珠",又曰"明月珠"。这则故事在古代流传甚广,在陕西扶风法门寺唐塔地宫中出土的金花银香宝子上,就饰有描绘灵蛇向隋侯赠宝珠的生动画面。

蛇,在中国古代也被视为丰收或子孙繁衍的象征物,特别是在西南或南方地区的古代文化中,常见以蛇为母题的文物。年代最早的是相当于商代晚期古蜀人遗址出土的圆雕石蛇,在四川成都金沙遗址至少发现过4件,石蛇头三角形,圆目张口,口唇涂成朱红色,身躯呈"S"形盘曲,被认为是用于祭祀或与原始宗教有关的道具。南方地区的青铜器,也常饰有蛇纹,如广西恭城出土的春秋时期的青铜尊上就有生动的双蛇斗蛙连续图案。稍迟一些,生活在西南的古代民族更常以蛇为丰收或大地的象征物,例如,云南晋宁石寨山、江川李家山等地发掘的古代滇人的墓葬中,经常出土以蛇为造型的文物。有以蛇头作鋬的青铜铲,也有以蛇体作柄的青铜剑,柄首是张口的蛇头,形态极为生动。至于大量出土的以鸟兽人物为题材的青铜扣饰上,更是多饰有纠缠盘曲的长蛇。一些表现祭祀、祈年等场景的青铜储贝器盖上的立体群雕中,也少不了蛇的身影。特别是在一座滇王的坟墓中,出土了西汉中央颁赐的黄金印,印文为"滇王之印",印上的印纽也铸成一条盘曲的金蛇,成为滇王高贵身份和权威的象征。

中国古代的神话中,蛇与神人也有密切的联系。在《山海经》中,《海内西经》《海外西经》《大荒西经》等篇都有关于神人戴蛇、珥蛇、践蛇的记述。在汉代画像石和画像砖的图像中,伏羲和女娲的神像都是被描绘成人首蛇躯蛇尾的形貌,或双手捧着太阳和月亮（也有人认为他们是日神和月神），或手中分别执着规和矩，下体的蛇躯和蛇尾有时也画成龙躯和龙尾。在新疆吐鲁番阿斯塔那墓群出土的唐代绢画中，群星围绕中的伏羲和女娲的蛇躯和蛇尾，更是亲密无间地交缠在一起，显示出神异的艺术造型，更寓有对后世子孙繁衍的期望。

汉画中伏羲和女娲或作蛇躯或作龙躯，或许表明中国古代常常视龙蛇为一体，有时也以蛇为象征帝王的神物。传说汉高祖刘邦在秦末为亭长时，曾行经丰西大泽中，路遇大蛇拦路，乃拔剑斩杀大蛇。随后有人看到有一老妪对蛇悲哭，她说大蛇是白帝子，刚被路过的赤帝子杀害，说完后老妪就不见了。西汉时流行的上述传说，为汉高祖刘邦夺取政权涂上了神异的色彩，同时说明当时人们习惯用蛇象征帝王。

有些古代传说中，也将蛇视为著名将领的化身。例如，《晋书》中就记有西晋灭东吴的名将杜预，在荆州时因酒醉化为大蛇的神异传闻，用这个故事说明杜预有超人之处。到了后代，人们不再以蛇象征帝王，而专以龙为帝王象征，明清时更是如此。

在以蛇为主要图像的古代文物中，常见的还有下述两项：其一是代表北方的玄武，其形象是下龟上蛇交缠在一起，最迟在汉代，蛇龟交缠的玄武图像，已与代表东方的青龙、西方的白虎、南方的朱雀，合称"四神"，用以代表四方。后来在道教中，蛇龟相缠的玄武，又成为北方真武大帝的神将。今日，武当还保存有明代铸成的玄武铜像。其二是十二时（十二辰）中代表巳时的动物为蛇，在隋唐时期的十二辰陶俑中，常把它塑造成蛇首人身的形貌。

　　古代传奇中，还多有蛇精化人的故事，所化人形或男或女，《续搜神记》所述太元士人嫁女故事中蛇精为男，《博异志》所述唐代李黄故事中蛇精则化为美女，但都以悲惨的结局收场。只有流传民间的白娘子的传说，留下一则关于忠贞爱情的动人故事，长久为中国老百姓所喜爱，不断被编成戏剧、电影、舞蹈演出，绘制成年画、皮影等，至今仍带给人以美的享受。

中国古文物中的马*

　　体姿英俊的良马，一贯深受国人的喜爱。古代用马驾车的历史颇为久远。在河南、陕西、山东等地殷商时期的遗存中，便出土有当时的双轮木马车和驾车的辕马，可惜只保存了马骨架，难以看清原来的体貌。幸而在陕西甘泉发现有两件商代铸造的青铜马，使我们能看到商马的形貌——体矮颈粗，四肢较短而双耳颇大，外貌并不显神骏。西周和东周出土的青铜马，形体和甘泉商马相同，并都铸造成四肢伫立的呆板姿态，反映着先秦时期马匹形体特征。唯有邯郸赵王陵被盗掘出的四匹铜马，呈迈步行走的姿态，似感生动。

　　秦代马的雕塑品，其体貌特征一如先秦时期。这在秦始皇陵陶兵马俑坑中出土的按真马比例塑造的陶马中有明确表现。秦始皇陵出土的两乘铜车马中的铜马，尺寸虽然只有真马 1/2 大小，

＊ 本文原载《人民日报》2014 年 1 月 26 日第 12 版。

制工远较陶马精美，马身躯的肌肉块面表现充分，但是体貌特征仍与陶马相同。陶马和铜马身上分别涂满枣红色和白色，由此或可看出秦时一般马的毛色是枣红色，而皇帝乘驾的名马，则崇贵白色。传秦始皇拥有的骏马中，有白兔、奔电等名称，可能就是体姿俊美的白马。

西汉初年有关马的艺术品，造型特征仍与先秦至秦朝时近似，连霍去病墓冢石雕群中的"马踏匈奴"大型石刻中的骏马，也是头大而脖颈粗短的造型，仍沿袭着传统的四肢伫立的体姿。虽然从 1966 年在陕西昭帝平陵附近发现的仙人（羽人）骑天马小型玉雕可以看出，西汉时期也有表现跑动姿势的马雕塑品，但是体形仍矮粗，缺乏神骏之姿。

西汉武帝时与匈奴连年征战，双方战马损失极大，因此"匈奴虽病，远去，而汉亦马少，无以复往"。为了补足军马的损失，汉武帝一方面扩大养马业，另一方面致力于马种的改良。先是引进乌孙马种，后来知道大宛有汗血善马，竟不惜两度发兵远征，终于夺得大宛种马，乃"更名乌孙马曰'西极'，名大宛马曰'天马'云"，还在都城长安未央宫宦者署的鲁班门前，矗立一匹相马名家东门京主持铸造的青铜骏马——按照最佳良马尺度制作的"马式"，用来作为选择良马的标准，鲁班门也随之改称"金马门"。1981 年，在陕西省汉武帝茂陵附近一号陪葬冢出土有一件遍体鎏金的青铜马，体长 75 厘米、高 62 厘米，立姿，头小颈细，双耳如批竹，胸肌劲健，四肢修长，据此可以想见"马式"的形貌。作为反映西汉马种改良的早期作品，其造型还沿袭着四足伫立的造型，或许是受"马式"的影响。

西汉后期到东汉时期，墓葬内随葬的青铜或陶、木的骏马模型，已经突破旧模式，常常是昂首挺胸、抬起一只前蹄向前慢步行进的姿态。骏马造型艺术品，在东汉末到魏晋时期的河西地区达到高峰，最为人称道的是甘肃武威雷台墓中随葬的一组青铜车马模型，其中共有铜马39匹，都是"天马"形貌，头小而英俊、颈长而弯曲，胸围宽厚，四肢修长，臀尻圆壮，显示出是乘挽兼用的良马。特别是其中一匹奔跑的铜马，极富动感，右后足踏住一只回首后顾的飞隼，反衬出骏马之神速，是不可多得的古代骏马造型的艺术珍品。

魏晋时期，就在河西地区的骏马造型艺术处于创作高峰时，中原地区的骏马造型艺术却步入低谷。由于曹魏帝王力主薄葬，一扫汉墓奢侈之风，随葬俑群随之消逝，骏马造型艺术也随之衰落。到了西晋时期，都城洛阳一带的墓葬中恢复了以陶俑随葬之风，并以出行的牛车与鞍马为俑群核心，只是陶马的制工与东汉相比粗劣得多，造型更无东汉陶马的神骏英姿。西晋灭亡，匈奴、鲜卑等游牧民族相继入主中原，人马都披铠甲的重装骑兵成为战争舞台上的主角，在关中地区如陕西西安和咸阳十六国时期的墓葬里有大量模拟重装骑兵——甲骑具装的陶俑，也有身披具装铠甲的陶马模型，但是塑工欠精美。到拓跋鲜卑建立北魏统一北方后，墓仪制度逐渐形成规制，随葬俑群中便有了鞍辔鲜明的骏马，还有重装和轻装的骑兵，以及骑马的鼓吹乐队。此时，骏马的塑造又转精致，比之东汉陶马，更富现实感，而且披装的马具都具有时代特色，为北魏陶马雕塑平增情趣。此后，北魏分裂为东魏和西魏，接着分别为北齐和北周所取代。东魏北齐的陶俑中，陶马造型沿袭北魏传统，制工精致而形貌健俊。西魏北周的陶俑中，陶马造型似受关中地区十六国时期陶马造型的影响，制工粗劣，马的四肢粗大近似柱体。

唐代，中国骏马雕塑品达到艺术造型的新高峰。唐太宗李世民昭陵前的"昭陵六骏"，是他在建立唐朝前先后骑乘过的六匹战马拳毛䯄、什伐赤、白蹄乌、特勒骠、青骓和飒露紫的巨幅浮雕像，呈现出一往无前的雄浑气势，开唐代骏马雕塑的时代新风。六块矩形浮雕，每块雕出一匹正侧视的战马，或行走，或奔驰，姿态各异，形貌写实。六骏中，仅飒露紫雕作中箭受伤后伫立的姿态，前面雕有将军丘行恭，正在为它拔箭，表现着征讨王世充时会战邙山时的情景。用以纪念和颂扬唐太宗李世民的丰功伟绩的"昭陵六骏"，是一组成功的纪念性或纪功性的石雕作品。与西方纪念雕塑作品不同，英雄本人的形象并没有出现，但是从他所骑乘的战马的雄姿，人们时时都感到英雄的存在，这也正是东方艺术强调含蓄和象征手法的成功杰作，毫无夸张及霸气之感。也可以认为这是承袭西汉霍去病墓冢石雕的传统，以战马雄姿象征英雄伟业。"昭陵六骏"还带给人们另外一个信息，就是从十六国至北朝时期盛行的鲜卑系统的马具，这时已为突厥系统的马具所取代，这与李渊、李世民父子在晋阳仿效突厥组建骑兵，并大量由突厥输入骏马有关。

盛唐时期，描绘骏马的造型艺术同样走向繁荣。绘画方面，许多名家精于画马，仅在杜甫的诗作中，就可以读到《丹青引赠曹将军霸》等吟咏马画的诗篇。雕塑方面，以目前所见最令人赞赏的是随葬的三彩作品。从神龙二年（706年）葬的懿德太子李重润墓中出土的三彩俑群中，已可见三彩马的风采。它头部微侧，轮廓线流利活泼，鬃剪三花，鞍披鞯泥，张口作嘶鸣状。美中不足的是，马的体态塑制得过于圆腴，使人观后有"画肉不画骨"之感。比其迟约17年的右领军卫大将军鲜于庭诲墓中出土的三彩马，更为雄劲神骏，那刚劲有力的躯体轮廓内，显现出锋棱多力的马骨，更有怒马如龙之感。

唐代三彩马艺术造诣普遍较高，形态多变，不仅那些形体较大的作品，就是只有10余厘米高的小型作品，其造型之美亦毫不逊色。同时，在色彩方面除习见的黄、白彩外，在洛阳地区出土有通体墨色的黑马，甚至在关林唐墓中竟然出土了一匹通体施蓝彩的马。同样的蓝色泥塑马，在新疆吐鲁番唐墓中也出土过。古代匠师如此大胆设色，令后人惊叹。

唐代以后，随葬俑群在宋、辽、金时期衰落，墓中很少随葬陶马。到蒙古族建立的元朝，虽然蒙古铁骑纵横亚欧大陆，但是因葬俗的改变，只是在陕西地区曾在元朝任高级官员的汉族墓中有陶俑、陶马出土，陶马的造型改为体形低矮、短腿长鬃的蒙古马，鞍镫马具也改为蒙古样式，造型颇呆板，不复唐俑那样富有生机。这也反映着汉唐以来不断由中亚和西亚输进优良马种的努力，至此告一段落，但是飞驰的骏马，在中华文化中作为表现奋发向上的主题却长盛不衰，激励着中华民族腾飞、奋进。

大吉羊与大吉祥*

在中国古代文物中，有许多以羊为造型元素的艺术品。羊的造型常蕴含着古代游牧文明和农耕文明的深刻内涵，以及吉祥的象征意味，值得人们探索与品鉴。

游牧与农耕文明的交集载体

一队金羊和银羊，相向行进，头上的大角向后弯曲，闪烁着金银光泽的身躯肥腴壮美，分外富丽——这种装饰华美的西戎贵族礼仪性木车的原大复制模型，正在北京大学赛克勒考古与艺术博物馆"秦与戎：秦文化与西戎文化十年考古成果展"中展出。同时展出的大角羊题材的黄金装饰品，还有精巧的黄金带饰——两个吻部相接的大角羊头，构成方形带饰。也有的金带饰选用了

---

* 本文原载《人民日报》2015 年 2 月 15 日第 12 版。

古代草原民族喜用的猛虎噬羊的图案。

据研究者分析，这些黄金制品是秦人为西戎贵族制作的，显示了秦与西戎文化的联系，所选用的大角羊图像则是受到了北方草原文化因素的影响。除甘肃外，新疆、宁夏、内蒙古等地，都有先秦时期的草原文化文物出土，也常以大角羊为装饰纹样。所饰羊纹形貌写实，造型生动，额头宽厚，双角粗壮有力，向后卷曲，神态倔强，充分显示出游牧民族草原文化浑朴粗犷的艺术风格。其中一些以卷角羊首为造型的金饰，还有猛虎噬羊的鎏金铜带饰，直到汉代还很流行，在中原地区乃至岭南地区的西汉墓中常有出土，如在广州的南越王墓的主棺室里，就出土有 8 片饰有两相背向的大角羊头纹图像的杏形金叶，出土时分布在玉衣的头套上。

不仅古代的草原文化文物常喜好装饰以羊为原型的图纹，农耕文化文物中也有大量以羊为原型的艺术品，因为当羊被驯化成家羊以后，便成为人们主要畜养的家畜。中华古代养羊的历史，可以追溯到史前时期，至迟在仰韶文化时期的遗址中，已经发掘到人工饲养的山羊的遗骨。人工畜养的绵羊，可能由已经灭绝的赤羊或现在还存在的盘羊驯化而来。约在距今 1 万年前的西亚地区，已经开始饲养绵羊，后传入中国，大约在距今 5600—5000 年时，家养的绵羊出现在甘肃和青海一带。史前的艺术家，通过观察写生，不断创作出造型生动的陶羊塑像。其中最令人赞叹的作品，出土于湖北天门石河镇的新石器时代遗址之中，是一些小型陶塑，塑得小头肥体，双角下卷，形体特征突出，显示出远古陶艺的古朴风貌。

历史迈入青铜时代以后，羊被列为"六畜"之一。在周朝，隆重的祭典中，羊是仅次于牛的祭品。当时必须按规定按级别进行祭祀：诸侯之祭，牛位于诸牲之首，称"太牢"；大夫之祭，以羊为诸牲之首，称"少牢"；士之祭，牲猪，称"馈食"。在大规模的祭祀活动中，同样是以牛为首，羊次之，猪再次之。在《周礼·夏官》记述的官职中，还有"羊人"，职责是"掌羊牲"。各地发现的周代祭祀遗址，常可以在祭祀坑中发现完整的羊骨，如对河南洛阳中州东路北的西周时期祭祀坑遗迹的发掘中，以及再次对山西侯马东周时期祭祀坑的发掘中，都可以看到当时是用整头全羊进行祭祀，然后再埋于祭祀坑中的。在侯马清理的 44 座埋有牺牲的祭祀坑中，以羊为牲的多达 35 座，其中有 26 座用的是全羊，羊的姿态呈蹲坐状或侧伏状，昂首向上，四蹄捆扎在一起。

瑞兽与"羊祸"的双重寓意

到了汉代，由于对"羊"字的释义，人们进一步认为羊是代表"吉祥"的瑞兽。

据东汉许慎所著《说文解字》："羊，祥也。"由于"羊""祥"同义，"吉羊"即"吉祥"，所以那时人们习惯将"大吉羊"的吉语刻铸在器物上，配以羊纹图像，以求生活吉祥、事事如意。当时人们不仅生活中为求吉祥，会在日常使用的铜器上铸刻"吉羊"铭文和羊形图案，死后为求安详，也会在建造坟墓时，将羊头图像安置在门额中央。如河南洛阳烧沟汉壁画墓的墓门就塑有正视的羊头，一双大角左右下卷，构图规整；羊头下侧绘神虎食女魃壁画，用以求安详和驱邪祟。

同时，羊是家庭财富的象征。家庭越富裕，自然畜养的家畜家禽也就越多。汉代人事死如事生，为模拟生时家中畜养的羊，就在墓葬里随葬陶塑的羊模型。这种肖形的陶羊，在西汉和东汉时的坟墓中都有出土，一般人的墓里放置的数量不多，但是在皇帝陵墓的从葬坑中，放置有成群的陶羊，如西汉景帝的陵墓——阳陵的一些从葬坑已经发掘，可以看到成群的陶羊，从形貌可以分出绵羊和山羊，而且各有雌雄之分，造型真实生动。有些汉魏时期的墓葬，不放置陶羊而是在壁画中绘出牧羊的画面，同样是墓主人拥有财富的象征。甘肃地区的魏晋时期砖墓中，就常绘有牧羊的图像，因为都是画在一块砖的砖面上，画幅很小，所以线条简练，别具情趣，富有地域特色。

任何事物都有两面性，古人对羊的看法也不例外，并不完全将它视为吉祥和财富的象征，也有反面的说法。在历代史书的《五行志》中不乏关于"羊祸"的记述，"志异小说"中常有"羊成精怪"祸害人的故事，也有"鬼变羊"的故事，见于《搜神记》：南阳宗定伯，年少时夜行逢鬼。鬼问定伯是谁，他骗鬼说：我亦鬼。于是人鬼同行。宗定伯问：鬼何所畏忌？鬼说：唯不喜人唾。在到达共同目的地宛市时，宗定伯捉住了鬼，无处可逃的鬼就地变成了一只羊，于是宗定伯就把羊卖了，又担心其变化，唾之。所以有传说："定伯卖鬼，得钱千五。""鬼变羊"的故事后来演变成"不怕鬼"的故事。20世纪60年代，人民文学出版社曾出版《不怕鬼的故事》，宗定伯卖鬼的故事收入其中，用来激励人们的斗志。

礼器与民艺的多样表达

在中国古代，人们经常用羊的形象制作艺术品。

商周时期，人们常用羊的形貌制作青铜器，如肖形的青铜羊尊，其中有用双羊背负起尊口的造型，最奇伟的当数出土于湖南宁乡、现藏于中国国家博物馆的四羊方尊，它是商代铜尊中形体颇为硕大的一件，尊腹和圈足由四头分向四方站立的羊合成，它们将臀部互相垂直地贴靠在一起，共同用背承托起浑厚的方形尊口，带有卷曲大角的羊头伸出尊腹，呈现出强烈的立体感，是具有感人魅力的青铜艺术珍品。但更多青铜器上的羊纹，装饰意味浓郁，并常与夔龙、兽面等纹样结合在一起，闪现着神奇的色彩。特别是一些神兽造型的西周铜器，兽头上却生有下弯的巨大羊角，说明其是以羊为原型而创造的，如陕西扶风庄白出土的折觥。

到了汉代，又流行以卧羊造型制作灯、酒樽等日用器物。著名的西汉中山靖王刘胜墓中的铜羊尊灯，正是最好的例子。四川的东汉画像砖中，可以看到卖酒的店铺几上陈放着卧羊形的酒樽，还可以看到人们用独轮车载着卧羊酒樽运酒的画像。另一些汉代卧羊陶樽，还在羊前肢肩后加绘羽翼，表示是带翼的神羊。肩附羽翼的卧羊造型，魏晋六朝时期仍然流行。江南盛产的青瓷器中，自孙吴、西晋直到东晋，常见卧羊造型的青瓷器，釉色莹碧，形态生动，是青瓷艺术品中的精品。

另有一些小巧的瓷塑玩具羊，造型更为引人喜爱。其中，有的大羊还背负着一头小羊，虽然现实生活中不会出现牝羊背负幼崽的事，但这类艺术品用了拟人的手法，所以别具情趣，引人入胜。小巧的瓷玩具羊，历经唐宋诸代，经久不衰。河南三门峡市发掘过一座唐代的小女孩墓葬，出土了一组精巧的瓷玩具，其中就有一件憨态可掬的幼羊造型的玩具，极为生动可爱。

直到近代，羊一直是民间艺术喜用的题材之一，剪纸、泥塑都不乏成功的佳作，更以结合民间吉语"三阳开泰"而制作出变化多样的三羊造型，流传也最广泛，是春节时人们装饰居室常用的艺术品。

至迟在汉代，已经将十二时（十二辰）分别用世间禽兽（只有辰是用想象出的龙）形貌来表示。东汉王充在《论衡·物势篇》里，清楚地记述了与十二时对应的兽，指明"未羊也"。在汉代流行的铜镜背面的纹样中，也常见十二时的图像，都是写实的兽形。到南北朝时期，如山西太原北齐娄睿墓壁画所绘十二时也还是写实的兽形。但是到了隋代，十二时的图像开始发生变化，隋墓中随葬的十二时俑，被塑造成人体兽首的形貌，常是身穿袍服的人身坐姿，只是头部塑成兽首。唐代墓中的十二时俑，沿袭着隋墓的传统，也是袍服兽首的造型，但是从坐姿改成直立的姿态。在这些兽首人形十二时像中，未羊的形貌，长角弯卷耳后，双目前视，显得比其他像更庄重得体。

中国传统的农历，以干支纪年，今年为乙未年，"未羊也"，正是羊年，所以也应预示着将是一个吉祥的年份。

天降仙猿*

又是一年岁末时。中国老百姓即将送走"大吉羊（祥）"的
乙未年，迎来带给人们新的梦想的丙申年。代表申年的生肖就是
人们喜爱的猴子。

中国古代，常将猿猴连称。人们喜爱猿猴，不仅因为它那似
人的容貌、灵活的体态、滑稽的动作，还因为古人将它视为长寿
的象征。东晋葛洪所撰《抱朴子》一书中，就有"狝猴寿八百岁
变为猿，猿寿五百岁变为玃。玃寿千岁"的记载。伴随长寿的自
然是安详平和、生活幸福。传说猿猴长寿而面目似老人，加上长
臂善于攀缘，因此其在中国古代传说中又被赋予更为神异的色
彩。最脍炙人口的故事，当数《吴越春秋》中所记越女与袁公比
剑之事，当对搏三击之后，袁公飞上树梢化白猿而去。这则故事
流传后世，所以唐代诗人李贺曾有"见买若耶溪水剑，明朝归去

---

* 本文原载《人民日报》2016 年 1 月 31 日第 12 版。

事猿公"的诗句。

在中国古代文物中，常常可以看到生动传神的猿猴造型的艺术品。目前所见时代最早的猿猴造型文物，是湖北天门石河遗址出土的新石器时代晚期小型泥塑，体高不过 5 厘米左右，所以仅塑出形体的大轮廓，不作细部刻画，古拙而生动，在出土的各种鸟兽塑像中，以猿猴最为引人注目——它昂首挺身坐地，一副傲然的神态，表明石河文化的原始艺术家，不仅掌握了猿猴的体质特征，而且达到了初步追求传神的境界。

进入青铜时代，猿猴造型仍是人们喜爱的艺术形象，在青铜文物中可以寻到它各式各样的身影。山西闻喜出土的青铜刖人守囿车，其盖上有一只立体塑的蹲猴。北京故宫博物院所藏战国时期青铜螭梁盉的盖纽，同样铸成猿猴的形貌。以猿猴造型作为青铜器装饰更为成功的例子，是出土于战国时中山王陵的十五连盏铜灯，在托出灯盏的连枝上，塑出许多猴子攀缘其上，姿态各异；灯下还有两个赤膊男子，正给群猴喂食，更显生动有趣。这一时期西南地区的古代民族青铜文物中，也常有以猿猴造型为题材的艺术品：云南石寨山滇人墓出土的一件圆形鎏金铜扣饰，周缘是连续爬行的镂空猴子群像，灵活而有规律，富于韵律感；江川李家山古滇国墓地出土的一件青铜臂甲上有各种动物刻纹，角落里有一只猿猴的图像，张臂露齿，颇为雄奇生动。

青铜时代，也有很多利用猿猴的体态特征制作而成的实用美术品，其中最成功的要数山东省曲阜市鲁国故城遗址出土的银猿饰，猿呈探身取物的姿势，一臂前伸，爪作钩状，用以作带钩，并在猿身上贴金，双目嵌有蓝色料珠，闪烁有神，华美异常。以猿伸臂作钩的造型构思，在汉代文物中多有体现，且更为生动实用。河北满城西汉中山靖王刘胜墓出土的花形悬猿铜钩，是一件颇具匠心之作：在倒垂的四瓣花朵的花芯处，倒悬一猿，它以右臂和右足上抓花芯，并伸长左臂下探，爪呈钩状，用以悬物，而且花芯和悬猿还可以随意转动，构思颇为奇巧。但是汉代猿猴造型中艺术水平最高的，还数甘肃武威东汉墓中出土的一些木雕像。这些木雕刀法简练，但形态多变，只雕出形体的大轮廓，不拘泥于细部刻画，能很好地掌控块面和阴影的变化，拙稚朴实，神韵十足。在汉墓中发现的猿猴图像，除了写实的以外，也有一些寓意象征性的作品。例如，将猴和马组合在一起，在画像石和陶俑中都出现有猿猴骑在马背的图像，其寓意为"马上封侯"，以企望官场升迁。

至迟到汉代，猴子已与十二辰中的"申"联系在一起，王充在《论衡·物势篇》中就说过："申，猴也。"这就形成了以动物形象表示的十二辰图像，也即至今还盛行的十二生肖，它们的图像后来经常出现在古代文物之中。最初的十二辰是写实的动物形象，在山西发掘的北齐壁画墓中，常绘有十二辰，都是姿态生动的动物，其中十二个图像都保存完好的如山西朔州水泉梁北齐壁画墓。稍后在隋墓中放置的十二生肖俑，形貌则由写实转向富于浪漫色彩的拟人化造型，并且穿上人类的袍服，塑成正襟端坐的姿态。到唐代墓葬中，开始让这些动物像人一样站立起来，身穿袍服，拱手肃立，只是从领口伸出的头是动物的形象，于是平时躁动不安的猴子，也只得肃立不动，似乎万分无奈的样子，颇觉得有些装模作样，带有几分滑稽的色彩。

这种猴首人身的艺术造型，大约在唐末五代时期又出现在佛教石窟的壁画之中。

在早期的石窟壁画中，猿猴的图像多出现于佛本生故事之中。例如，新疆的克孜尔石窟，在菱形格排列的本生故事中，常见猴王本生，画出了许多形态生动的猴子，都是极为写实的图像。而在唐末五代时，猴子图像更富传奇色彩，它是随侍着到西方求经的圣僧出现的。唐朝三藏法师赴印度求法，由于这次远行路途险阻丛生，艰苦异常，富于传奇色彩，所以当时就流传出许多神奇夸张的传闻，逐渐构成脍炙人口的传奇小说，还出现了随侍法师的杜撰人物猴行者。在相当于五代时修筑的甘肃安西榆林窟第三窟，西夏壁画普贤菩萨经变画中，左侧山石上有向菩萨行礼的法师。身后随有驮经的白马，白马侧旁画出一位合掌行礼的猴行者，这可算是时代较早的唐僧携带猴行者西天取经图。在该县的东千佛洞中，也有好几幅绘有猴行者随侍唐僧的画像。

这位猴首人身的猴行者，正是后来著名小说《西游记》中那神通广大的孙悟空的前身。猴王孙悟空，在书中被喻为"心猿"，他那猿猴头而身穿人类服装的有趣造型，今天已是家喻户晓、老少熟知，并被作为中国画、年画以及面塑、剪纸、风筝等民间工艺创作的题材，更是活跃在戏曲舞台和电影、电视屏幕之中。特别是孙悟空竖起"齐天大圣"的大旗，身披铠甲大闹天宫的无畏形象，更被视为中华民族英勇抗暴精神的象征。

闻鸡起舞杏花天 *

"一唱雄鸡天下白"。鸡给人们带来的是晨光般的希望。又由于"鸡""吉"谐音，故中国民俗视鸡为"吉"。在此，谨祝鸡年大吉。而为了中国梦，我们更须"闻鸡起舞"，奋发前行。

2017 丁酉年，正值鸡年。谈到鸡，人们总会想起"闻鸡起舞"这个古代比喻志士奋发之情的典故。

古人之所以清晨闻鸡鸣而早起，是因为古代农业社会一般人缺乏可用的计时器，便习以雄鸡报晓的啼鸣，作为一天开始的标志。先秦时期，连开启城门，也是以鸡鸣为依据。雄鸡除了每天黎明即高声啼鸣，还有一个习性就是当一鸡先鸣，立即群起效仿，诸家众鸡齐鸣。这又引出"鸡鸣狗盗"的故事。据《史记·孟尝君列传》载：先秦时，齐孟尝君由秦逃回，夜半至函谷关，"关法鸡鸣而出客"，幸而孟尝君的门客中有一人会学鸡鸣，

---

* 本文原载《人民日报》2017 年 1 月 22 日第 12 版。

那位门客大声学鸡鸣，时虽夜半，但群鸡仍随之。守关人听到群鸡齐鸣，依规开门出客，孟尝君得以在追兵到达前逃离秦国。

也是因为一鸡先鸣、众鸡随鸣，古人衍生出关于"天鸡"的神话——认为天将破晓时第一个啼叫的是神奇的天鸡，它生活在桃都山上。据《太平御览》引《玄中记》曰，"东南有桃都山，上有大树名曰桃都，枝相去三千里。上有天鸡。日初出照此木，天鸡即鸣，天下鸡皆随之鸣"。在汉代文物中，便可以看到桃都树的形貌。河南济源泗涧沟西汉晚期墓中，曾出土有一株釉陶树，主干修直，侧旁横生九枝，枝端有上翘的花叶，并分别塑有飞鸟、猴子和蝉等。主干顶端塑一立鸡，高冠，长颈敛翅，挺胸傲立，似引颈欲鸣。郭沫若先生曾据《玄中记》，将该树定为"桃都"，而傲立树端的雄鸡，正是世间众鸡随其朝鸣的"天鸡"。

"鸡鸣将旦，为人起居"。古人不但认为鸡鸣为一天之首，还认为"鸡日"是一年之首，将大年正月初一定为"鸡日"。据《荆楚岁时记》记载："正月一日，是三元之日也，谓之端月。鸡鸣而起。先于庭前爆竹，以辟山臊恶鬼。贴画鸡，或斫镂五采及土鸡于户上。"鸡的形象，在这里是被用于吉祥祈福及辟除不祥的。

除神奇的"天鸡"以外，在古代封建社会有些人还盼望"金鸡"的出现，那是牢狱里的囚犯和他们的家属。因为唐宋时皇帝大赦时要树立"鸡竿"。"金鸡赦礼"约始于后凉时期，是古代帝王大赦天下的一种形式。据《新唐书·百官志》记述，大赦之日所树金鸡，"竿长七丈，有鸡高四尺，黄金饰首，衔绛幡长七尺，承以彩盘"。故李白有"我愁远谪夜郎去，何日金鸡放赦回"的诗句。

在中国古代，还取鸡的形貌制成祭祀时用的盛酒"礼器"，称"鸡彝"（亦可写为"鸡夷"）。但是在考古发掘获得的商周青铜礼器中，虽多鸟兽形尊，却未见雄鸡形貌的。不过考古学者邹衡认为，史前时期遗址中出土的陶鬶，就是最早的"鸡彝"。史前陶鬶质地多红陶或黑陶，在山东地区的大汶口文化和龙山文化遗存中出土数量较多。鬶体下部是鼎立的三只丰满的袋足，上承带直颈的鬶口，颈后有鋬，口前伸出尖形的长流。整体看来，其造型正似一只伸喙引颈仰天长鸣的雄鸡，或即夏商时"鸡彝"的前身。

此后，经过众多世纪，在中国古代文物中才又出现了以雄鸡造型制作的器物，就是六朝时期流行于世的"鸡首壶"，或称"天鸡壶"。六朝时期，江南青瓷制作日趋繁盛，釉色莹碧，受人喜爱。其中，盛酒浆的瓷壶，开始采用雄鸡造型。如出土于南京象山东晋王氏墓的"青瓷鸡首壶"，壶流塑成高冠的鸡首，鸡嘴处开圆孔即为流口。与之对应，北方的北朝墓葬中，也随葬鸡首壶，但装饰繁缛，壶鋬上饰有螭首，且有的鸡首仅是装饰，有的连口都没有。其中最华美的一件，当数出自太原北齐东安王娄睿墓的"青釉龙柄鸡首壶"。陶瓷质的鸡首壶，一直沿用到隋朝统一全国以后，在陕西西安发掘的隋大业四年（608 年）埋葬的 9 岁小女孩李静训墓中出土过一件"白瓷鸡首壶"，釉色洁白，双系螭柄，鸡首高冠圆目，张口欲鸣，全壶仅高 26.5 厘米，造型小巧清秀，是这类文物中的佳品。而这个小女孩墓中之所以能够随葬大量精美的遗物，是因为她的身份特殊——她是隋文帝杨坚的女儿（北周宣帝的皇后）的外孙女。

在中国古代，人们如此喜好关于鸡的传说和以鸡为造型的艺术品，原因应是人类进入农业社会以后，鸡成为农家畜养的最重要的家禽。中国古代养鸡的历史，至少可以追溯到新石器时代。例如，河北武安磁山遗址、河南新郑裴李岗遗址等处，都有鸡的遗骸出土，表明家鸡在黄河流域驯化的年代，可以早到公元前 6000 年左右。这也是目前已知的国内外最早的养鸡的记录。稍后，在中原地区的仰韶文化和龙山文化的遗址中，大都有家鸡遗骸出土，表明家鸡的饲养日趋普遍。在江南的新石器时代遗存中，虽然少见鸡骨，但是出现有最早的表现家鸡体态的雕塑作品。湖北天门石河镇邓家垴遗址出土的小型动物陶塑中，以鸡的造型多见，形体虽小，但轮廓鲜明，突出了家鸡高冠短喙的特征，颇具神采。到了青铜时代，商周时期已将鸡列为"六畜"之一，反映出这种家禽与人们日常生活日趋紧密的联系。

古人还利用雄鸡好斗的习性，开展"斗鸡"游戏。带有博彩性质的"斗鸡"，在中国古代颇为盛行，从先秦直到唐宋，从帝王到庶民，都极受喜爱。曹魏时期，斗鸡盛行。据《邺都故事》记载，魏明帝太和年间曾专门筑有"斗鸡台"。许多文人如刘桢、应玚等都写有斗鸡诗。曹植所写《斗鸡》诗，还被收入《曹植集》，并列为全书第一卷首篇，诗中生动描述了斗鸡的雄姿："群雄正翕赫，双翅自飞扬。挥羽邀清风，悍目发朱光。觜落轻毛散，严距往往伤。长鸣入青云，扇翼独翱翔。愿蒙狸膏助，常得擅此场。"因此，在古代的图像文物中，也可以寻到斗鸡的身影。在四川德阳黄浒镇蒋家坪出土的一件汉代画像砖上，画面下方左侧有一高冠长尾的雄鸡，挺胸翘尾，趾爪锐利，描绘的应是专供博戏的"斗鸡"。在唐章怀太子李贤墓的壁画中，有一位黄衫绿裙的高髻侍女，怀抱一只高冠修尾的雄鸡，它也是一只"斗鸡"，可算是一幅生动的风俗画。

更多的以鸡为题材的古代文物，是在墓葬中出土的模拟家鸡的陶制或木雕模型。从汉至唐，这种在墓内随葬俑群中放置家鸡模型的习俗经久不衰。汉墓中的家鸡模型造型写实，肖形而生动，以陶质为主，也常见木雕作品，还可以看到家鸡模型与鸡埘和鸡桀（栖鸡的木架）结合放置的。到六朝时期，江南青瓷生产繁荣，墓内随葬的家鸡模型随之改以青瓷制作，更常常制成鸡埘的模型。隋唐墓中，仍保持随葬家鸡模型的习俗，质料以陶瓷为主，有时采取群鸡造型。在隋唐墓中还有另一种鸡造型的艺术品，就是十二时俑中的酉鸡，塑成雄鸡首人身的造型，身着袍服，或坐或立。昂首伸颈的雄鸡，与同列的猴、兔等生肖相比，显得傲然脱俗，与众不同。

除了在墓葬的随葬俑群中放置家鸡模型外，在墓室的壁画中也常可以看到鸡的形象。特别是汉魏时期的墓室壁画，常有描绘庄园的画面，在庄园畜养的家畜家禽中，自然少不了家鸡。特别是在甘肃嘉峪关魏晋墓的画砖中，有许多描绘家鸡的生动画面：

有的是描绘丰收扬场的画面，常可见到围绕谷堆啄食散落谷粒的鸡群；也有专门描绘鸡群的画面，在一只趾高气扬的雄鸡引领下，成群的雌鸡随之行进，组成一个欢乐的大家庭。这些被畜养的家鸡，最终的命运是成为庄园主人盘中的佳肴，所以画砖中也有表现女侍杀鸡煺毛的场景，颇具生活情趣。

喜迎戊戌年*

　　农历已过丁酉年，迎来戊戌年，十二时中与戌对应的是"犬"，因此今年按属相是"狗年"。"戊戌"是依照中国古代文化特有的传统纪年方法，用干支来排序。所谓"干"，也称天干，共十：甲、乙、丙、丁、戊、己、庚、辛、壬、癸。"支"，也称地支，共计十二：子、丑、寅、卯、辰、巳、午、未、申、酉、戌、亥。两者组合，自"甲子"开始，要经过 60 年后，再回归"甲子"，所以轮回一次，计 60 年，又习惯称为一个"甲子"。

　　在中国古代，以干支纪年月日时，源流久远，至少与有文字记载的历史同样长久。在商代甲骨卜辞中，已经以干支纪日。著名的西周青铜"利簋"铭文中有"武王征商，唯甲子朝"。这与文献中记载的武王伐纣的牧野之战，是开始于甲子日的早晨相吻合。也说明当时是使用干支纪日的。至于用地支来纪一日中的时

---

* 本文原载《人民日报》2018 年 2 月 16 日第 8 版。

辰，可能迟到汉代。汉武帝太初元年（前104年）重定历法，称为"太初历"，明确将一日夜分为十二时，而以地支为纪，以后一直沿用，所以十二地支又习称"十二时"。

十二时开始都用文字表述。汉代流行的"四神十二时"纹铜镜上，"四神"（即青龙、白虎、朱雀和玄武）是用图像表示，而十二时一般还是用文字。但是就在汉代，也许是为了一般人易于记忆等原因，民间开始出现用十二种动物来代表十二时的习惯。在古文献中，最早见于东汉时王充所著《论衡》一书的《物势篇》，其中记述了当时社会上已流行用动物来代表十二时的事实，称为"十二辰之禽"，明确地说"戌土也，其禽犬也"，也在书中先后记明其余诸禽：寅为虎、丑为牛、未为羊、亥为猪、巳为蛇、子为鼠、午为马、酉为鸡、卯为兔、申为猴，只是没有讲到辰为龙。这证明东汉时期，已存在与十二时对应的动物，并且所选择的都是与人类生活密切相关的动物，包括自先秦已视为"六畜"的马、牛、羊、鸡、犬（狗）、豕（猪），还有居家中常见的蛇、鼠，狩猎对象的虎、兔，常见于山林之中的猿猴。只是加上了自然界没有的神异动物龙，它在当时民众中也是人所熟知的。汉时与十二时对应的动物形象，此后传之后世，又与纪年干支相联系，铺衍成"属相"的概念，人们以代表自己生年干支的动物，作为自己的属相，一直流传至今。

到了南北朝时期，代表十二时的动物形象，开始出现于古代墓葬的墓室壁画和随葬的陶俑群之中。例如，在发掘山东临淄北朝时期崔氏家族墓群时，在北魏时的10号墓中发现了"十二时"

陶俑，都是在龛台上塑出相应的动物形貌，因有残损，发掘出土的仅存 5 件，分别为寅虎、巳蛇、午马、申猴和戌狗，还有 1 件上面动物形象已佚失的龛台。这是目前出土文物中时期最早的十二时俑。墓室壁画中出现的十二时图像，时代略迟，是北齐时期的。山西太原北齐武平元年（570 年）右丞相东安王娄叡墓中，墓室顶部"天象图"以下的壁面上方，绘有兽形的十二时图像，因已残损，仅存寅虎、卯兔等，虎呈回首蹲坐形貌，兔作奔跑姿态，造型生动。在山西朔州水泉梁发掘的一座北齐墓壁画中，有保存完好的十二时图像，都是动物原貌，是面朝左的侧面奔跑或行走姿态。动物原形貌的十二时造型，一直延续至隋朝，西安蓝田出土的"四神十二时"纹铜镜，与汉镜不同，将四神图像布置在内环，而将十二时布置在外环，已由文字改为相应的动物形貌图像。

就在隋代，十二时的艺术造型开始出现新的变化，由动物原形，增加了拟人化的神异色彩——将十二时像身躯塑造成身穿袍服的人身，但头部是兽形，最初是拱手端坐的形貌，如湖北武汉东湖岳家嘴隋墓出土的陶十二时俑。到了唐代，在都城长安地区的墓葬中流行随葬十二时俑，它们都已改为拱手端立的姿态，在袍服人躯衣领伸出的脖颈上，长着一张兽脸。通过田野考古发掘获得的文物中，在西安郭家滩天宝三年（744 年）史思礼墓出土的一组陶十二时俑，曾被视为唐代十二时俑的典型文物。其中的戌犬像，细颈长吻，与一般的家犬形貌不同，应是以唐代皇室贵族喜爱的猎犬为原型塑造的。这种猎犬的艺术形象，在唐懿德太子墓壁画中，以及永泰公主墓携犬狩猎骑俑上，都可以看到。在都城以外各地唐墓中的十二时俑，还有塑成坐姿的，如湖南湘阴唐墓出土的陶俑，但其艺术造型远逊于都城长安的出土品。在新疆吐鲁番阿斯塔那唐墓中，还出土有立姿十二泥俑，色彩艳丽，颇具地域特色。

到五代时期，十二时俑的造型又有变化，即将十二时塑造成戴冠袍服的人像，而将相应的动物形象托握在手上或是随行身旁。河北曲阳五代王处直墓中，在前室四壁上部的壁龛中，嵌有石雕十二时像，就都是冠服人像，在身侧或手上雕出动物图像。此后，宋辽时期，仍有十二时俑随葬，造型或仍依唐制为兽首袍服人躯像，或为冠服人像双手捧托动物，也有的将动物形象置于冠前。北京大兴辽墓出土的木雕十二时俑，是袍服执笏端立的人像，头戴花冠，动物伏卧在冠顶之上。

以动物象征十二时，是中国古代的传统文化。在东北亚的一些古代国家，深受中国古文化影响，也有以动物象征十二时的习俗。例如，在日本正仓院所珍藏的文物中，还保留有古代日本绘有十二时像的布幕，为麻布彩绘十二时像，现在残存的还有龙尾、鸡头、犬足、猪尻和云气，原用于悬于宫殿檐下的"帽额"，应是圣武天皇葬仪时所使用的。圣武天皇卒于公元756年，即唐玄宗天宝末年。这也是古代中日文化交流的见证。

在朝鲜半岛上的古代国家，如新罗，其许多制度都受到唐文化的影响。在一些传为统一新罗时代的王陵坟丘周围，多用石块砌出高达1米的石壁，其中7座的护石上有兽首人身十二时像浮雕。特别是传为圣德王陵的坟丘护石上，十二时像为圆雕立像。这些雕刻于陵墓坟丘护石上的十二时像，头像是动物形貌，但是身着军戎装束，身披铠甲，或右手执环首刀上扬挥舞，或双手在身前扶拄环首刀。披甲执刀的十二时像，更具有陵墓守护神的职能。也有一些坟墓中随葬形体较小的蜡石十二时像，则是兽首身穿袍服，或拱手直立，或拱手端坐，造型更接近唐代十二时俑原貌。除在陵墓雕刻中出现十二时像外，在当时的石塔上也雕有十二时像，主要是雕在三级石塔的基座以及四周壁面上。如庆北月城郡远愿寺址三级石塔，浮雕的十二时像是兽首袍服跌坐于莲台上，带有佛教艺术的色彩。也有的石塔基座浮雕的十二时像，是兽首袍服的立姿侧身像，在韩国的国立庆州博物馆庭园中就陈列有一组这样造型的十二时雕像，但仅存 5 件，其中就包括戌犬雕像。统一新罗时代的十二时像，正是既受到唐文化的影响，又具有当地文化特色的古代雕塑品，同样是与中国古代文化交流的实物见证。

莫因"丹青之病"遗恨千古*

中国自古就有创作历史画的传统。要想更好地弘扬传统，对创作中常见的问题、创作需要遵循的原则，都要给予足够的重视。

被今人视为历史画的现存作品，主要有两大类：第一类是古代画家选用历史人物或历史事件为题材所创作的绘画，主要描绘古代帝王、列女、先贤、名士等，遵循"恶以诫世，善以示后"的创作原则；第二类则是古代画家画的时事或当时的事物。第二类画作因是当时人摹写当时的人和物，所绘服饰、器用、建筑等一般均能忠于现实，基本能反映当时的历史真貌。而第一类画作囿于绘画者的历史知识和创作态度，常出现以当时的服饰、用器形貌来描绘古人的情况，成为影响历史画创作的痼疾。

20世纪30年代，一些去欧洲学习归来的画家，带着新理念和绘画技巧投入历史画创作，为其注入新活力。徐悲鸿油画

---

* 本文原载《人民日报》2018年8月5日第12版。

《田横五百士》可视为代表。然而，囿于当时学术界对中国古代服饰的研究尚无法与今日相比，从晚清到民国一般认为明式服装即古衣冠，该画所绘衣冠兵器皆与所描绘的历史事件所处时代相差甚远。

新中国成立以后，特别是近些年来，不少画家注意到文物考古发现的资料，并且力图把它们运用到自己的创作中，获得许多可喜成果，向真正的历史画创作迈出了一步，虽然有一些作品利用文物考古资料仍存不当之处，也是可以逐步改进的。创作历史画需要付出极为艰苦的劳动，作者不仅应熟悉历史，而且应精通自己想描绘的那一段历史，掌握当时的社会背景和生产情况，全面收集有关文物形象资料，并加以分析。当然，更重要的是用绘画艺术语言把它重现在人们面前。

艺术作品能否感人乃至经久不忘，主要在于它是否具有持久的艺术生命力。就我个人的看法，并不是所有描绘历史人物或历史事件的画，都够得上"历史画"标准。这类画作或许可以分为三种不同类型，即"历史画""历史复原画""历史题材的画"。历史画必须具备三项基本因素：首先，题材应该反映古代历史上起决定作用的事件或重要历史人物；其次是真实性，因为历史不是艺术的虚构，有着特定的社会历史背景，因此从生活习俗各方面都具有时代特征，不论是服装发式，还是家具兵器，凡此种种都应尽量真实，否则就会闹出笑话；再者是作品要具艺术性，这样才能够使人观后引起情感共鸣。如果仅具备第一项和第三项，那就不是历史画，充其量只能称为"历史题材的画"；如果仅具第一项和第二项，那恐怕更称不上历史画，只能算作"历史复原画"。

因此，中国历史画创作必须遵循的原则就是两点：一是要重视历史的真实性；二是作品的艺术性。二者缺一不可。遵循历史的真实性，第一是遵循历史事实的真实性，简而言之就是所选题材必须是真实的历史人物或历史事件，不能采自传奇小说或毫无根据的传闻，更不允许个人杜撰；第二是遵循历史场景的真实性，举凡服装、仪仗、车马、建筑、家具、器物都要依据历史真实。要达到这两个方面的要求，画家就要进行十分艰巨的准备工作。第一方面的资料，起码要去查阅正史中的有关史料，还要涉猎今人有关的研究论述。第二方面的资料，更要靠自己去查阅有关考古文物资料，还要认真去有关博物馆观察实物标本，以得到具象认知。总之在学术大道上，没有捷径可走，只想取巧甚至从网上弄一些别人现成的资料转用，是绝对创作不出好作品的。

画历史画也与个人爱好和艺术手法上争奇斗艳并不相容。在白纸上点两个圆墨点、用废铜烂铁集合成比恐龙还大的凤鸟、在一串画面中画各种正面侧面皆丑曲的人面……这自然都是成功的现代艺术创作，但是这样的艺术语言，不适用于历史画创作。在今日中国，画家必须用现实主义手法去恢复历史的本来面貌。

一个人，若缺少灵魂，躯体再完备，也只是个空壳。要完成一件好的历史画作，其灵魂是作品的艺术性。所以画历史画要用"心"用"神"去创作。这令人忆起俄国画家苏里科夫用十年功力创作三幅历史名画的过程，他是全身心地投入创作，几乎到了忘我的程度。

瑞犬纳福*

　　在中国古代，人们对犬都多加好评。晋人傅玄曾作赋咏犬，开篇就说："盖轻迅者莫如鹰，猛捷者莫如虎，惟良犬之禀性兼二俊之劲武。"这里赞扬的对象主要是猎犬，古代又称"田犬"，它们自古就是猎手的忠实伙伴。已发掘的东周时期古墓中，山西太原春秋赵卿墓的车马坑中和河北平山战国中山王陵的随葬坑中，都发现过同狩猎的马车葬在一起的田犬骸骨。中山王陵出土的田犬，颈上佩戴有金银制作的华美颈圈，表明主人对它们极为宠爱。

　　提起中国古代豢养家犬的历史，至少可以追溯到史前时期。在距现在 8000—7000 年前的新石器时代早期，磁山文化和裴李岗文化遗址中都曾发现犬的遗骸。在新石器时代晚期，山东胶县三里河出土的遗物中，曾发现有造型颇为逼真的犬形黑陶鬶。江

---

* 本文原载《人民日报（海外版）》2018 年 2 月 15 日第 12 版。

苏邳县大墩子出土的史前陶屋门外侧有线刻的守门犬图像，表明当时犬已是人们信赖的家居守护者。史前艺术家更常以犬为摹写对象，在湖北石河文化出土的大量小型动物陶塑中，犬是数量极多的一种，形体小巧，但形态颇古拙传神。

由于汉代畜犬之风极盛，所以当时的艺术家对塑造犬的形貌，倾注了很大注意力，不论是墓室内的壁画、画像石，还是画像砖的图像之中，都可见到姿态生动的家犬。最令人得以窥知汉犬真实形态的还是随葬俑群中有关家犬的陶塑或木雕模型，其时代最早的作品出自汉景帝阳陵的俑坑之中，后来无论在帝王陵墓的从葬坑中还是平民的坟墓里，都可以看到它们的身影，或立或卧，但多是昂首瞪目的警觉的态势，有的陶犬被放置在陶宅院模型的门侧，明显是司守卫之责的守犬。至于犬的造型，有的如实摹写，肖形而生动，以河南辉县百泉东汉墓出土的陶犬为典型代表；也有的夸张变形，着力刻画其瞪目张口龇牙的凶相，借以吓退地下的邪鬼，保护墓室的安宁。至于甘肃武威一带东汉墓中的木犬，则用极简洁的刀法，刻出大体的粗略轮廓，稍施彩绘，呈现出拙稚纯朴的美感。

汉代以后，直到隋唐，犬一直是墓中随葬俑群中持久存在的家畜造型，只是随着时间的推移，它们的身姿和特征有所改变。唐代的陶犬造型，以尖喙长体的田犬最引人注目，在乾陵的一些太子和公主的墓葬陪葬中，不但有描绘田犬的壁画，在永泰公主墓随葬俑群中还出现猎手携带田犬的骑猎俑，将田犬置于马鞍后，人、马和犬的姿态互相配合，极生动传神。在隋唐时期，随葬俑群中又流行十二时（十二辰）俑，其中的戌犬，都塑成身穿袍服的人身而有犬首的神奇形貌。

也是在唐代，看来作为宠物的具有观赏价值的名犬，已为宫廷仕女所喜爱，传为周昉所绘《簪花仕女图》卷中，就绘有这类宠物犬的图像。作者佚名的《宫乐图》中，仕女围坐的大桌下，也伏有一只小巧的宠物犬。

直至今日，人们饲养宠物犬的热情不减，品种日众。所以犬成为民间工艺美术品中经久不衰的题材，有关的剪纸、年画、泥塑以及布艺制品，都一直为人们所喜爱。

瑞鼠迎春*

又是新春，中国农历即将进入庚子年。在中国古代，至迟到汉朝，已将十二辰以十二种动物来表征。后汉人王充所著《论衡》一书的《物势篇》中，已记明："子，鼠也。""子亦水也，其禽鼠也。"即将到来的，正是鼠年。

古代鼠类的遗骸，在各地的新石器时代遗址中常有发现。战国时洛阳的周人食鼠，将未腊过的鼠肉称为"璞"，并在市场售卖。河北满城西汉中山王妻窦绾墓中，南耳室一件有盖的陶壶中储藏的整鼠骨达百只，有社鼠、褐家鼠和大仓鼠三种，可能是作为食品随葬的。汉代还以鼠入药，长沙马王堆三号西汉墓出土有帛书《五十二病方》，在治"诸伤"的药方中，有以鼢鼠入药的记录。鼢鼠即鼹鼠，《名医别录》云其"味咸，无毒，主治痈疽、诸蚀恶疮、阴、烂疮"，正与上述西汉帛书医方相同。

＊ 本文原载《人民日报（海外版）》2020 年 1 月 23 日第 12 版。

中国古代文物中，十二辰（或十二时），常以十二种动物来表现，也就是俗称的十二生肖，至少在汉代已流行。最初这十二生肖都是写实的动物形貌。在山西太原北齐娄睿墓，墓室内上栏所绘十二辰壁画图像中就有鼠，可惜至今仅有少许残迹。隋朝时流行的十二生肖纹青铜镜，环绕镜钮外区的装饰纹带内分布着十二生肖的图像，"子"就是尖吻长尾的老鼠。

隋唐时期，墓中放置的十二生肖俑，由写实的动物形貌，转为富于浪漫色彩的拟人化造型——身穿袍服的人的躯体，生有动物的头颅。其中的"子"俑，就是鼠首人躯，或拱手直立，或正襟端坐，但那尖吻细目小耳的鼠头，令人看后总感到滑稽可笑。到宋辽时期，十二辰俑或仍依隋唐旧制，兽首人躯，江西制瓷业发达，故十二辰俑有瓷制的，但已出现呈人形的十二辰像，只用双手捧不同的动物像，或将动物像冠于冠帽上。

中国古代的十二辰图像，随着唐文化的向外传播而移植海外。在日本正仓院宝物中，就藏有麻布上绘的十二辰图像，是圣武天皇葬仪所用的幕布，仿自唐朝的十二时帽额，惜仅存残片，其中子鼠图像已缺失。在朝鲜半岛古代新罗时期的墓中，也出土有兽首袍服人躯的十二时俑，有陶质的，也有石雕的，形貌模拟唐朝的十二时俑。新罗金庾信墓的子鼠像，曾在1983年被韩国选作子年邮票的图案。由十二生肖图形的传播，反映出古代中国和日本、朝鲜半岛诸古国间密切的文化交往。

鼠也是中国古代画家的创作题材，明清画家常有绘鼠佳作。故宫博物院藏明宣宗朱瞻基作于宣德丁未年（1427年）的《三鼠图卷》，绘出一鼠长尾曳地，昂首回顾悬垂的苦瓜，笔墨精细，颇为传神。明清画家如八大山人、赵之谦等，亦有鼠画传世。近世白石老人曾以鼠为题材绘册页，墨鼠神态各异，特别以其中墨鼠攀附秤钩的一幅，旁题"自称"，构思奇巧，极富情趣。

老鼠也是民间美术喜用的题材，特别是年画和剪纸。鲁迅先生回忆儿时生活，记得床前曾贴有两张花纸，一张是"八戒招赘"，另一张则是"老鼠成亲"。他认为后一张"却可爱，自新郎、新娘以至傧相、宾客、执事，没有一个不是尖腮细腿、像煞读书人的，但穿的都是红衫绿裤"。描述老鼠娶亲热闹场景的年画，流行甚广，在山东、河北、江苏、湖南各地的传统木刻施彩年画中，几乎都可以寻见，表明这一题材为人民所喜爱，因而经久不衰。

在中国古代，又常以见到"白鼠"为祥瑞之兆。在南朝人撰写的史书中，如梁·沈约撰《宋书·符瑞志》和梁·萧子显撰《南齐书·祥瑞志》，都有不少关于获"白鼠"的记载，视为国家祥瑞的征兆。期望鼠年，能为海内外中华儿女带来吉祥、和平与幸福。

汉唐之间城市建筑、室内布置 和社会习俗的变化*

在中国古代，城市布局、建筑技术乃至室内陈设的日用家具和室内的艺术装饰的较大变化，发生在汉唐之间。自东汉末年开始，由群雄割据后形成三国鼎立，中国历史进入长期动荡混乱的局面。其间，虽有西晋王朝短暂的统一，但随之而来的又是更加动荡混乱的东晋十六国至南北朝时期，直到隋朝统一全国，几乎经历了近4个世纪。连年战乱和政权更迭，破坏了传统的礼俗，更导致大量人口长途迁徙。许多原居边陲的古代民族纷纷进入中原，并先后建立政权，形成空前的民族接触融合的新局面。中外文化的互动，在这时期也进入新高潮。虽然战乱频繁，但是这时期的建筑技术及各种工艺的演进并未停止。所有这一切，都影响着城市布局、建筑技术乃至社会生活习俗的变化，促使人们日常家居

---

* 本文原载《汉唐之间的视觉文化与物质文化》，文物出版社，2003年。

所使用家具和室内装饰艺术随之变化，呈现出与汉代不同的新面貌，改变着人们的生活情趣，进而影响绘画、书法等艺术的变迁，也使文学创作增添了新内容，从而汇聚成更为繁荣的隋唐文化。

———— 一 ————

　　自汉至唐，主要城市特别是都城的平面布局发生了很大的变化，概言之是由西汉长安城那种缺乏统一规划的宫殿聚集而成的平面布局，演变成唐长安城那种具有统一规划的封闭式里坊制的平面布局。都城平面布局的变化，最明显的表现是宫殿占有面积的退缩和民居里坊的扩展，还有商业区的发展和宗教寺院的兴盛，反映着自汉至唐社会经济乃至政治、文化诸方面的发展，导致城市的性质也在不断发生变化。

　　西汉营建长安时，先在秦旧宫兴乐宫处建长乐宫。据《史记·高祖本纪》，高祖八年（前199年），丞相萧何"营作未央宫，立东阙、北阙、前殿、武库、太仓"。高祖九年，未央宫成，高祖大朝诸侯群臣，置酒未央宫前殿。后又建北宫。到惠帝时方围筑长安四垣，惠帝三年（前192年），"方筑长安城，四年就半，五年六年城就"（《史记·吕太后本纪》）。前后约计四年时间，修筑长安四面城墙的进程，大概是从城的西北方起，先筑西墙，然后依次筑南墙、东墙和北墙。目前，经田野考古勘察和发掘，已明确了西汉长安城四面城墙和其上诸城门的位置[1]。在

————————
① 参看王仲殊：《汉代考古学概说》第一章，中华书局1984年版。

修筑城垣时，主要宫殿建筑群早已建成，且各宫的修筑亦缺乏整体规划，城垣必须将已筑成并使用的诸宫殿均围护其中。在迁就已存在的诸宫位置时，又受到地形限制，所以长安城四面城墙走向并不规整，特别是南墙和北墙。南墙因迁就未央宫与长乐宫，出现多处折曲之处。北墙走向受地势与河道的限制，更是出现多处折曲、偏斜之处。设置城门和主要街道时，更要考虑与已建宫殿的关系，只能将城内南北的主要干道设在长乐与未央二宫之间，在南墙开安门；而东西的两条平行的主要大道，又只能自西沿未央宫北侧及北宫南侧东行，与安门大道"丁"字相交，但受长乐宫的阻挡而不能直接贯通到东墙，只能在长乐以北另开自东墙向西的大道，也与安门大道"丁"字相交。城垣筑成后，城内南半部是长乐宫与未央宫，北半部则是北宫及后建的桂宫和明光宫，诸宫殿总面积约占全城面积三分之二，且先后修建的宫殿布局并无规划，亦缺乏中轴线设计，城内中心区也缺乏横贯东西的大道，所以长安城可以说是宫殿的组合体，也表明西汉长安自建城之始即缺乏完备的整体城市规划。虽然城中也有一般居民的闾里，但所占比例极少，且因宫殿均选占高亢的地势，已占据了城内南侧大部分地区，所以只剩下偏居城东北角宣平门内低洼之处，据记载闾里数多达 160 个。在城内虽设有"九市"，其中的西市在惠帝六年（前 189 年）建城时已存在。民居闾里和市虽纳入城中，但不占重要位置。不过，西汉长安城与先秦时都城以宫庙为主的格局相比，已发生很大变化。这时宫、庙已分离，原长安城中曾设太上皇庙和高祖庙，但自文帝以后，就在陵园附近建庙。同时将大型礼制建筑安置在城外南部，目前在那一地区已经考古发掘的大型礼制建筑遗址数量超过 10 座。位于城南偏东处的一座大型礼制建筑遗址，可能是"辟雍"的遗迹。安门南面偏西处的那些遗址，或许是王莽当政时建立的"九庙"的遗迹[1]。可以看出，当时西汉都城内的建筑行业服务的对象，是皇帝和皇族，为他们建造宫殿，而一般民居建筑不受重视。

到东汉时期，都城洛阳仍是以宫殿为主的平面布局。主要的宫殿有南宫和北宫，其中南宫原为西汉旧宫，东汉光武帝定都洛阳后不断扩建。到明帝时又在南宫北面营建北宫，规模宏大，宫内的德阳殿"周旋容万人，陛高二丈"，并在北宫和南宫筑有复道，将两宫连接起来，以保证皇帝往来时的安全。除南宫和北宫外，在北宫东北有永安宫，北宫西侧有皇家宫苑濯龙园。以上宫苑面积的总和，虽然较西汉长安略有减少，但也占据了全城面积的二分之一以上，表明城市布局仍以宫殿为主。当时的中央衙署办公的地点在南宫东南，如太尉府、司徒府和司空府。在北宫东北，设有武库和太仓。城内除上东门内有贵族高官居住区外，一般居民只能居住于城外，主要聚集在城门附近地区。

到曹魏时，都城的平面布局发生了变化。曹操于建安九年（204 年）开始营建邺城，后为魏王都，遗址在今河北省临漳县，因其南有后来东魏、北齐时的邺城，故习惯称为"邺北城"。20

---

[1] 黄展岳：《汉长安城南郊礼制建筑的位置及其有关问题》，《考古》1960 年第 9 期，第 53—58 页。

世纪 50 年代已对邺北城遗址进行过踏查。70 年代以来，更对邺北城大规模开展考古勘察和发掘，已完成对城墙、城门、城内道路及宫殿区的勘探和重点发掘，确定四面城墙和 7 座城门中 6 座的位置，探明自东墙建春门有一条通往西墙金明门的大道，也探明由南墙中央的中阳门至宫殿区的中轴大道，目前已可大致复原其平面布局①。可以看出邺北城出现横贯全城的大路，将全城分为南北两个部分。路北为宫殿衙署，又自西向东纵向分为三区，分别相当于文献记载中的铜爵园（也作"铜雀园"）、宫殿区和戚里，铜爵园内偏城西北侧筑有铜爵、金虎、冰井三台②，为全城制高点。可见城中宫殿面积明显减少，并退居城内北部中央。还出现居中纵贯全城的中轴线，从南墙正门直达宫城正门，入宫城直对正殿正门。在横贯全城大路以南则为居民里坊，约占全城一半面积，据《魏都赋》记载，里坊名称有长寿、吉阳、永平、思忠等。可见邺北城中除了宫殿园苑及中央衙署建筑外，民居建筑所占比重增大，说明民居在当时建筑行业中的重要性日渐凸显出来。

曹魏邺北城出现的这种将宫殿区与里坊区分开并出现中轴线的城市布局，在北魏洛阳和东魏、北齐邺城（邺南城）得到继承

---

① 徐光冀：《曹魏邺城的平面复原研究》，《中国考古学论丛——中国社会科学院考古研究所建所 40 年纪念》，科学出版社 1993 年版，第 422—428 页。

② 三台中，铜爵台（也作"铜雀台"）基仅存东南角部分遗迹；金虎台保存较好，尚高 12 米；冰井台已无存。

和发展①。自20世纪50年代以来对北魏洛阳遗址不断进行考古勘察和重点发掘，70年代以来更着重进行其外郭城以及郭城内主干道和水道系统的勘查，并重点发掘了宫城正门阊阖门遗址、金墉城遗址和永宁寺遗址。北魏洛阳是在汉晋洛阳的基础上改建的，有一定的局限性，它将原来汉晋洛阳改为宫殿、宗庙和中央衙署所在的内城，并规划有主要佛寺的位置，还在城西北角修筑城防制高点的金墉城。又在内城以外扩建安置民居里坊的外郭城，规划了320坊，每坊一里，坊开四门，坊内辟十字街，形成封闭式的坊制。

以后修筑的东魏、北齐邺城（邺南城），因为是新建城市，所以能按照预定的城市规划设计施工，平面布局更为规整。经过对遗址的全面勘探和部分发掘，已确定了该城的城墙。其北墙沿用曹魏邺北城的南墙，探明了南墙、西墙和两墙上诸城门的位置，东墙因在现沙地与漳河道内，故只探明东墙南侧一门，其余城门位置则难以确定；勘探了城墙上的马面及护城河等遗迹，并对南墙的朱明门遗址进行发掘，该门有三个门道，门前左右两侧伸出双阙，这是在考古发掘中首次揭露出带有双阙的城门遗址；还发掘了南城墙外的佛寺塔基遗址。可以看出，邺南城中宫城居城内北侧中央，由南城墙居中的正门朱明门、朱明门大道、宫城正南门至宫城内主要宫殿形成纵贯全城的中轴线。城内三纵三横

---

① 北魏在迁都洛阳前曾以平城为都城，遗址在今山西省大同市，但至今尚缺少全面的考古勘查发掘工作，未能复原其城市平面布局。现只有城南的"明堂"遗址进行过部分发掘。

大道垂直交错，使道路网络呈棋盘格状分布。可能在其外还修筑外郭城。

此后，隋大兴、唐长安城的平面布局，明显承袭自邺南城。因此，邺南城在中国古代都城平面布局的承上启下作用不容忽视。

综观自曹魏邺北城，经北魏洛阳到东魏、北齐邺南城等都城，其城市布局的创新、发展与演变，特征主要有下述几点。

第一，都城内宫殿面积在全城总面积中所占比例日渐减小，宫城逐渐退缩到都城内北部居中部位。并且从曹魏时内朝与外朝并列，改为内朝诸殿在后，外朝前置。出现纵贯城区的中轴线，从南墙正门直到宫城正门，入宫城直对正殿，将都城一分为二。中央官署分置宫城前中轴线两侧。进一步显示了中央集权的皇帝的权威。都城内纵横大道垂直交错，道路网络呈棋盘格状分布，都城平面规划日益规整。

第二，一般官员居民所居住的里坊区日渐扩大，由曹魏邺北城占南半部近全城二分之一的面积，到北魏洛阳更增加外郭城320坊，开中国中古时期封闭式里坊制城市之先声。

第三，随着佛教的日益兴盛，都城中开始出现宗教寺庙。北魏在迁都洛阳时，已规划有皇家大寺的位置，位于宫城以南御道西侧，后来在此修建永宁寺。以后寺庙在城中大量涌现，居民宗教生活日趋繁荣，呈现出汉代都城没有的新景象。

第四，商业活动虽仍受官方严格控制，但商业区即"市"的重要性日益凸显。到隋唐时期，长安城中将东、西两市设在宫城前东西两侧，且各占地两坊。

第五，由于三国至北朝时战争不断，基于军事需要，城防工事更趋完备，特别注意城防制高点的控制，曹魏邺城西北角构筑的三台，不仅为园林观赏，更起着军事制高点的作用。北魏洛阳在西北角构筑小城，也具有同样的作用。

总的看来，宫殿的退缩和民居里坊的发展，宗教的兴盛和商业的繁荣，反映出自汉至唐时期城市性质正在发生变化，孕育出以隋大兴、唐长安城为代表的新的城市布局，形成封闭式里坊制典型城市。唐长安宫城位于城内北侧居中处，宫城前为皇城，皇城内设置太庙、太社和中央官署。宫城、皇城和兴庆宫所占面积仅接近全城总面积的八分之一。后来在城北外侧偏东新建大明宫，取代城内的太极宫成为政治中心。除宫城和皇城外，全城划分为109坊和两个市，坊市四周筑围墙。各坊四壁居中设门，四门向内成十字街。东西两市各占地两坊，故市内街呈"井"字形。坊市夜晚宵禁，故居民生活和商业活动都受官方控制，坊市仍为封闭状态。虽然如此，唐长安城的商业活动是汉长安城无可比拟的，而且占全城总面积近八分之七的官员府第、民居宅院、宗教寺院及商市店铺，已成一般建筑行业服务的主要对象。

二

魏晋至隋唐都城平面布局的变化，使得西汉时都城内建筑物主要为供帝王享用的宫殿群，转向在修建宫殿以外，更大量的建筑物是适于居住的居民住宅院以及供人们进行宗教活动的寺庙，建筑功能的多样需求也促进了建筑技术的新进展。

自魏晋至隋唐，木构建筑技术日趋成熟的重要例证之一是斗拱的发展。至迟在北朝晚期柱头铺作已经使用了五铺作的斗拱，虽然这时期的木构建筑实物没有保留至今的实例，但是在石窟的窟檐石雕尚保存有北齐时雕造的实例。近些年重新揭露出的河北邯郸响堂山石窟第一窟的窟檐，在两侧的束莲八角立柱的柱头所雕柱头铺作，为五铺作出双抄斗拱（图一），柱头施栌斗，斗口出二跳华拱，第一跳偷心，第二跳跳头之上托横拱（令拱），上承撩檐枋，横拱与外壁之间有枋子联结（衬方头），华拱和令拱拱头均作内颥式卷瓣。依据在南响堂窟檐雕刻所雕出的构件中没有出现阑额，有学者推断此檐柱构架应是前后对应的承重构架，是以排架为主的结构形式，这种形式的木构建筑南北朝时或曾流行于南方地区[1]。响堂山的发现使我们修正了过去认为类似的五铺作斗拱到唐代才出现的旧看法，表

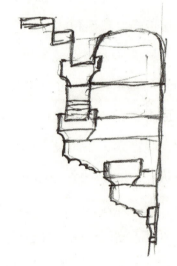

✦ 图一　河北邯郸响堂山石窟南响堂第一窟窟檐斗拱示意图

---

[1] 钟晓青指出：排架式结构形式的木构建筑"现在已无实例可寻，但我国南方流行的穿斗架民居，是与之十分接近的一种建筑样式，在浙闽一带的宋代建筑中，可以见到这一形式经数百年演变之后的情形；日本飞鸟时期（7世纪）的木构建筑，如法隆寺三重塔、四天王寺金堂（重建）等，也有类似的柱头铺作形象，说明这种形式的木构建筑南北朝时或曾广泛流行于我国的南方地区"。

明南北朝晚期木构建筑已趋成熟，在此基础上隋唐时期木构建筑的斗拱有进一步发展。目前，中国尚存最早纪年明确的木构建筑是山西五台山的两座晚唐的佛殿，即建于建中三年（782年）的南禅寺大殿和建于大中十一年（857年）的佛光寺大殿。南禅寺大殿较小，平面广深各三间，柱头斗拱为五铺作双抄偷心造（图二）。佛光寺大殿较大，平面面阔七间、进深四间，柱头斗拱为七铺作双抄双下昂，每朵斗拱总高约为柱高的二分之一，因为出跳达四跳，故整个屋檐挑出约近4米（相当于檐口至台基面高度的二分之一），出檐颇为深远。而且这时斗拱更从简单的垫托和挑檐构件，发展成和横向的梁和纵向的柱头枋穿插交织、位于柱网之上的一圈井字格形复合梁，起到保持柱网稳定的作用①。总之，南北朝至隋唐时期，斗拱的发展，使殿堂屋宇出檐更深远，利于遮蔽风雨，改善了采光条件，室内举高增加，空间增

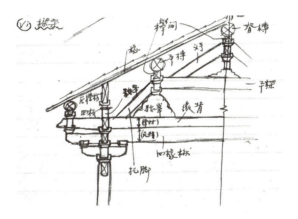

✦ 图二 五台山唐南禅寺大殿斗拱结构示意图
（1957年听宿白先生讲授"古代建筑"课堂笔记，图中的建筑构件录文如下：梁架、椽攀间、脊槫、平槫、叉手、压槽枋、皿板、驼峰、平梁、缴背、单材、足材、四缘栿、托脚）

① 傅熹年：《中国古代建筑概说》，《傅熹年建筑史论文集》，文物出版社1998年版，第11页。

大，极大地改善了人们生活起居的条件。

随着城市布局的变化，城内里坊所占比例日益增大，宅第民居建筑数量日增，人们自然对建筑的质量和居住的舒适性不断提出新要求，在改善居住条件的同时，还注意居住环境的改善，构筑附属住宅的园林景观。这些都不断刺激建筑行业的发展，在当时的绘画和文学作品中均有所反映。在敦煌莫高窟的壁画中，常可看到由回廊连接的四合院布局的宅第图像，常常有两进以上的院落，大门有的采用乌头门形式，主要建筑多有斗拱结构，设有直棂窗，并悬挂垂帘或帷幕，回廊亦设有直棂窗，院内植有花草树木。有些人还在住宅后部或宅旁修建园林，掘池造山，种花植树，著名诗人白居易就曾在洛阳履道坊宅后建园，在今洛阳郊区安乐乡①发掘的唐代遗址，发现接连水渠的大面积淤土，可能即为其遗迹。

南北朝时期佛教的传播和兴盛，也对建筑的发展产生了深远的影响。中国佛寺建筑的发展是和佛教的中国化进程同步的。早期的佛寺平面布局虽以佛塔为中心，但佛塔的形貌则由原来印度的覆钵式改为中国传统的楼阁式，只把上树刹杆的覆钵保留在塔顶作为装饰，这也促进了高层楼阁式建筑技术的发展，特别在南北朝晚期南方和北方竞造高塔，其中以北魏洛阳永宁寺的九级木塔最为壮观。永宁寺塔在公元534年遭火灾焚毁，遗迹保存至今，现塔基已经考古发掘，为由地下至地面的多层巨大方形夯土

---

① 1995年5月，撤乡建安乐镇。2022年9月，撤镇设安乐街道。

台基。上层台基每边长 38.2 米，四周台壁包砌青石，其上有方形柱础 124 个，排列成内外五圈，原来中心建有三面开佛龛的夯土砌方柱，位于自外数第二圈柱础内，方柱北壁无佛龛，可能原设登塔木梯。由现存遗址，尚可想见当年九层木塔的壮观景象。在佛塔后还建有规模宏大的佛殿，形如皇宫内的太极殿，形成以佛塔为中心前塔后殿的平面布局。另外一座坐落在邺南城遗址城南赵彭城村的东魏北齐佛塔塔基遗迹也已经考古发掘，同样是由地下和地上两部分构成的巨大方形夯土台基，地下基槽为正方形，边长约 45 米；地上部分边长约 30 米，尚存三圈柱础遗迹，中央发现刹柱础石，其下设砖函，可能原瘗藏舍利等，惜早遭盗掘一空。亦可想见，原为略小于永宁寺塔的方形木塔。但这座佛寺的平面布局尚不清楚。在北魏洛阳城中，除以佛塔为中心的佛寺外，另有些佛寺是由贵族高官的宅院改成的，如西阳门内御道北的建中寺。据《洛阳伽蓝记》，原为宦官刘腾宅，"屋宇奢侈，梁栋逾制，一里之间廊庑充溢。堂比宣光殿，门匹乾明门，博敞宏丽，诸王莫及也"。改为佛寺后，"以前厅为佛殿，后堂为讲室"。可见未建佛塔，仍是多层殿堂院落的平面布局。北朝晚期以后，佛寺逐渐由以佛塔为中心的早期平面布局，改为以佛殿为主的多层院落的佛寺平面布局，使佛寺建筑日益形成由殿堂门廊等组成的以庭院为单元的组群形式，有时另建塔院，显示出佛教建筑逐渐融入中国传统民族建筑形式，创造出具有特色的中国佛教建筑。

三

城市布局变化，导致民居所占总面积成倍增长。建筑技术发展，导致居室内举高增加、空间增大。随着居室条件的改善，人们为了更舒适的生活，自然对日用家具提出新的需求。原来汉魏时使用的供席地起居的家具组合，本是与先秦以来传统的礼俗紧密联系在一起的，但是自西晋覆亡以后，许多古代民族入居中原，各民族文化和习俗不断碰撞、互动乃至融合，并不断接受自丝路传入的域外新风，特别是佛教的兴盛，佛教文化也对世间礼俗有深远影响。因而南北朝时期，能够突破汉魏的传统礼俗，形成新的礼俗。这也使得日用家具得以突破仅供席地起居的传统模式，开始进入新的发展阶段。

自先秦至汉魏，中原地区人民生活习俗席地起居，室内铺筵①，其上再铺席或设低矮的床、榻，供人们日常白昼时坐卧和夜间安眠。正确的坐姿是跪坐②，蹲坐箕踞皆属不恭，不合礼数。待人接物的许多礼节，也都与席地起居的习俗相联系，并进而形成制度。因此，当时通过丝路传来的高足的域外家具，仅能在新疆地区的遗址寻到一些踪迹，无法通过传统礼俗的关隘东传到中原地区。

---

① "筵"同时是先秦时计算宫室建筑面积的单位，据《周礼·考工记》记载："周人明堂，度九尺之筵，东西九筵，南北七筵，堂崇一筵，五室凡二筵。"如以周尺一尺为19.91厘米计，九尺之筵约为180厘米。

② 关于跪坐，源于商朝礼俗。

西晋以后，情况发生变化。一方面，为躲避战乱，出现移民高潮，许多北方大族举族南迁，另一些原居东北或西北的古代民族又向中原迁移，在动乱中迁徙，连皇帝的卤簿仪仗用具都丧失殆尽，东晋建立后虽然力图恢复传统礼乐，但已难如愿，自然也难以原封不动地维持汉魏传统礼俗。另一方面，在各古代民族频繁相互接触中，不同民族的生活习俗也在相互渗透影响，特别是当有些古代民族进入中原建立政权成为统治民族后，其传统习俗更易与汉族传统礼俗逐渐融合，形成新的礼俗。

新的礼俗形成的过程中，与传统的席地起居习俗相联系的跪坐坐姿受到的冲击最大。汉魏时被视为极不合礼法的蹲坐箕踞以及垂足跂坐，对惯于游牧生活的北方和西北的古代民族来说都属正常的坐姿，他们并不认为有什么失礼之处，不仅一般百姓如此认为，高官贵族甚至帝王也是如此。鲜卑拓跋氏建立北魏王朝、统一北方后，南朝人士用传统眼光去看待北魏宫廷中的生活习俗，认为有许多不合礼数之处。《南齐书·魏虏传》记："虏主及后妃常行，乘银镂羊车，不施帷幔，皆偏坐垂脚辕中；在殿上，亦跂据。"因此，在汉魏时难以流传到中原地区的供垂足高坐的椅凳等坐具，到十六国至北朝时期才得以流传。

高足坐具的流传也与佛教的流传有关。佛像初传入中国时，只是被视为胡人的神仙，其形象被杂置于传统的神仙、羽人、神兽、仙禽乃至鳖、蟹等图像之中，装饰于一些铜镜、摇钱树、魂瓶乃至唾盂等器物上。选取的虽是跌坐像，但膝足均遮隐于衣裾之内，看似与跪坐姿态的西王母等神仙坐姿近似，这才能为汉地百姓所接受。只有到十六国时期，由于受到当时分据各地的政权统治者的大力提倡，佛教才成为受到广大民众崇信的宗教，当时庙、塔中供养的佛像，才按佛教仪轨塑制，坐姿自然是不合汉人礼俗的结跏趺坐、垂足倚坐，甚至一腿下垂、一腿盘膝的思惟姿态，而且佛座皆为高坐具，与传统的席地起居无涉。十六国时佛教在中原地区获得空前发展，确与当时入主中原建立政权的古代少数民族统治者有关。例如在后赵石虎时，中书著作郎王度就上奏石虎建议禁止百姓信佛，奏文说："佛出西域，外国之神，功不施民，非天子诸华所应祠奉。"他提出："今大赵受命，率由旧章，华戎制异，人神流别。外不同内，飨祭殊礼，华夏服祀，不宜杂错。国家可断赵人悉不听诣寺烧香礼拜，以遵典礼。其百辟卿士，下逮众隶，例皆禁之。其有犯者，与淫祀同罪。其赵人为沙门者，还从四民之服。"当时中书令王波同意王度所奏，但是遭石虎驳斥。石虎下书说："度议云：佛是外国之神，非天子诸华所可宜奉。朕生自边壤，忝当期运，君临诸夏。至于飨祀，应兼从本俗，佛是戎神，正所应奉。"（释慧皎：《高僧传》卷九神异上《晋邺中竺佛图澄》）其实道理如此简单，胡人做了皇帝，自然崇拜胡神，佛教因而空前兴盛。人们顶礼膜拜的佛像的坐姿，自然被认为是合于礼法的，会对人们的日常生活习俗产生深远影响。目前，我们能观察到的北朝时期描绘有高足坐具的图像资料，正是来自当时佛教的雕塑或绘画，特别是敦煌莫高窟等石窟寺内的雕塑和壁画。

在江南地区，东晋政权建立后，虽因战乱逃亡旧仪多已失传，"朝臣无习旧仪者"，但仍在力图恢复汉魏传统礼俗，只能由被认为"谙练旧事"的刁协、荀崧等"共定中兴礼仪"（《晋书·荀崧传》）。梁时沈约撰《宋书·礼志》时已指出，当时"诸所论叙，往往新出"。虽然朝廷礼仪已非汉魏旧制，但日常生活中仍维持席地起居的旧俗。传统习惯的阻力，使东晋南朝的上层人士极力排斥垂足坐姿和高足坐具，认为是不合礼数的"虏俗"。连佛教沙门可否踞食都引起辩论，甚至再三向皇帝上表。当时墓室内拼镶砖画流行以竹林七贤和荣启期画像为题材，八人皆坐卧在铺于林木之间地面的席上，正是反映当时传统的席地起居习俗的艺术品。只有轻便的折叠凳——胡床还在社会上层人士中流行，常在户外使用。但是"虏俗"终于冲破了传统的藩篱。北朝降将侯景发动叛乱，夺取了梁朝的政权。"（侯景）自篡立后，时著白纱帽，而尚披青袍，或以牙梳插髻。床上常设胡床及筌蹄，著靴垂脚坐。"（《梁书·侯景传》）甚至在乘辇时也在辇上置筌蹄而垂脚坐（《梁书·侯景传》）。这也深化了垂足坐姿和高足坐具在江南的影响。

四

东晋十六国至南北朝时期，在社会生活习俗发生变化的同时，文学艺术创作方面也有新的变化。绘画艺术有了空前的发展，首先表现在从事绘画艺术的画家身份的变化。从先秦直到西汉，画工的身份低下。先秦时除了传说的人物外，只《庄子》和

《说苑》中有关于画工的描述，前者叙述宋元君召唤众画史绘画时，"众史皆至，受揖而立，舐笔和墨，在外者半。有一史后至者，儃儃然不趋，受揖不立，因之舍。公使人视之，则解衣般礴，裸。君曰：'可矣，是真画者也'"。这则寓言，反映出当时画师地位卑下。因此，在以衣冠作为身份等级标志的先秦时期，肯当众裸体的人只能是社会地位低下的人。画师那佯狂的形态，反映出企图摆脱处境低下现状的消极的发泄。后者讲述画师敬君为齐王绘画，后来受齐王钱财而卖掉妻子的故事，同样反映出画师地位的卑下。直到西汉时，画师地位仍不高。以《历代名画记》记述的"历代能画人名"为例，西汉时记有毛延寿、陈敞、刘白、龚宽、阳望、樊育，共六人，"并永光、建昭中画手"（张彦远：《历代名画记》卷四引葛洪《西京杂记》）。可见其身份仍不高。

到东汉时期，情况有了变化。《历代名画记》记述的东汉画师六人，除刘旦、杨鲁两人是待诏尚方的画师外，其余四人都是有官职的上层人士：赵岐官至太常卿；刘褒官至蜀郡太守；蔡邕为左中郎将，封高阳乡侯；张衡曾任太史令，后出为河间相。这四人虽善画，但囿于传统礼俗的束缚，当时绘画还没有被上层士大夫阶层视为专供观赏的艺术品，更缺乏以欣赏为目的的艺术创作。这一情况到社会大动乱后的东晋时期才发生变化。西晋覆亡，中原世家大族于荒乱中大举南迁，进一步将传统的中原汉晋文化带到江南，与那一地区自三国时已达到相当高度的孙吴文化相汇合，融成新的东晋文化。动乱和长途搬迁，使传统礼俗遭到极大破坏，但也为突破汉晋文化的旧的藩篱提供了条件，与孙吴文化的融合又为其注入了新的养分。随着佛教的兴盛而传播的佛教艺术，也日益对东晋的文化艺术产生深远影响。凡此种种，都特别为艺术领域的创新提供了有利土壤，因此，东晋成为艺术创作的高峰时期，在书法、绘画和雕塑诸领域都呈现出与以前不同的新面貌，在各个领域都有引领时代潮流的代表人物，书法是王羲之，绘画是顾恺之，雕塑是戴逵、戴颙父子。王、顾都是支撑东晋王朝的世家大族，王羲之官至右军将军会稽内史。这表明当时社会上层不仅有很高的欣赏艺术品的修养，而且积极参与艺术创作，于是绘画脱离了原本由画师工匠制作的处境，使书画成为专供观赏的艺术品。

以东晋时绘画艺术的代表人物顾恺之（字长康，小字虎头）为例，首先他出身世家大族，父顾悦之任尚书左丞。顾恺之与谢安、桓玄交往甚密，曾被桓温引为大司马参军，义熙初为散骑常侍。他博学有才气，善诗赋，《世说新语·言语》记："顾长康从会稽还，人问山川之美，顾云：千岩竞秀，万壑争流，草木蒙笼其上，若云兴霞蔚。"又："顾长康拜桓宣武墓，作诗云：山崩溟海竭，鱼鸟将何依。"又据《世说新语·文学》，顾恺之曾作《筝赋》，"或问顾长康：君筝赋何如嵇康琴赋？顾曰：不赏者作后出相遗，深识者亦以高奇见贵"。从上述诸项，可见其在文学创作方面的才华。正因为顾恺之有深厚的文学底蕴，所以他的画作与以前缺乏文化素养的画工不同，升华为真正的艺术品。顾恺之不仅是画家，还从事绘画理论的研究，也是艺术批评家。其《画云台山记》《魏晋胜流画赞》《论画》等著作，尚保存在《历代名画记》中。顾恺之关于画人像着重点睛的"四体妍蚩本亡关于妙处，传神写照，正在阿堵之中"的主张，更是一直为人们所称道。所以后人认为象人之美，顾得其神。东晋时，他的画作已极受士大夫阶层的推崇，谢安就认为："顾长康画，有苍生来所无。"

以顾恺之为代表的东晋画家，掀起了绘画创作的高潮。刘宋时期，绘画艺术继续向前发展，代表人物是陆探微。进入梁代，绘画艺术更有新发展，代表人物是张僧繇。论者认为他们绘画人像的特色，分别是：张得其肉，陆得其骨，顾得其神。江南绘画艺术的成就对北方也产生深远影响，促成北朝的绘画艺术达到新的高峰。当时绘画创作主要有三种表现形式：第一种是手卷[1]，第二种是在宫室或寺庙绘制的壁画，第三种是在屏障上的绘画。其中第三种即屏风画，六朝时已引起著名画家的重视，仅在《历代名画记》中，就记有孙吴时的曹不兴作屏风画时误落笔点素，因而画为蝇状，孙权误以为真蝇的故事。还记有东晋时荀勖有维摩诘像屏风、顾恺之有水鸟屏风、王廙有"村社齐屏风"等作品传世。著名画家参与屏风画的创作，促进了屏风画的繁荣和发展，屏风画成为六朝以来人们居室中陈设绘画艺术品的主要形式，对美化居室环境起着重要作用。

---

[1] 目前存世的顾恺之绘画的摹本，如《女史箴图》《列女仁智图》《洛神赋图》，都是手卷形式，均绢本设色，画纵在25—27厘米、长度均超过340厘米，适于放置几案上边展边卷边看。

五

随着人们社会习俗的变迁，东晋十六国至南北朝时，供垂足高坐的家具开始进入社会生活中，自此以后到隋唐五代时期，供垂足高坐的家具的使用经历了三个发展阶段。

首先是东晋十六国时期，在当时的雕塑和绘画作品中，开始有供垂足高坐家具的图像。较早的作品多与佛教艺术有关，集中发现于佛教石窟寺内。在这类供垂足高坐的家具中，最常见的是一种束腰的圆凳。在新疆克孜尔石窟，在一些作菱形格布局的本生故事壁画中，经常可以看到这种以植物枝条编成的束腰圆凳，有的圆凳外面还包束有纺织品。在这种坐具传入中国后，因其形状类似捕鱼用的竹编的筌，故人们借用筌的名称，称其为"筌蹄"。在云冈石窟中也可以看到束腰圆凳的浮雕图像，例如第十窟前室西壁屋形龛的两侧雕出的树下思惟菩萨，都是作一腿下垂一腿盘膝姿态坐在束腰圆凳上。又如第六窟佛本行浮雕中，太子出四门遇到的病人也是双手扶杖坐于这种束腰圆凳上。在敦煌莫高窟的壁画中，也可以见到束腰圆凳的图像，如第 275 窟《月光王本生》故事画中，月光王赤身只着短裤坐于绘有直条纹的束腰圆凳上。又如第 285 窟《五百强盗成佛》故事画中，受刑后的强盗听佛说法时，佛的坐具也是上覆白色织物的束腰圆凳，佛垂双足坐于凳上。除束腰圆凳外，在敦煌壁画中还有供垂足高坐的方凳的图像，如第 257 窟《沙门守戒自杀缘品》故事画中，可以看到两种方凳，一种是约与人的小腿高度相近的四足方凳，另一种是形如立方体的方墩，或可称为实体方凳。特别是在第 285 窟的西魏壁画中，出现了一例椅子的图像，在该窟顶部北坡下部草庐禅修人像中，有一禅修者趺坐于一张椅子上，绘出的椅子形体清晰，四足，后有高靠背，两侧设扶手，这是中国目前发现的时代最早的椅子壁画①。除了佛教艺术品中出现有高足坐具的图像外，在描绘世俗生活的墓室画像中也有发现，例如山东青州北齐石椁线雕画中，也有一幅墓主垂足坐在束腰圆凳上的图像。至于东汉末已传入的交足折叠凳——胡床，这时使用更加普遍，甚至村中妇女也用为坐具。邺城地区东魏武定五年（547 年）墓出土的女侍俑就有携带胡床的塑像，墓内所葬死者赵胡仁就是一位妇女。

以上列举的图像清楚地表明，在十六国至北朝时期，随着佛教的传播，高足坐具已经在北方开始使用。但是当时传统的家具所占比重仍很大。大同北魏司马金龙墓出土屏风漆画中，所绘家具全是传统的席、床、榻和与之配合的低矮的屏风。在敦煌壁画中，大量出现的还是传统的席、床、榻等家具。但是有两点值得注意。其一，坐具虽是传统的床、榻，但人的坐姿常较传统的跪坐姿态有很大变化。宁夏固原雷祖庙村北魏墓出土漆棺前挡，绘有鲜卑装人物坐于床上，坐姿是交脚垂足的姿态。在云冈石窟第六窟中，对坐中的维摩和文殊，都坐于四足的榻上，其坐姿都是垂足而坐。其二，传统的床、榻等坐具也有由矮变高的趋向。洛阳出土的北魏孝子石棺画像中的郭巨掘地得金后侍奉母亲时，郭

① 承杨晓能见告，在美国堪萨斯的纳尔逊·阿特金斯艺术博物馆藏有一件北朝造像碑，也有一件浮雕的椅子图像，其时代大致与敦煌壁画出现的椅子图像相当。

母所坐大床四足颇高，约当立姿人像小腿的高度，明显高于先秦至汉魏床、榻的高度①。十六国至南北朝时期，新出现的高足家具和垂足坐姿，显示出社会习俗变化的势头日渐增强，传统家具也不得不增加足高以迎合时代潮流，使中国古代家具的发展进入一个新时期。

继而进入隋唐时期，新式的供垂足高坐的家具的发展势头更猛，日益排挤传统的供席地起居的旧式家具。从目前获得的有关隋唐高足家具的图像和模型器来看，与前一时期相比，有一点特别值得注意。南北朝时的家具图像多出于佛教美术品，特别是石窟寺的绘画和雕塑；而隋唐时的家具图像，除出于佛教美术品外，很多重要资料得自世俗美术品，不仅有墓室壁画和随葬俑群的资料，还有的来自描述世俗生活的传世绘画，许多是描绘宫廷生活的画卷。这表明，那一时期新式的高足家具和垂足坐姿，已经深入人们的生活，普遍流行于宫廷和民间。以椅子为例，继敦煌西魏禅僧坐椅子的画像，唐代壁画中更是不乏高僧坐于椅上的画面。表明椅子进入高官的日常生活的实例，则是陕西发现的天宝十五年（756年）高元珪墓内墓室正壁墓主坐在椅子上的图像。高元珪是宦官高力士之弟，官阶为明威将军，从四品，这与敦煌壁画中的高僧座椅不同，表明当时较高级的官员家中确已使用了这种新式高足坐具。反映宫廷生活的绘画作品，如唐章怀太子李贤墓的壁画和传为周昉绘《挥

---

① 先秦时的床高较低，如河南信阳楚墓出土大木床，足高仅17厘米。

扇仕女图》等，所绘出的家具有方凳和扶手矮圈椅等。陕西长安县南里王村韦氏家族墓中壁画，有屏面绘树下妇女的六曲屏风画，屏面画中坐姿妇女的坐具是方凳。同墓壁画还有坐在长桌旁长凳上宴饮的画面。西安一带唐墓出土的陶俑和三彩俑中，有坐在束腰圆凳上照镜的仕女，还有垂足坐在凳上的说唱艺人。凡此种种，都反映着新式家具在一般家庭中使用的情况。

最后到五代时，新式高足家具逐渐形成较完备的组合。在当时的墓室壁画中，如河北曲阳王处直墓壁画，可以看到桌、凳、大床、屏风等各种家具。在传世的绘画作品中，如传南唐画家周文矩绘《重屏会棋图》和传顾闳中绘《韩熙载夜宴图》，也都绘出这时的高足家具，如椅、桌、凳、坐榻、大床和各式屏风等，不但品种增多，而且不同品种家具的功能区别日趋明显，形成颇为完备的组合，陈设方式更转向相对固定的格局，摒除了旧式的与席地起居相联系的家具组合，为北宋时期高足家具的进一步完备奠定基础。以此与汉魏时相比，室内面貌已焕然一新，人们的生活质量也随着日用家具的发展提高到新的水平。

六

与家具的发展相适应，室内装饰艺术也有了新变化。本文仅论及汉魏至隋唐时期与家具有关的室内装饰艺术的主要变化。

自先秦至汉魏，与席地起居相联系的家具，除家具本身造型外，在室内起美化装饰作用主要靠家具的纹饰和附属于家具的物品。当时室内家具主要以坐卧的床、席为中心，席除了本身编织工艺力求精致外，还要在边缘包锦，并在四角放置造型各异、制工精美的席镇。床和独坐的榻，主要附属物品是张施其上的帐和围护左右及后部的低矮屏风。因此，色彩鲜明的帐和工艺精美的帐构，以及帐顶及四角装饰的华饰与流苏，都在室内起着美化装饰作用。其余几、案、隐几（凭几）等多为木胎髹漆，故常施以精致的漆画，实用而美观，也起着室内装饰作用。一直到三国时期，还使用图纹精美的大型漆案，如安徽马鞍山孙吴朱然墓中出土有蜀郡制作的大漆案，案面彩绘人物众多的宫廷宴乐漆画，极为精美。除了附属于床、榻的低矮围屏外，也有单独使用的屏风，一般家庭使用的较小，亦多木制髹漆，马王堆一号墓出土有一面屏面绘云龙、另一面绘谷纹璧的彩绘木屏风。宫廷中则有巨大的饰有鎏金铜饰件的屏风，广州西汉南越王墓出土一件，现已作复原研究。屏风屏面的绘画也起着美化室内的作用。

当供垂足高坐的家具组合逐渐取代供席地起居的家具组合以后，在一般人家居生活中，供席地坐卧的席已不再使用，床则退居为卧具[1]，其所张施的帐只能用于寝室装饰，再也不出现于厅堂之中。除了桌椅等高足家具本身的艺术造型外，屏风成为起到室内艺术装饰作用的主要家具。为了配合高足家具形成组合，屏风本身的造型也有新变化，主要是形体增高，像马王堆一号汉墓出土的高仅 62 厘米的低矮屏风，仅能供席地起居使用，无法与

---

[1] 承孙机见告，明清时皇宫中的背后设立屏的宝座，应是源自古代大床与屏风的组合家具。

高足桌椅配合。北魏司马金龙墓出土漆画木屏风的屏板高度已超过 80 厘米，加上边框及高 16.5 厘米的石屏础，总高在 1 米以上。山东临朐北齐崔芬墓壁画屏风画已与墓壁等高，即约与真人体高相当，可以屏蔽人们在室内直立或走动，正可与高足家具配合使用。屏风又发展成多曲的形制，一般以六曲为多，增大了屏蔽的面积，也是为了与高足家具配合而作的改进措施。另一项大的变化，是自先秦到汉代，屏板上的绘画都是画工所绘的装饰性图像；而到六朝时期，许多绘画艺术名家都参加屏风画的创作活动，前已述及荀勖、顾恺之等绘画大师所作屏风画一直流传到唐代。著名画家参与屏风画创作，极大地提高了屏风画的艺术价值，也提高了人们的欣赏品位，这应是此时期屏风画成为室内主要艺术装饰的一个主要原因。从有关画史的记述和考古发现的资料可以看出，当时的屏风画的题材已很丰富，仍以人物为主，如列女图、七贤图等，也有舞乐、人马以及水鸟、山石、树木等。

到隋唐时期，屏风画更加发展，名画家也都经常参与屏风画的创作活动，名家的屏风画价值万金以上，据《历代名画记》卷二《论名价品第》："董伯仁、展子虔、郑法士、杨子华、孙尚子、阎立本、吴道玄屏风一片，值金二万，次者售一万五千（自隋以前多画屏风，未知有画幛，故以屏风为准也）。其杨契丹、田僧亮、郑法轮、乙僧、阎立德一扇，值金一万。"书中记述上列有关画家流传下来的屏风画，有顾恺之"水鸟屏风"、杨子华"宫苑人物屏风"、郑法士"贵戚屏风"等。又记董伯仁"屏障一种，亡愧前贤"。还记张彦远曾有阎立本"田舍屏风十二扇，位置经略，冠绝古今，元和十三年彦远大父相国镇太原，诏取之"。可见当时朝野对屏风画的喜好。近年来的考古发现，也有许多有关屏风的资料，其中的实物有新疆阿斯塔那唐墓出土的木骨绢面屏风，尚存的屏面绢画有仕女、人马图等。同一墓地许多墓室内有模拟屏风的壁画，多为六曲，屏面画有人物、花鸟等题材。在都城长安附近的唐墓中，也发现有许多模拟屏风的壁画，自玄宗天宝年间开始盛行，多六曲屏风，屏面画题材有树下人物，有老人，也有树下盛装仕女，到晚唐时屏风画的内容多以云鹤、翎毛取代人物，特别是云鹤题材更为盛行。在陕西富平发现的唐墓中，还有六曲山水画屏风壁画。据当时人的诗文，以骏马图制作屏风也是一时的时尚，屏面也流行以书法作品代替绘画装饰屏面。到五代时，屏风更日趋成为室内的主要装饰艺术品，在传世绘画和墓室壁画中，除多曲屏风外，更流行高大的立屏，其上以巨幅山水画为主。《韩熙载夜宴图》中就绘有屏面画山林树石的巨大立屏。王处直墓中也有一幅模拟大立屏的壁画，上绘墨绘山水，风格已近董源等成熟的山水画风格，是研究中国绘画史的重要资料。

七

汉唐之间，在日常生活中使用的器皿也有较大变化，主要表现在两个方面。一方面是源于中国国内新工艺的发明和发展，主要表现在瓷器的普遍使用；另一方面是随着中外文化互动输入的物品，主要是金银器和玻璃器。

在中国古代，制瓷工艺出现于东汉^①。到三国孙吴时期，随着青瓷工艺技术的提高，江南的制瓷业出现空前繁荣的情景。大量制作的美观而实用的瓷器，迅速进入人们的日常生活，不仅取代了陶器，而且取代了汉代流行的昂贵的漆器。日用瓷器的普及，不仅影响日用器皿外貌的改观，也改变着人们的审美情趣。到南北朝时期，不仅江南地区，北方的制瓷业也日趋兴盛。青瓷的制作日趋精美，出现点彩和釉下彩等新的装饰手法。也已生产黑釉、白釉等瓷器。这些都为隋唐时期制瓷业的新发展奠定了基础。

两晋南北朝时期，随着中西商路的畅通，西方的金银器皿不断东输，深受当时上层人物的喜爱，成为他们追求的豪华用具。近年的考古发掘中曾出土不少罕见的西方金银器皿，有些发现于贵族高官的坟墓中，有些发现于遗址或窖藏中。贵族高官墓中的出土品，如北魏正始元年（504年）屯骑校尉建威将军洛州刺史封和突墓出土的波斯萨珊贵族猎野猪图像金花银盘，东魏武定二年（544年）司空李希宗墓出土的波纹银碗，北周天和四年（569年）柱国大将军河西公李贤墓出土的鎏金人物图像银胡瓶，还有大同南郊北魏墓M107出土的鎏金刻花碗。遗址和窖藏出土的西方金银器，如山西大同北魏遗址出土的多曲长银杯，甘肃靖远出土的纹饰精美的拜占庭鎏金银盘，广东遂溪南朝窖藏出土的鎏金银杯。对西方金银器的需求，刺激了中国金银器制造业的发展，

---

① 中国硅酸盐学会编：《中国陶瓷史》，文物出版社1982年版，第127—133页。

到隋唐时期出现金银器制造的高峰，从器形到纹饰均仿照西方制品，最后生产出具有唐文化特色的金银器皿。

西方输入的玻璃器皿，不论是罗马玻璃器、波斯萨珊玻璃器，还是伊斯兰玻璃器，输入中国后同样为人们所喜爱。已发现的玻璃器，多出土于贵族高官的坟墓。如北燕冯素弗墓出土的罗马玻璃鸭形器，是无模自由吹制成型的工艺品，制工精湛。南京象山王氏墓也发现有罗马黄绿色磨花圜底筒形玻璃杯。在固原北周李贤墓，出土腹部有上下两周椭圆形凸饰的波斯萨珊朝玻璃碗。由于人们喜爱西方玻璃器，在中国亦开始仿制，促进了国产玻璃器的生产。又由于西方输入的玻璃器价值昂贵，非一般平民能享有，所以北魏时，还制作了各种廉价的模拟品，以供一般平民使用。北魏洛阳城遗址发掘中，就出土有模拟波斯萨珊玻璃碗形貌的釉陶碗。

在汉唐之间，从三国至南北朝，不论是城市的布局规划，还是建筑结构和室内布置，当时人们社会生活的各个方面，都在不断发生偏离汉代传统的变化，日渐呈现出新面貌，最后形成更加丰富多彩的隋唐城市文化，其代表就是当时的都城隋大兴、唐长安城。

剑和刀*

公元前 206 年，项羽率领的 40 万大军宿营新丰鸿门，刘邦迫于形势，不得不到这里来见他，于是发生了历史上著名的"鸿门宴"。司马迁在《史记·项羽本纪》里，用生动的文笔记叙了这一事件的全过程。宴会开始，宾主入座："项王、项伯东向坐。亚父南向坐，亚父者，范增也。沛公北向坐。张良西向侍。范增数目项王，举所佩玉玦以示之者三。项王默然不应。范增起，出召项庄，谓曰：'君王为人不忍，若入前为寿，寿毕，请以剑舞，因击沛公于坐杀之。不者，若属皆且为所虏。'庄则入为寿。寿毕，曰：'君王与沛公饮，军中无以为乐，请以剑舞。'项王曰：'诺。'项庄拔剑起舞，项伯亦拔剑起舞，常以身翼蔽沛公，庄不得击。"这就是常说的"项庄舞剑，意在沛公"。在鸿门宴的故事中，除了项庄舞剑外，还有以下几段提到剑这种兵器。

---

* 本文原题为《剑和刀——中国古代兵器丛谈》，刊于《社会科学战线》1979 年第 1 期；修改后收入《中国古兵器论丛》，文物出版社，1980 年。

张良看到事情不妙，急从军门找来樊哙为刘邦保驾。"（樊）哙即带剑拥盾入军门。交戟之卫士欲止不内，樊哙侧其盾以撞，卫士仆地，哙遂入。披帷西向立，瞋目视项王，头发上指，目眦尽裂。项王按剑而跽曰：'客何为者？'张良曰：'沛公之参乘樊哙者也。'项王曰：'壮士，赐之卮酒。'则与斗卮酒。哙拜谢，起，立而饮之。项王曰：'赐之彘肩。'则与一生彘肩。樊哙覆其盾于地，加彘肩上，拔剑切而啖之。"

刘邦借口去厕所逃出项羽军营时，"脱身独骑，与樊哙、夏侯婴、靳强、纪信等四人持剑盾步走，从郦山下，道芷阳间行"。最后，范增知道刘邦已逃离楚营后，大为恼火，气得把刘邦委托张良送他的一双玉斗，"置之地，拔剑撞而破之"。

由以上几段，可见鸿门宴故事的主要情节的展开，几乎都与剑这种兵器有关，从项王、范增到各个将领，都随身佩剑。还可以看出剑和盾配合使用，它们是当时步兵的标准兵器。这其实是沿袭战国时期步兵的装备。在云梦秦墓出土的铜镜上，就有执盾持剑武士的生动形象。

历经两汉以后，在军队中大量而普遍装备剑的情况有了很大的变化。下面再以一场宴会中发生的事件为例。这次宴会的地点是东吴名将吕蒙的家中，时间在公元215年前后。东吴将领凌统与甘宁有杀父之仇，总想寻机复仇，这次两人正好在吕蒙家里举行的一场宴会上相遇。凌统复仇心切，就想用"项庄舞剑"的办法，在席上刺杀甘宁。"酒酣，（凌）统乃以刀舞。"可是甘宁早有防备。"宁起曰：'宁能双戟舞。'"于是酒宴前出现了刀、戟对抗的紧张场面。这急坏了东道主吕蒙，他赶快出来调解。"蒙曰：'宁虽能，未若蒙之巧也。'因操刀持楯，以身分之。"在这一事件中，东吴的三位将领所使用的兵器，分别是刀、刀和盾、双戟（手戟），却没有看到剑的踪迹。从项庄舞剑到凌统舞刀，生动地反映了在两汉 400 年间，军队中主要装备的短柄格斗兵器，从剑转变到刀的历史事实。近年来发现的大量考古资料，也可以粗略地勾画出这一变化的轮廓。

　　谈到剑，首先来看一看它出现的时代以及用途。1956—1957年，陕西长安张家坡的西周墓出土了一把短短的青铜剑，报告中称作匕首（图一：1、图二：1），全长不过 27 厘米，它的形状像细长的柳叶，装柄的部分略瘦，上面有两个纵列的圆穿孔，看来是在两侧附贴木柄，通过圆孔钉合成一体来使用。同样的柳叶形青铜剑，后来在北京琉璃河 53 号墓和陕西宝鸡竹园沟 1 号墓都出土过，其中琉璃河的一把更短些，长度仅 17.5 厘米。这些短短的青铜剑，有效使用的锋刃部分不过 17—18 厘米，也可以说是和匕首差不多。至于它的用途，应该是一种防范非常的卫体兵器。西周时期以车战为主，两军对阵时，首先用远射的弓矢，待到战车错毂格斗时，所用的兵器就是长柄的戈、戟和矛、钺。

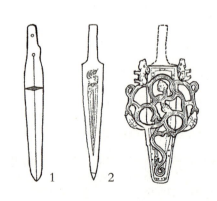

✦ 图一　西周铜剑
1.陕西长安张家坡西周墓出土短剑
2.甘肃灵台西周墓出土铜剑及鞘

只有双方战士扭打在一起时，仅有十几厘米锋刃的短兵器才会起作用，但是在车战的条件下，这种机会并不多。剑的名称，正是因它的用途而得。据《释名》："剑，检也，所以防检非常也。"由于以上原因，在西周初期车战所使用的兵器组合中，剑是不占重要位置的。这一点也可以从这种兵器出土数量之少，以及它和出土铜戈数量相差悬殊等方面反映出来。除这种扁茎有脊的柳叶形剑以外，在西周墓里获得的青铜兵器中还有另外两种短剑。一种短剑是在甘肃灵台白草坡的西周墓里发现的（图二：3、4），剑身近似一个修长的锐角三角形，身后接较窄的短茎，上面还遗留有木柄和缠绳的痕迹。2号墓出土的两件通长24.3厘米，插在铜鞘内，鞘上带有由蛇、牛等动物和缠枝植物纹组成的镂空图案，很是精美（图一：2）。另一种短剑，如北京昌平白浮西周墓发现的几件，剑身有脊棱，在茎和剑身相接处（就是后来安剑格的位置）向左右各斜伸出一个小齿，在茎端装饰有鸟头或兽头图案（图二：2）。这种

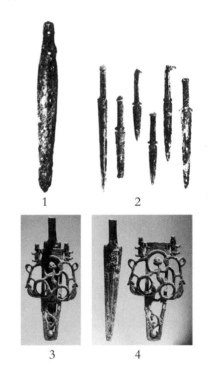

图二　西周铜剑
1. 长安张家坡出土（M206：4）
2. 北京昌平白浮出土
3. 甘肃灵台白草坡出土带鞘铜剑
4. 甘肃灵台白草坡出土剑和剑鞘

剑和刀 /

剑最早是在山西保德县林遮峪获得的，但是剑身和茎通体向一侧微曲，剑首铸成铃状，与它同时出土的青铜器具有殷代晚期的特征，可以说明这把剑也是那一时期的。看来这两种短剑是殷周时期一些少数民族的兵器，前一种具有西南地方的特征，后一种散发着北方草原民族的气息。它们出现在殷末西周初期的墓中，应该是反映着当时殷周和边疆的少数民族的密切联系，也是我国自古就是统一的多民族国家的见证。

剑作为兵器开始受到重视，应该是西周以后的事，也就是在那一时期，剑的形制有了新的变化。我们现在于考古发掘中获得的春秋早期青铜剑，都是柱脊剑，也就是由圆柱体的茎，直向前伸延而形成剑身的凸脊，只是有的剑茎上装有剑首，有的没有。在上村岭虢国墓地出土的几把剑，都是有剑首的（图三：2、图四：2）。洛阳中州路第2415号墓出土有装在象牙鞘里的铜剑，就是没有剑首的（图三：1、图四：1）。它们的形体都比较短，一般在28—40厘米之间。中州路的那一把，剑长28.5厘米，加上刻工精美的象牙柄，全长也不过33厘米左右。这把剑安好柄后，外貌正好和洛阳金村出土铜镜上那位骑士所握的剑相似，这幅跨马用剑刺虎的图像，正好提供了当时以剑搏刺对方的形象资料。这种类型的剑只适于前刺，而不适于劈砍，所以也称它是一种"直兵"。《晏子春秋》记载，崔杼杀了齐庄公以后，用武力逼诸将军大夫盟于大宫，"有敢不盟者，戟拘其颈，剑承其心"，又谓"曲刃钩之，直兵推之"。这对于早期较短的剑的使用方法，倒是一个很好的说明。但是，当时还处于车战盛行的后期，剑在战斗中的作用依然和西周时期相同。

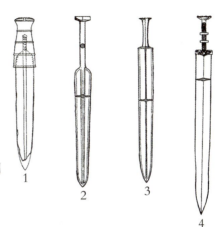

✤ 图三 东周铜剑
    1.洛阳中州路出土象牙柄铜剑
    2.上村岭虢国墓出土铜剑
    3.长沙东郊329号墓出土铜剑
    4.洛阳中州路第2729号墓出土铜剑

✤ 图四 东周铜剑
    1.洛阳中州路出土铜剑和象
牙柄、剑鞘（M2415:18）
    2.上村岭虢国墓地出土铜剑
（M1052:155）
    3.长沙左家公山15号战国墓
出土铜剑和木剑椟

    就在中原地区还主要依靠战车作战的时候，南方的吴越地区则有着完全不同的情况，那里水网纵横，还处于地多林莽、尚待开发的阶段。奔驰在北方平原的巨大而沉重的战车，在那里几乎没有用武之地；相反，各种战船却是军队中不可缺少的重要装备。为适应这样的客观条件，吴、越军队的主力是步兵。迟至公元前584年，申公巫臣从晋国来到吴国，才帮助吴国组训了第一批战车部队（《左传·成公七年》）。尽管如此，吴国军队的主力依然是步兵，即使过了整整一个世纪以后也是如此。公元前 482 年吴晋争先的黄池之会时，吴王夫差为了显示军威而排列的三个方阵，依然是由精锐的步兵组成的（《国语·吴语》）。至于夫差的死对头越王勾践的军队，也是步兵。为了提高部队的战斗力，他采取的主要措施之一就是操练士兵，提高击剑水平。关于越女和猿公的传说（《吴越春和》卷九《勾践阴谋外传》），正反映了这一历史事实。兵器是随着军事上的需要而改进的。为了进行步兵战斗，车战中使用的长度接近人的躯干三倍的长柄矛、戟，是不适用的；步兵所需要的是适于近战的锋利而轻便的短兵器，而剑正具有这些特点，所以这种兵器在吴越有了很大发展。因此，当时吴越地区铸剑的水平，远远超过中原诸国，出现了许多传奇的铸剑大师，如欧冶子和干将夫妻。尤其是干将、镆铘铸剑的故事，一直流传到现在。正是因为吴越青铜剑冶铸技术水平当时就为人们所称颂，才能化成那样神奇而又生动的传说。也正因为如此，春秋时期的吴越简直成了"宝剑之乡"，这里出产的质精物美的青铜剑，极受中原各国的重视。《史记·吴太伯世家》记载了一个"季札赠剑"的故事。徐君爱慕季札随身佩带的宝剑，就反映了吴国的铸剑技能在当时为人们所重视。所以《考工记》讲："吴粤之剑，迁乎其地而弗能为良。"近些年来，在考古发掘中获得的吴越铜剑，更是提供了有力的实物例证。这些铜剑中，有几把上面带有吴王或越王造剑的铭文，比较重要的有山西原平峙峪出土的吴王光剑、湖北襄阳蔡坡 12 号墓出土的吴王夫差剑和河南辉县发现的另一把吴王夫差剑。另外，还有在安徽淮南蔡家岗蔡墓出土的吴王夫差太子的剑。出土的重要的越王剑，有湖北江陵出土的两把越王剑——望山一号墓出土的越王勾践剑和藤店一号墓出土的越王州句剑。特别是在望山一号墓里获得的那把越王剑，出土时完好如新，锋刃锐利，制工精美，全剑长55.7厘米，剑茎缠缑还保留着清晰的痕迹，剑格饰有花纹，而且嵌着蓝色琉璃，剑身满布菱形的暗纹，衬出八个错金的鸟篆体铭文：越王鸠浅自作用鐱（剑）。鸠浅就是那位卧薪尝胆终于灭吴的勾践。这把剑显示着春秋晚期以来铜剑共有的特点之一：刃部不是平直的，其最宽处约在距剑格三分之二处，然后呈弧线内收，至近剑锋处再次外凸然后再内收成尖锋，刃口的这种两度弧曲的外形，更说明剑在使用时注意的是它直刺的功能，而不是以斫击为主。这把剑的铸造技术，代表了当时吴越工匠的最高水平。1973年在日本举办的中国出土文物展览中，这把剑和东汉的银镂玉衣等都是展出的精品，当时郭沫若先生曾题诗：越王勾践破吴剑，专赖民工字错金。银缕玉衣今又是，千秋不朽匠人心。并指出："剑铭'自作'，实赖民工；衣被王躯，裁成匠手。创造历史者，并非英雄帝王，乃是人民工匠。"

越国灭掉吴国，然后又被楚国吞并，"越王勾践破吴剑"也就被当作战利品掳到楚国去了，这就是江陵一带的楚墓里不断出土带有吴王、越王铭的青铜剑的原因。同时，吴越精湛的铸剑技术也为楚国所掌握，使本来已有相当水平的楚国铸剑工艺，得到进一步发展。例如，从江陵、长沙一带的楚墓中曾获得数量众多、铸制精美的青铜剑，甚至其中一座墓里竟有多达32把铜剑，这正说明了这样的历史事实。于是，过去关于吴越神奇的铸剑传说，转而落到楚国头上。干将、镆铘就不是为越王铸剑而是为楚王铸剑了，并且出现了眉间尺为父报仇的动人情节，最后以同葬三头的"三王坟"作为整个故事的结尾。后来，鲁迅先生就撷拾了这一传说，写成《铸剑》一篇，收入《故事新编》中，给这古老的传说赋予了新的寓意。

在战国时期，随着车战的衰落和步兵的兴起，剑在战争中的作用日益重要，成为当时步兵的标准装备之一。以魏国的武卒为例，一个士兵的装备如下：护体的装具是甲和胄，远射兵器是十二石的强弩（每人配备 50 支弩箭），格斗兵器是戈和剑。从汲县山彪镇出土的水陆攻战纹铜鉴上，可以清楚地看到挥剑战斗的步兵或水军战士的形象，而且那些手持长柄矛戟格斗的战士，每个人的腰上都毫无例外地佩着插在鞘里的剑（图五）。在成都百花潭出土的铜壶上，也有大致相同的战斗图像，同样可以看到佩剑的战士和用剑战斗的画面。随着剑在战争中的作用日益重要，迫切需要改进质量，增强杀伤力，于是对兵器的制造者提出两方面要求：一方面要加长剑身的长度，另一方面要使它更加坚韧和

✦ 图五 山彪镇出土的铜鉴上绘制的格斗图案

锋利。在长度方面，从已经获得的春秋到战国早期的青铜剑来看，它们的总长度一般只有 50 厘米左右，山彪镇的水陆攻战纹铜鉴上所刻画的剑，都是这种较短的剑。由于青铜质地较脆，所以增加剑长在工艺上相当困难，这就使青铜剑的长度受到一定限制。不过由于那些无名的匠师付出了长期且艰巨的劳动，到战国晚期，在这方面已经有了相当大的进步。例如，秦国的青铜剑在秦始皇时期已经达到 81—91.3 厘米的长度。在增强杀伤力方面，主要生产了剑脊、剑刃含锡量不同的复合剑。这种青铜剑的脊部呈红色，因为其中含锡量较少（约 10%），所以比一般青铜质柔而坚，不容易折断；剑的刃部含锡量则较多（约 20%），所以质脆而硬，刃口更加锋利。同时，为了避免铜剑表面锈蚀，甚至有经过铬盐进行表面氧化处理的。这种青铜剑是秦国的产品，虽然已经埋在地下 2000 多年，但至今剑身并未锈蚀，还是乌黑发亮。此外，由于东周时期盛行佩剑之风，促使青铜剑铸造得日益华美，不少剑身上显现着各种细密的几何形花纹，有的还采用鎏金、错金银、镶嵌等技术来装饰铜剑，使它更加美观。到了这时，青铜剑的铸造工艺已经达到最高限度，但是制出的兵器在剑长和锋利程度两个方面，都没有满足当时战场上的士兵对兵器的要求。要解决这个矛盾，唯一的途径是寻求比青铜更好的原材料和更新生产技术。

在春秋时期，铁器登上舞台，成为促进奴隶制与封建制更替的一个重要因素。铁器的使用，引起农具、工具乃至兵器方面的大变革，出现在战争舞台上的铁制兵器中，比较重要的一种就是铁剑。现在获得的年代最早的一把钢剑，是早在三门峡西周墓中出土的短剑，还不是实际作战的兵器。看来是实战用的钢剑，最早的一件是在湖南长沙铁路车站建设工程中从一座春秋晚期的墓里出土的，经过鉴定，这把剑所用的钢是含碳量 0.5% 左右的中碳钢，金相组织比较均匀，说明可能进行过热处理。这把剑出现在楚国的疆域内，并不是偶然的。秦昭王曾经向秦相范雎表示过如下的忧虑："吾闻楚之铁剑利而倡优拙。夫铁剑利则士勇，倡优拙则思虑远，夫以远思虑而御勇士，恐楚之图秦也。"（《史记·范雎列传》）秦昭王赞扬楚国生产的铁剑锋利，说明当时楚国铸造的铁剑是驰名全中国的。在湖南等地的楚墓里，已经多次发掘出铁质的各种兵器，有剑、矛、戟和镞等。其中，铁剑的数量是比较多的，它们的长度大大超过了一般的青铜制品，常常不短于 70 厘米，接近 1 米或超过 1 米的也不少。在这些铁剑中，最长的已达到 1.4 米，几乎是一般青铜剑长度的三倍左右。除了楚地以外，文献中也记录过三晋地区生产有锋利的铁剑。代表当时钢铁兵器最高水平的产品，是在燕国的疆域里发现的。1965年在河北易县燕下都遗址中发现了一座丛葬墓（44 号墓），从墓里获得了 50 余件铁兵器，其中仅剑一种就达 15 把之多。取比较完整的 8 把剑测量，最短的一把长 69.8 厘米，最长的一把长达 100.4 厘米，平均长度约 88 厘米。其中 3 把剑经过鉴定，只有一把是用块炼铁直接锻成的铁剑，另外两把则是由含碳不均匀的钢制成的，其一就是这批剑中最长的那一把。这两把剑都是用块炼铁渗碳制成的低碳钢件，是将纯铁增碳后对折，然后经多层叠打而成。为了提高刃部的硬度，两把剑都经过淬火，这是我国出土古代铁器中已知最早的淬火产品。经过淬火的长钢剑，性能远远超过体短质脆的青铜剑，进一步满足了步兵战士对兵器装备的要求。不过当时各地生产的发展是不平衡的，楚燕等地的这些先进的钢铁长剑，还不足以装备所有的部队。至于生产水平不如它们的各国，情况就更不同了。所以，各国军队中使用的兵器，大量还是青铜制品。例如，秦始皇陵陶俑坑的两次发掘中，发现的大量兵器绝大多数都是青铜制品，出土的剑虽然较长而且表面经过铬盐氧化处理，但仍旧全是青铜制造的（图六）。历史车轮滚滚向

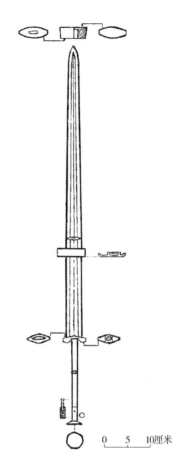

✦ 图六　秦始皇陵陶俑坑出土的青铜剑

前，先进的钢铁兵器终究要取代落后的青铜兵器，但那已是汉代的事了。

　　现在，我们已经谈到鸿门宴所处的历史时期。那时，经过秦末农民大起义，已经进入楚汉之争，中国大地上留下无数步兵的足迹，他们进行着殊死搏斗。他们所使用的兵器，除了长柄的矛、戟和远射的弓、弩以外，就是剑和盾。我们回忆一下司马迁

笔下的樊哙手持长剑、铁盾在鸿门宴上的威猛形象，就可以想象那时装备着剑盾的武士了。同春秋至战国初年时的剑相比，这时剑的外貌已经大为改观，剑身几乎加长一倍，原有两度弧曲的刃部伸成平直的了，更加锋利，剑锋的夹角则逐渐由锐加大。由这些变化可以看出，剑的功能已经由主要是直行向前推刺敌人，转为主要是用刃部劈砍。延续到西汉初期，情况大体还是这样。晁错在上疏文帝言兵事时，列举了当时汉王朝军队中的主要兵器，依然是长戟、矛、弓弩和剑盾，特别指出在"曲道相伏、险隘相薄"的地形条件下，剑盾可以发挥最大的作用（《汉书·晁错传》）。

随着钢铁冶炼技术的发展，剑的质量有了进一步改进。到汉武帝时期，钢剑的锻造技术更加提高。可以代表当时技术水平的一把钢剑，是在河北满城刘胜（他死于元鼎四年，即前113年）的坟墓里发现的，它的长度超过1米，装在涂着褐色漆的木鞘里，放在刘胜尸体的右侧。经过鉴定，这把剑虽然还是用块炼铁作原料，反复在木炭中加热渗碳，折叠锻打而成的，但是对比燕下都出土的战国钢剑的质量有了很大提高。表现在夹杂物分散和尺寸减小、数目减少；同时，剑中不同碳含量分层程度减小，各片组织均匀，燕下都剑的低碳层厚约0.2毫米，而这把剑的低碳层仅有0.05—0.1毫米。每层的厚度减小了，那是增加反复锻打次数的结果，也就是向"百炼钢"发展的过程，这把剑也可以说是正在形成中的百炼钢工艺的早期产品。此外，这把剑的刃部经过淬火，刚硬且锋利；没有经过淬火的脊部，仍旧保持着较好的韧性，收到刚柔结合的效果。至于铁剑使用较普遍的例证，可以从河南洛阳西郊金谷园、七里河等地西汉中晚期墓的出土物中得到。那些墓中出土了数量很多的铁剑，仅是长度在80厘米以上的剑，就有37把，其中最长的一把有118厘米。从汉墓的壁画和后来的画像石上，可以看到佩戴和使用这种长剑的画像。

前面已经提到战斗时用剑劈砍的功能增加的问题，这一点在骑兵战斗中尤为重要。战国末年，骑兵作为独立的兵种开始出现，在秦始皇陵的陶俑坑中，也发现了和战车部队排列在一起的骑兵形象。但是，成建制地大量使用骑兵，还是在秦末农民大起义经过楚汉之争到西汉初年这一段历史时期开始的。纵横驰骋在战场上的大队骑兵，手执长剑向敌人冲击时，由于马速很快，想要毙伤敌人主要靠挥臂劈砍，而不是用剑向前推刺。这样一来，尖长的剑锋的作用不大了，虽然两侧都有刃，但是劈砍时只能使用其中一侧的刃，另一侧的刃不但不能发挥作用，而且使制造工艺更为复杂，必须在狭窄的剑身两侧都做出同样锋利的刃口，所以只能把全器最厚的地方安排在中脊处，这样一方面工艺要求高，另一方面在劈砍时还容易折断。只有解决以上这些问题，才能为骑兵生产出更合用的劈砍兵器，提高战斗力。于是在西汉时期，出现了环首的长刀，这是一种专用于劈砍的短柄兵器，它只在一侧有刃口，另一侧做成厚实的刀脊，同时去掉了尖锐的长剑锋。厚脊薄刃的特点使其不仅利于砍劈，而且刀脊无刃，可以加厚，因而不易折断。所以《释名》说："刀，到也。以斩伐到其所乃击之也。"西汉时期的铁刀，直脊直刃，刀柄和刀身之间没有明显的区分，一般没有像剑那样卫手的格，只有个别的加有和剑格一样的铜质或铁质的"格"。刀柄首端毫无例外地制成扁圆的环状，所以常常叫它"环首刀"。在洛阳的西汉墓里，环首长刀的数量日渐多起来，例如，1957—1958 年在洛阳西郊清理的那批西汉墓里，就有 23 座墓随葬有较长的环首刀，它们的长度从 85 厘米直到 114 厘米。铁刀出土时，通常和铁剑一样插在鞘里，刀鞘是由两片木材合制，用丝线和织物把它们缠紧，然后再在外面涂上漆，在鞘的末端装饰着扁扁的铜珌。这些带有漆鞘的环首铁刀，多出土于尸体两侧，和那些带漆鞘的铁剑的出土位置一样，说明它们原来是死者生前随身佩带的。在《史记》《汉书》里，存有不少西汉时期将校官吏佩刀的记录。名将李广在随卫青出塞作战时，迷失了道路，回军后愤而自杀，就是"引刀自刭"的。从苏武的例子，又可以知道汉王朝出使匈奴的使节是随身佩刀的。据《汉书·苏武传》记，当匈奴逼苏武投降时，"武谓惠等：'屈节辱命，虽生，何面目以归汉！'引佩刀自刺"。还有在昭帝时出使匈奴的任立政，他受霍光等委派，还负有劝说李陵回汉的任务。当任立政在匈奴单于举办的宴会上看到李陵时，"未得私语，即目视陵，而数之自循其刀环，握其足，阴谕之，言可还归汉也"（《汉书·李广附孙陵传》）。这不但说明汉王朝的使者佩刀，而且佩带的正是环首刀。由佩剑到同时开始佩刀，说明环首刀日益受人重视。

适于劈砍的环首长刀，逐渐在战场上把长剑排挤开去，成为军队中大量装备的短柄武器，这一变化到东汉末年已接近尾声。在山东沂南画像石墓墓门的横额上，刻着一幅战斗图像，交战双

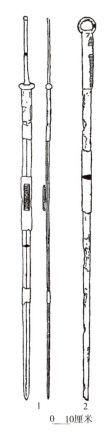

方除了弓箭以外，主要的格斗兵器就是环首刀，配合它使用的防护装具是长方形的盾牌。这生动地表现出西汉初年军队中大量装备的剑和盾，这时已被刀和盾所取代。战场上的这一变化，和东汉时期铁刀制造日趋精良分不开，精良的长刀是当时冶铁炼钢技术进一步提高的产物。在长沙地区东汉墓里获得的铁刀，长度常超过1米，有的甚至达到128.5厘米。河南地区出土的东汉铁刀也是如此，陕县刘家渠东汉墓里的环首长铁刀，和长剑一样备有髹漆的木鞘，特别是刀柄的结构还保留得较为完整。铁刀柄两侧用木片夹起来，然后外面紧缠粗绳，以便于握把，在刀环上还缠着绢布（图七）。这一时期优质钢刀的代表作品，应该是山东苍山发现的一把有纪年铭的长刀，全长111.5厘米，刀脊的

0 ___ 10厘米

✦ 图七 陕县刘家渠东汉墓出土的长剑和环首刀

厚度与刀身的宽度比大约是1：3。刀身上饰着错金的火焰纹，并且有18个错金的隶书刀铭："永初六年五月丙午造卅涷大刀吉羊宜子孙。"由此可知，这把刀是汉安帝永初六年（112年）制造的。经过鉴定，这把刀是以含碳较高的炒钢为原料，经过反复多次锻打而成。铭文中的"卅涷"即"三十炼"，可能代表着一定的工艺质量标准，刀中的硅酸盐夹杂物有明显分层，用100倍显

微镜观察发现，有 30 层左右，也许"三十炼"的含义就是指将炒钢锻造后折叠锻打，这样反复锻打 30 层而制成。同时，这把三十炼大刀的刃部还经过了淬火。过去在日本也发现过一把东汉铁刀，纪年是灵帝中平年间，即公元 184—189 年，错金刀铭中有"百练（炼）清刚（钢）"之句。上述两把刀制造出来的时间相差不多，铭中的"卅湅"和"百炼"都属于"百炼钢"的范畴。采用百炼钢造刀，大大提高了质量，加速了它成为军队中主要短柄兵器的进程。

值得注意的另一点是，在考古发掘中不断获得东汉时期装饰华美的铁刀，河北定县 43 号墓里出土的一把刀可作代表。全刀长 105 厘米，刀身上饰有线条流畅的错金涡纹和流云图案，精美异常。发掘者认为，这座墓是熹平三年（174 年）死去的中山穆王刘畅的坟墓，这把精美的错金铁刀可能就是他生前的佩刀。西汉时期的舆服制度，自皇帝至百官，无不佩剑；当环首刀兴起以后，平时常常带刀，尤其是军队中的将领更是如此。到了东汉初年，皇帝常在赐给臣子剑的同时赐给佩刀。这样一来，佩刀也成为封建王朝规定的一种舆服制度。《续汉书·舆服志》有详细的叙述："佩刀，乘舆黄金通身貂错，半鲛鱼鳞，金漆错，雌黄室，五色罽隐室华。诸侯王黄金错，环挟半鲛，黑室。公卿百官皆纯黑，不半鲛。小黄门雌黄室，中黄门朱室，童子皆虎爪文，虎贲黄室虎文，其将白虎文，皆以白珠鲛为镖口之饰。乘舆者，加翡翠山，纡婴其侧。"定县出土的错金铁刀，正是合于"诸侯王黄金错"的规定。时代风气变了，除了一些典礼以外，平时由佩剑改为佩刀了。所以，《舆服志》中特别对佩刀的制度重点叙述一番。不过，后来的人有的对这种变化不清楚，如为《舆服志》做注的刘昭就在这段文字下面加了自己的按语："臣昭按：自天子至于庶人，咸皆带剑。剑之与刀，形制不同，名称各异，故萧何剑履上殿，不称为刀，而此志言不及剑，如为未备。"他对东汉时期重佩刀的风尚，以及由此形成的新的舆服制度并不清楚，所以才对《舆服志》的作者求全责备。

　　由于官吏平时佩刀而不佩剑，所以有些过去用剑的事情，东汉时就改用刀了。一个突出的例子是：当时一些下级官吏为了劝阻已经上车要出发的上级，采用利刀砍断马鞅的办法，使车子无法行驶。在佩剑之风盛行的时候，自然是用佩剑。例如，公元前555年，在晋军的攻击下，"齐侯驾，将走邮棠。大子与郭荣叩马曰：'师速而疾，略也。将退矣，君何惧焉！且社稷之主，不可以轻，轻则失众，君必待之。'将犯之，大子抽剑断鞅，乃止"（《左传·襄公十八年》）。500多年以后，东汉建武八年（32年），光武帝刘秀要去打隗嚣，郭宪反对，"谏曰'天下初定，车驾未可以动'。宪乃当车拔佩刀以断车靷"（《后汉书·郭宪传》）。另一个例子是周章随太守行春时，途中太守欲谒窦宪，周章反对，"太守不听，遂便升车。章前拔佩刀绝马鞅，于是乃止"（《后汉书·周章传》）。上面三个小故事中，用剑或用刀不是偶然的，反映了由佩剑转为佩刀的习俗变化。另一个故事也可以反映官吏平时佩刀。东汉末年，董卓想废掉汉献帝而立陈留王，找袁绍商量，"是时绍叔父隗为太傅，绍伪许之，曰：'此大事，出当与太傅议。'卓曰：'刘氏种不足复遗。'绍不应，横刀长揖而去"（《三国志·魏书·袁绍传》）。这就是所谓"长揖横刀出，将军盖代雄"。袁绍当时正是佩刀而没有佩剑的。

到了三国时期，军队中大量装备的实战用短柄兵器就只有刀了，刀的制造也更加精良。例如，诸葛亮让蒲元铸造的刀"称绝当世，因曰神刀"。这些"神刀"，是在斜谷造的，共 3000 口，当时蒲元"镕金造器，特异常法。刀成自言：汉水钝弱，不任淬用，蜀江爽烈，是谓大金之元精，天分其野。乃命人于成都取之。有一人前至，君以淬，乃言杂涪水不可用。取水者犹悍言不杂。君以刀画水云：杂八升，何故言不？取水者方叩头首服云：实于涪津渡负倒覆水，惧怖，遂以涪水八升益之。于是咸共惊服，称为神妙"（《太平御览》卷三四五引《蒲元传》）。这个故事说明，当时淬火技术有了发展，能够鉴别不同江河的水具有不同的淬火能力。至于这些刀的形制，据《蒲元传》讲，"今之屈耳环者是其遗范也"，可见这是一种环首刀。就是在传统的宝剑之乡，历史上的吴、越和楚地，宝剑也把在战争舞台上的位置让给了长刀。东吴的步兵所使用的短柄兵器主要是刀和手戟，这已在本文开始时所举凌统与甘宁的那段故事中讲到了。又如当甘宁百骑劫魏营归来后，孙权很高兴，奖给甘宁绢千匹、刀百口（《三国志·吴书·甘宁传》注引《江表传》）。在东吴，从孙权到一般将领、官吏，平时都佩刀。赤壁之战前夕，曹操的大军逼近长江，孙权急集文武大员商议对策，会上主战与主和两派争论激烈，最后孙权决心采纳周瑜等的主战方案，于是"权拔刀砍前奏案曰：诸将吏敢复有言当迎操者，与此案同"(《三国志·吴书·周瑜传》注引《江表传》)。拔刀砍案，正因为孙权佩的是刀，这也说明东吴沿袭了后汉以来的舆服制度，吴王平时是佩刀的。据梁陶弘景《刀剑录》，孙权在"黄武五年采武昌山铜铁作十口剑、万口刀，各长三尺九寸，刀头方，皆是南钢越炭作之，上有大吴篆字"。可以看出，铸造的大量钢刀是用来装备部队的实战兵器，而铸造的少数宝剑，则是供服玩之用了。当然，这些剑是锻工极精的，孙权常常根据宝剑的特点，分别命名，有"白虹""紫电"等名目。也可以说，东汉以后，宝剑在战场上失去光辉，它的功能主要有以下两项。第一项是佩带，但是春秋战国时期直到西汉，佩剑和实战兵器是分不开的，平日佩带，战时迎敌；这时则仅仅剩下在舆服制度中作为佩饰的功能。于是只具有华美的外形也就够用了，锐利的锋刃没有用武之地，这样一来，从西晋起，甚至改用木剑。《晋书·舆服志》："汉制，自天子至于百官，无不佩剑，其后惟朝带剑。晋世始代之以木，贵者犹用玉首，贱者亦用蟖、金银、玳瑁为饰。"南北朝时期，战争频繁，舆服制度因时而易，时而佩剑，时而佩刀。例如，北周武帝时期，"百官燕会，并带刀升座"(《隋书·礼仪志》)。隋朝统一全国，规定舆服制度中继续保留剑和玉佩，用真剑，也用"像剑"；有双佩，也有只佩，按官品各异："一品，玉具剑，佩山玄玉。二品，金装剑，佩水苍玉。三品及开国子男、五等散品名号侯虽四、五品，并银装剑，佩水苍玉。侍中已下，通直郎已上，陪位则像剑。带真剑者，入宗庙及升殿，若在仗内，皆解剑。一品及散郡公、开国公侯伯，皆双佩。二品、三品及开国子男、五等散品名号侯，皆只佩。绶亦如之。"（《隋书·礼仪志》）唐代也大致如此，朝廷之上仍然是剑佩铿锵，"金阙晓钟开万户，玉阶仙仗拥千官。花迎剑佩星初落，柳拂旌旗露未干"（岑参：《和贾至舍人早朝大明宫之作》）的境界，不正是那些官员所向往的吗？

剑的另一项用途和道教有关，成为具有神秘色彩的宗教法器。又传说真人尸解也要用剑，更加深了神秘之感。普通年间，陶弘景为梁武帝造的"凝霜，道家三洞九真剑"等13把神剑分别刻上各种真人玉女名字、风伯雨师形、蚩尤神形、星辰北斗二十八宿等，就是突出的事例。除此以外，所谓豪侠之士亦重宝剑，以唐代著名诗人李白和杜甫来说，他们青年时都曾学剑，李白诗就有"顾余不及仕，学剑来山东"。与李白同时期有一位击剑名人叫裴旻，后来人们把李白诗、张旭草书和裴旻剑舞称为"三绝"。这是当时的社会风习，因此，唐诗中多有描述宝剑的豪言壮语，或多为文人夸张之词。鲁迅先生曾说："仙才李太白的善作豪语，可以不必说了；连留长了指甲，骨瘦如柴的鬼才李长吉，也说'见买若耶溪水剑，明朝归去事猿公'起来，简直是毫不自量，想学刺客了。这应该折成零，证据是他到底并没有去。"无论如何，任侠击剑与真正两军相杀的战争，是没有什么联系的。

宝剑逐渐成为实战兵器行列中的落伍者，钢刀取代了它的位置，走到兵器的前列，直到冷兵器阶段结束为止。即使火器发明以后，钢刀仍继续留在兵器的行列中，直到近代，骑兵还是离不开马刀的。

下面再看钢刀在南北朝及以后的发展情况。南北朝时期一般步兵的标准装备，是环首的刀和长盾，在当时的壁画、画像砖等考古材料中，可以清楚地看到这些步兵的形象。在敦煌莫高窟第285窟的西魏壁画"得眼林"故事中，生动地表现了用刀盾装备的步兵同重甲骑兵（甲骑具装）战斗的情景。河南邓县彩色画像砖墓里有一方画像砖，表现了一支行进中的步兵队伍，他们除了携带远射的弓矢外，还带有环首的刀和盾。另一方画像砖上，刻画着一个骑着骏马、身披两当铠的将领，马后跟随一个士兵，手里捧着他的环首长刀，刀环上系着长长的飘带。这一时期对刀的装饰也很讲究，把刀环做成各种鸟兽形象，北周皇宫警卫们所用的刀，有龙环、凤环、麟环、狮子环、象环、兕环、熊环、豹环、貔环、獬豸环、獜环、吉良环和狰环等名目。这种把刀环加上各种动物装饰的做法，在汉魏时已经开始，其后极著名的有大夏赫连勃勃造的百炼钢刀，为龙雀大环，号曰"大夏龙雀"。

南北朝以后，钢刀一直是主要的步兵和骑兵兵器。在唐代军队的标准装备中，能看到大量的佩刀和陌刀，根本没有剑的踪迹。《唐六典》武库令条，有刀制而无剑制，其中刀制有四，即仪刀、鄣刀、横刀和陌刀，后两种是部队中的主要兵器。"横刀，佩刀也，兵士所佩，名亦起于隋"；"陌刀，长刀也，步兵所持"。关于唐代士兵的标准兵器装备，据李筌《太白阴经》，在一军12500名士兵中，装备有佩刀8分、10000口，陌刀2分、2500口，也就是平均每人有一把刀。到了北宋时，曾公亮等编修《武经总要》一书时，刀的形制有了进一步改进，从狭直的长条形方刀头，改成前锐后斜的形状，有护手，并且去掉了那种扁圆的大环和鸟兽饰物，同时出现了各种长柄的刀，有掉刀、屈刀、笔刀等名目（图八）。迟至明代，茅元仪所修的《武备志》一

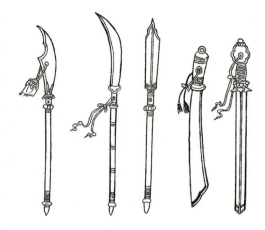

图八 《武经总要》中的各式刀剑举例
从左至右分别为：屈刀、眉尖刀、掉刀、手刀、剑

书中，刀制沿袭《武经总要》，当讲到剑时说："古之言兵者，必言剑，今不用于阵，以失其传也。余博搜海外始得之。"这表明，由于剑这种兵器早就被从部队装备中淘汰了，以致连茅元仪这样的兵器专家都要"博搜海外"去了解它，最后只能在他的书中沿用《武经总要》的两张图。明代名将戚继光在《练兵实纪杂集》的《军器解》中谈道："五兵之制固多种，古今所用不同"，而把"见今本镇御敌器具，细开于后"。书中指出，马步兵都用的兵器有腰刀（图九），"腰刀造法，铁要多炼，刃用纯钢，自背起用平铲平削，至刃平磨无肩，乃利，妙尤在尖。近时匠役将刃打厚，不肯用工平磨，止用侧锉，将

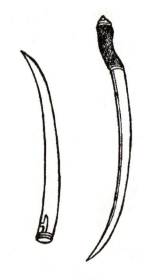

图九 明代腰刀

刀横出其芒，两下有肩，砍入不深，刀芒一秃，即为顽铁矣，此当辩之"。这时期，火器已较普遍地装备了明朝军队，冷兵器逐渐衰落，戚继光所列的部队的标准兵器装备有：盔甲、臂手、钩枪、锐钯、夹刀、鸭嘴棍、大棒、长刀、藤木牌、狼筅、腰刀、大将军（炮）、虎蹲炮、快枪、鸟铳、提炮、皮篓、锣锅、锣鼓旗、佛狼机和围幔。在以上车、马、步器具中，根本没有剑的踪迹，能够继续在实践中起作用的短柄兵器，只有腰刀。

既然军队装备的主要格斗兵器是刀，在古代小说中自然有所反映。施耐庵、罗贯中所著的《水浒全传》写道，其中一般士兵（不论是宋朝的正规士兵，还是土兵，乃至山寨的小喽啰）的主要格斗兵器是刀、棒，连行路时防身也是用刀、棒。且看第二十二回宋江杀了阎婆惜后，为了逃避追捕，与弟弟宋清离家逃亡，上路时"兄弟两个，各跨了一口腰刀，都拿了一条朴刀"，这正是当时行路的一般防身兵器。至于梁山泊一百零八位好汉中，除了使用特殊的兵器外，大部分步兵和水军头领都是用刀，而且上阵时多用长柄的朴刀。例如，第七十回与张清对阵时，上阵的三员步兵头领刘唐、朱仝、雷横，都是手使朴刀的。上阵时用宝剑的头领，只有那与所谓"道术"、邪法有关的入云龙公孙胜和混世魔王樊瑞。第五十三回宋江按所谓"天书"作法时，也是"左手捏诀，右手提剑"的，可见这种剑主要不是用来作战，而是作为一种法器了。只是到了近代，在一些不了解兵器史的小说家笔下，才能看到迟至明朝还会有大队挥舞着宝剑的骑兵在战场上出现，但那只是艺术的虚构而已。

魏晋南北朝将领在战场上的轻便坐具*

公元 211 年，曹操西征，大军自潼关北渡，突遭马超袭击。据《三国志·魏书·武帝纪》注引《曹瞒传》所记，当时的情况是："公将过河，前队适渡，超等奄至，公犹坐胡床不起。张郃等见事急，共引公入船。"可见曹操在指挥军队渡河时，是坐在胡床上的。

提到胡床，在魏晋南北朝时期的史籍中，常常可以见到将帅在战争中使用这种家具的记载。有时，主将坐在胡床上指挥作战，如前凉张重华手下大将谢艾与敌将麻秋对阵时，"艾乘轺车，冠白帢，鸣鼓而行。秋望而怒曰：'艾年少书生，冠服如此，轻我也。'命黑矟龙骧三千人驰击之。艾左右大扰。左战帅李伟劝艾乘马，艾不从，乃下车踞胡床，指麾处分。贼以为伏兵发也，惧不敢进"（《晋书·张轨传》附《张重华传》）。最后，艾军大胜。又如梁将韦放，在公元 527 年与魏将费穆遭遇，当时"放军营未

＊ 本文原题为《漫话胡床——家具谈往之三》，刊于《文物》1982 年第 10 期。后经修改，改今题，收入《中国古代兵器论丛（增订本）》，文物出版社，1980 年。

立，麾下止有二百余人。……放胄又三贯流矢。众皆失色，请放突去。放厉声叱之曰：'今日唯有死耳。'乃免胄下马，据胡床处分。于是士皆殊死战，莫不一当百"（《梁书·韦放传》）。

主将坐在胡床上观察敌我军队情况的例子还有不少。公元477年沈攸之举兵叛齐时，"攸之乘轻轲从数百人，先大军下住白螺洲，坐胡床以望其军，有自骄色"（《南齐书·柳世隆传》）。公元501年萧衍军攻至建业，其将杨公则"自越城移屯领军府垒北楼，与南掖门相对，尝登楼望战。城中遥见麾盖，纵神锋弩射之，矢贯胡床，左右皆失色。公则曰：'几中吾脚。'谈笑如初"（《梁书·杨公则传》）。又如梁将王僧辩引军攻长沙时，至城下，"乃命筑垒围之，悉令诸军广建围栅，僧辩出坐垒上而自临视。贼望识僧辩，知不设备，贼党吴藏、李贤明等乃率锐卒千人，开门掩出，蒙楯直进，径趋僧辩。……李贤明乘铠马，从者十骑，大呼冲突，僧辩尚据胡床，不为之动，于是指挥勇敢，遂获贤明，因即斩之。贼乃退归城内"（《梁书·王僧辩传》）。甚至还有坐在胡床上与敌军战斗的事例。苏峻败后，"（张）健复与马雄、韩晃等轻军俱走，（李）闳率锐兵追之，及于岩山，攻之甚急。健等不敢下山，惟晃独出，带两步韔箭，却据胡床，弯弓射之，伤杀甚众。箭尽，乃斩之"（《晋书·苏峻传》）。

由上面列举的事例可以看出，胡床有两个特点。第一，它是一种便于携带的轻便家具。第二，它是一种坐具，但坐的姿势与中国古代传统的坐法不同，不是席地或在床上那种双足后屈的方式，而是"据"，即"踞"，也就是下垂双腿，双足着地。至于它的名字前面冠以"胡"字，则因为这种家具是由西北域外传来的。后面的"床"字常引起后人的误解，把它和现代"床"的概念混淆，以为是一种专供睡眠的卧具。有些文学作品中，甚至让匈奴的单于和阏氏一起到"胡床"上睡觉。之所以产生这样的误解，是因为对中国古代床的特点和用途不够了解。其实在汉魏时期，床不单是用于躺下睡眠的卧具，而是室内适于坐、卧乃至办公、授徒、会客、宴饮等多用途的家具。所以《释名》中是这样释床的："人所坐、卧曰床。床，装也，所以自装载也。"因此，对从域外传来的新式坐具，自然也就称之为"床"了。

胡床传入中国，大约是在东汉末年。《后汉书·五行志》说："灵帝好胡服、胡帐、胡床、胡坐、胡饭、胡空侯、胡笛、胡舞，京都贵戚皆竞为之。"说明至少东汉灵帝在位时（168—189 年），胡床已出现在当时的宫廷中。前引曹操坐胡床的例子，是在建安十六年（211 年），也说明灵帝以后到曹魏时期，这种家具日渐流行。

在魏晋南北朝时期，胡床的使用范围相当广泛，几乎在社会生活的各种场合都可以寻到它的踪影，现依据有关史籍，择要举例于下。

胡床用于宫廷。东汉灵帝时已如此，见前引《后汉书·五行志》。到南北朝时期，北方宫廷中更常用胡床，如公元 534 年，东魏孝静帝使舍人温子升草敕致高欢："子升逡巡未敢作。帝据胡床，拔剑作色。"（《北齐书·神武纪》）南方宫廷中使用胡床，还有一则比较特殊的事例：侯景篡梁以后，在宫中"床上常设胡床及筌蹄，著靴垂脚坐"（《梁书·侯景传》）。

胡床用于家居。因胡床便于移动安设，常常用作庭院中随意安放的坐具。如《北堂书钞》引《郭子》："谢万尝诣王恬，既至，坐少时，恬便入内，沐头散发而出，既不复坐，乃踞坐于胡床，在于中庭晒头，神色傲上，了无惭怍相对，于是而还。"《南齐书·张岱传》记岱兄镜曾与颜延之为邻，"（延之）于篱边闻其与客语，取胡床坐听，辞义清玄，延之心服，谓宾客曰：'彼有人焉'"。

胡床用于室内或楼上。如《晋书·庾亮传》记载，"亮在武昌，诸佐吏殷浩之徒，乘秋夜往共登南楼，俄而不觉亮至，诸人将起避之。亮徐曰：'诸君少住，老子于此处兴复不浅。'便据胡床与浩等谈咏竟坐"。又据《语林》，"谢镇西着紫罗襦，据胡床，在大市佛图门楼上，弹琵琶作大道曲"（《艺文类聚》卷四四引《语林》）。

胡床用于行路。途中可随意陈放坐息，或步行携带，或置车、船中。步行携胡床的例子，见《南齐书·刘瓛传》，"瓛姿状纤小，儒学冠于当时，……游诣故人，唯一门生持胡床随后，主人未通，便坐问答"。船上携胡床，见《南齐书·荀伯玉传》，"（张）景真白服乘画舴艋，坐胡床，观者咸疑是太子"。随车携胡床，见《世说新语·任诞篇》，王徽之路遇桓伊，请其吹笛，"桓时已贵显，素闻王名，即便回下车，踞胡床，为作三调。弄毕，便上车去，客主不交一言"。

胡床用于狩猎、竞射等活动中。狩猎活动中用胡床的例子，见《三国志·魏书·苏则传》。魏文帝行猎时，"则从行猎，槎桎拔，失鹿，帝大怒，踞胡床拔刀，悉收督吏，将斩之"。竞射活动中用胡床的例子，突出的是王济与王恺较射赌"八百里駮"的故事。见《世说新语·汰侈》："王君夫有牛，名八百里駮，常莹其蹄角。王武子语君夫，我射不如卿，今指赌卿牛，以千万对之。君夫既恃手快，且谓骏物无有杀理，便相然可，令武子先射。武子一起便破的，却据胡床，叱左右速探牛心来。须臾炙至，一脔便去。"

上述讲的都是男子使用胡床的事例，下面再引两则女子使用胡床的事例。《隋书·尔朱敞传》记载，尔朱敞出逃后，"遂入一村，见长孙氏媪踞胡床而坐，敞再拜求哀，长孙氏愍之，藏于复壁"。同书《郑善果母传》："母性贤明，有节操，博涉书史，通晓治方。每善果出听事，母恒坐胡床，于鄣后察之。"

由以上列举诸例，一方面可以看到当时胡床这种轻便的家具，日常使用得相当普遍，男女均用；另一方面可以看出它仅是一种临时陈设的坐具，不同于床（当时正式的坐具），也不能代替床的功能。

这种轻便的坐具，不用时还可以随手挂在屋壁或柱子上。如曹魏时裴潜"为兖州时，尝作一胡床，及其去也，留以挂柱"（《三国志·魏书·裴潜传》注引《魏略》）。又如北齐武成皇后胡氏"自武成崩后，数出诣佛寺，又与沙门昙献通。布金钱于献席下，又挂宝装胡床于献屋壁，武成平生之所御也"（《北史·后妃传》）。

关于胡床的具体形象，在古代文献中也有记录。南朝梁庾肩吾有《咏胡床应教》诗："传名乃外域，入用信中京。足敧形已正，文斜体自平。临堂对远客，命旅誓初征。何如淄馆下，淹留奉盛明。"其中"足敧形已正，文斜体自平"二句，道出了胡床的形体特点，说明它与一般四足直立的床不同，胡床的足必须交叉斜置，床体才能平稳。这种交叉的斜足，构成胡床形体的主要特点。也正是根据这一点，胡床在隋代以后改名为"交床"。贞观四年（630 年），唐太宗曾讲："隋炀帝性好猜防，去信邪道，大忌胡人，乃至谓胡床为交床，胡瓜为黄瓜。"（《贞观政要》卷六）宋程大昌在《演繁露》中也说"今之交床，制本自虏来，始名胡床。隋以讳有胡，改名交床"。对此，胡三省进行了较详尽的注释："交床以木交午为足，足前后皆施横木，平其底，使错之地而安。足之上端，其前后亦施横木而平其上，横木列窍以穿绳绦，使之而坐。足交午处复为圆穿，贯之以铁。敛之可挟，放之可坐；以其足交，故曰交床。"（《资治通鉴》卷二四二）如果胡三省的说法可靠，就可以比较清楚地看出，古代的胡床实际就是今天还使用的轻便折叠凳，也就是北京俗称的"马扎儿"。由于缺乏古代的物证，上述论断是否正确尚难判定，以致长期以来人们对胡床的具体形象仍不够清楚。

近些年来的考古新发现中，虽然还没有找到胡床的实物标本，但是已获得一些有关它的形象资料，人们得以窥知它的庐山真貌。

1973 年，在陕西三原县发掘了唐淮安靖王李寿（神通）的墓葬，墓内石椁表里均雕有精美的图像。石椁内壁均为线雕，内容为乐舞和侍从，其中有一幅刻上中下三列共 18 名穿长裙的女侍，手中各捧席、案、凭几及扇、麈尾等用具，在第三列左侧第二名女侍手上，捧着一张胡床。画面上正好刻画出胡床侧面的正视图，可以看清床面和其下交叉的床足，还可看清足端前后施横木的顶端，以及床面向下微垂的绳绦，两端还装饰短短的流苏。在另一幅女侍的线雕图中，也有一个捧胡床的形象，胡床的形制是相同的。

李寿墓的发现，启发我们辨认出一件时代比李寿墓更早的考古资料。1974 年，在河北磁县东陈村发掘过东魏的赵胡仁墓，其下葬年代是武定五年（547 年）。墓中出土的女侍俑中，有 9 人手持各种什物，其中一人原报告称"右臂挟一几案类物"。现在根据李寿墓的线雕胡床侧视图像，能够认出那原来是一张敛折起来的胡床，床面向前，交关的足折平，挟在臂下时一组在上面，一组在下侧，足端的横木露在臂后（图一）。这件标本正体现了胡床"敛之可挟"的方便之处。在北齐墓的壁画中，也有肩扛胡床的图像。例如，太原北齐徐显秀墓右壁的鞍马壁画中，马后有肩扛胡床的侍从。沂州北朝晚期墓的墓道壁画中，在骑马出猎人物身后也随侍有肩扛胡床的侍从。

✦ 图一　北朝赵胡仁墓夹胡床女侍俑

除以上诸例外，在敦煌莫高窟第 420 窟的隋代"商人遇盗"壁画中，还可以看到使用胡床的更生动的图像。这幅画绘在窟顶南部，画面左侧丛山中，坐有一个身擐甲胄、手按长刀的武士，其后环卫着一些披甲的武士，坐者似为首领，他所坐的正是一张胡床，斜向交叉的床足和上撑的床面，都画得很清楚（图二）。从这一图像可以看到古人"踞"（据）坐于胡床，垂腿、双足着地坐法的真实情景，自然会联想起前面讲过的在战场上使用胡床的事例。

✦ 图二　甘肃敦煌莫高窟第420窟武士坐胡床壁画示意图

上面引述的诸例文物，把"敛之可挟""放之可坐"的古代胡床，形象地展现在我们面前，结合有关文献资料，总该能清除多年来对它的误解了。

最后还要简单提一下，胡床这种坐具，大约是首先在西亚、北非的古代文明中出现的，在古代埃及和罗马，这类家具已很流行。例如，在纽约大都会艺术博物馆所藏埃及第十二至十八王朝的家具中，就有这类折叠凳[1]。后来经由丝绸之路传到我国。至于它源自何处，又如何传到中国，还有待中西交通和中外文化交流史的专家来回答。

---

[1] ［埃及］穆斯塔法·埃尔－埃米尔：《埃及考古学》，林幼琪译，科学出版社1959年版。

马和战争*

用人命换回的"天马"

距今 2000 多年前，中国历史上发生了一场罕见的专为夺马的战争。汉武帝太初元年（前 104 年），拜李广利为贰师将军，率领属国骑兵六千及郡国恶少年数万人，远征大宛。出兵的目的是获取大宛的名马。原来在汉与匈奴的争战中，马匹损失数量巨大，仅以元狩四年（前 119 年）大将军卫青与骠骑将军霍去病出塞击匈奴一役为例，汉军出动 10 万骑兵，还有塞阅官及私马 14 万匹，等到击败匈奴胜利返回时，复入塞者仅有马匹不满 3 万匹，损失超过十分之八。战败方匈奴的损失更大，双方都缺乏继续发动大规模作战的战马，所以在此后几年，再没发生过大的战争。

---

* 本文原载《马的中国历史》，商务印书馆香港有限公司，2008 年。

汉武帝为了补足军马的损失，一方面扩大养马业，另一方面致力于马种的改良。先是引进乌孙的马种，名曰"天马"。后来得知大宛有汗血善马，于是想通过和平手段求取大宛马。汉武帝先是派出名叫"车令"的使者，到大宛的都城贰师城，送给大宛王千金和一个金马，希望换取贰师城的善马。不料大宛王根本不愿意把贰师马送给汉，他认为贰师马是大宛的宝马，而且大宛与汉距离遥远，路途艰险，汉也没有办法派大军来，所以断然拒绝汉使的要求。汉使遭拒绝后十分不冷静，怒骂后捶坏金马离去。宛人嫌汉使无礼，就让宛东边的郁成王劫杀汉使，还夺取了汉使的财物。消息传至都城长安，汉武帝大怒，于是如前所述，派遣李广利率兵进攻大宛。

夺取大宛贰师善马的战争，并不像汉朝皇帝和朝臣们估计的那样顺利。李广利的军队出塞以后，果然如宛人所料，沿途小国个个坚守，不与汉军合作，汉军路遥乏食，军中不断减员。勉强到达郁成城下时，李广利军中仅剩下数千饥饿的战士。进攻郁成，不但没有成功，反被击败，损失惨重，李广利只得引兵退还，出塞往来两年，军队损失十之八九。汉武帝大为生气，命令使者关闭玉门关，并下令征宛败回的军队如有敢入关者斩，李广利害怕，只得留在敦煌。汉武帝考虑宛是小国，汉军攻而不下，定会影响汉对西域诸国的威信，于是增兵十余万，还改进了后勤运输，命令仍由贰师将军李广利率领，再次进攻大宛。因为这次汉军兵多，沿途小国都顺从汉军，并供应粮食，汉军顺利进抵贰师城下。先断绝入城水源，然后大举攻城，很快攻破外城。宛人只得退守中城，为了避免被汉军破城的厄运，宛贵族们杀死宛王毋寡，与汉军讲和，尽出善马让汉挑选。于是，李广利选取宛贵族中与汉友善的昧蔡为宛王，获取大宛善马数十匹，中马以下雌雄共三千余匹胜利而归。这时已是太初四年（前101年）的春天。

前后延续四年，发动两次大规模军事远征，不但耗费大量资财，而且兵员损失达数万人，目的就是获得优良的马种，可以说，几乎是用十余条人命的代价换回一匹宛马。这充分表明，在当时的最高统治者心目中，优良的马种对维护帝国统治是多么重要，为了达到目的，他们不会考虑普通战士的生死。得大宛种马以后，汉武帝就把原来称为"天马"的乌孙马改叫"西极马"，将大宛马称为"天马"。上面的故事雄辩地反映出古代世界战争和马的关系，也表明拥有足够数量品质优良的军马，是取得战争胜利的一个重要因素。

马最早被用于车战

回溯中国历史，马成为争取战争胜利的重要因素并不始自西汉时期，至少还要早一千年，那时人们并不是骑马战斗，而是用马来拖驾战车。这可以算是中国历史上马与战争关系的第一个时期——战车与马的时期。

虽然古史传说中记述在夏代就有了战车，但是目前从田野考古发掘中获得的古代由马拖驾的战车，已是商殷晚期。在河南安阳殷墟以及山东滕州前掌大、陕西老牛坡等地，都已经发掘到由两匹马拖驾的木车。木车都有横长方形的车箱，两侧各安一个大车轮，前面有一根单个的车辕，在车辕前端横装一条车衡，在衡的左右各绑缚一个"人"字形的轭，将两匹马分别驾在辕的两侧。在车箱后面开有车门，用来让乘车的人上下。车箱内可以平行横站三个人，中间一人负责管马驾车，当时称为"御"；左边一人装备弓箭，负责远射敌人，称为"车左"；右边一人拿着长柄的青铜兵器，负责和对方车上的战士格斗，称为"车右"。他们还备有防护装具，头戴青铜胄，身穿皮甲，还有巨大的盾牌。

与步兵相比，殷商晚期出现的战车兵具有极大的优势，提高了军队的战斗力。今天的战车——坦克的战斗威力，主要有四个影响要素，即速度（动力系统）、火力（炮、枪、导弹）、指挥通信系统和防护能力。而早在殷商时期的战车，就已经具备了上述现代战车战斗威力四要素的雏形：驾车的双马，提供了战车的动力，使战车具有必要的速度和冲击力；车左和车右装备的弓箭和长柄的格斗兵器（戈、矛、殳、钺），提供了远射和近距离格斗的杀敌"火力"；车上竖立的旗帜和金鼓，起着联络、指挥作用（古时旌旗是主将的标识，主将指挥军队进退靠金鼓，击鼓进攻、鸣金后退）；战车本身为战士提供了一个保护自己活动的平台，身上的甲胄和手持的盾牌又使战士具有更完备的防护能力。早期步兵遇到战车，缺乏抵御它那巨大的冲击力和杀伤力的有效手段，也难逃它的速度优势。正因为此，驾双马的木制战车登上战争舞台后，很快就取代早期步兵，成为主角。晚商的军队开始以战车兵为核心力量重新组建，这也是在安阳殷墟的晚商贵族墓葬埋有马车的车马坑随葬的原因。

战车兵发挥作用必须依靠驾车的辕马，它们为战车提供动力和速度，一旦辕马伤亡，笨重的双轮木战车就一钱不值，成为无法运转的废物。优良的辕马必须体格健壮，适于负重拖曳，不但要有足够的耐力，还要在战斗时能够加速奔跑。因此，为了保障军队的战斗力，就要在战马养殖上花大气力。由于马对战争如此重要，商代晚期可能已经建立了国家的养马业，在殷墟出土的甲骨文中，出现"马"和"多马"的名称，学者认为，那都是管理马匹的小官吏。

到商纣王（帝辛）时，周人兴起于西北，军力日强。到武王时，趁纣王暴虐荒淫，又值商军主力远征东夷，发动了征讨商王的战争。当时周人军队的核心力量是精锐的战车兵，拥有三百乘战车。通过考古发掘获得的周车实物可以看出，周人对战车有了重大改进，最主要的是将驾车的辕马由两匹增加到四匹，并改进了木车轮毂结构。这样一来，周人的驷马战车不论是速度还是冲击力，都胜过殷商的双马战车，再加上参加周人方面的诸侯军队，战车的数量达到三千乘，战车兵的兵力远远胜过商军。又因为商军主力东征未归，商纣王为了拼凑军队的数量，甚至临时用奴隶来充数，更是缺乏战斗力。这样的两支军队会战于牧野，胜负可想而知，最后纣王兵败，逃回鹿台自焚。

驷马战车的黄金时代

商灭周兴，自此从西周到春秋，中国古代战争的历史步入车战的黄金时代。各诸侯国的兵力都以战车的乘数来计，一个大国至少要拥有一千乘战车，所以被称作"千乘之国"，军中所需驾车的马匹，最少得有四千匹，加上后备的马匹，以及输送军需给养的车辆所需辕马，一军所需的马匹得有万匹左右。各诸侯国自然需要想方设法畜养马匹，或是寻找可以输入马匹的来源，这对于地域狭小而且领地不适于养马的小国，自是极大的负担。国君、贵族和官员为了显示尊贵的身份，仍旧流行在坟墓旁附有随葬真马真车的车马坑，或是只埋葬马匹的马坑。例如，在山东齐故城发现的 5 号墓的大型殉马坑中，经两次清理的部分已出土马骨达 228 匹之多，马龄多在六七岁口，如果全部发掘出土估计至少有 600 匹以上。据推测，这座大墓可能是齐景公的陵墓。600匹马可以装备驷马战车 150 乘之多。

在周代，一个善于放牧养马的民族悄悄在西北崛起，那就是后来统一全中国的秦人。秦人的先辈中，造父曾为周穆王御车，后来周孝王时，非子善于养马，孝王让他在汧水和渭水之间养马，使马匹大为繁殖，他因养马有功绩，被周王赐予"嬴"姓。秦在春秋时成为五霸之一，战国时又是七雄之一，其军力之强盛，与军马充足不无关系。从秦始皇陵园东侧兵马俑坑的发掘可以看出，秦王嬴政据以削平诸国、统一华夏，所依靠的那支强大的军队，仍旧是以驷马战车为主力兵种。在第二号俑坑中，也能看到牵着战马的骑兵的身影。当时骑兵的数量还不多。据史书记载，当时秦有兵员百余万人，但只有骑兵万人，仅占军队总数的 1% 而已。不过秦俑也告诉我们，当时骑兵已是秦军中的一个独立兵种，这显示在中国古代历史上马与战争关系的第二个时期——骑兵与马的时期即将到来。

赵武灵王的功绩

在中国历史上，诸侯王开始组建骑兵部队的时间，要比秦俑坑中陶骑兵俑出现的时间早近一个世纪，即公元前 307 年赵武灵王的"变服骑射"。当时威胁赵国西北疆域的强敌，是一个善于游牧并依靠马匹作战的民族——匈奴。那是一个古代游牧民族，活动于北方到西北的广大地域，逐水草放牧，族内习俗贵壮健，贱老弱，少年能够张弓骑射，就成为征战的武士，平时畜牧射猎，需要时全民皆兵。匈奴没有正规军队，出战时有利则勇敢前行，如群蜂密集，势不可当；不利时一哄而去，不羞遁逃。

战国时，秦、赵、燕诸国都受到匈奴的困扰。匈奴全民自幼善于骑马，而且他们的马善于在山地、大漠、溪涧等复杂地形奔跑，因此，中原地区畜养的只拖驾木车的马与之无法相比。一方面，四匹马拖驾的笨重木车，本来就难以在复杂的地形条件下作战，遇到来去迅捷的匈奴骑士，只能被动挨打。另一方面，中原战士只习惯于站在车上射箭，而匈奴战士习惯于骑在马上边跑边射，更是轻捷主动。何况东周诸侯国的军队打仗还要遵守礼数，不鼓不成列，本来驷马战车比单骑就笨重迟缓，遭遇匈奴来袭还必须排好阵式再打，而此时得利的匈奴骑士早已跑得无影无踪。所以东周诸侯国在军事上总是吃亏，无法抗御匈奴的侵扰。公元前307年，赵武灵王从对匈奴作战中总结教训，知道要想战胜胡人（匈奴），就要学习胡人的长处。他开始脱掉传统的宽大衣袍，按照胡人的样子改穿窄袖的胡服，穿上裤子，学习骑马射箭，以轻捷的骑兵对抗匈奴骑士，从而取得对胡人的初步胜利。不过传统是很难改变的，除非遇到重大的社会变革。直到秦统一六国以后，随葬在秦始皇陵园兵马俑坑中的模拟军队，所表现的还是以驷马战车和与之配合的步卒为军中主力。这说明，骑兵虽然已成单独的兵种，但在军中所占比例较小，不占重要地位。

从赵武灵王到战国末年再到秦代，骑兵开始萌发并缓慢发展，到暴秦覆亡、楚汉之争时，骑兵在军队中所占比例日渐增加，军队中常是骑兵和步兵并重。《汉书》中曾记述了下面的故事。公元前204年，汉王刘邦问刚从对魏军作战前线返回荥阳大营的郦食其，魏王手下的大将、骑将和步卒将都是谁？郦食其回答，分别是柏直、冯敬和项它。汉王一一评论，指出魏大将柏直年轻没有经验，"是口尚乳臭"，不能抵挡汉军主将韩信；魏骑将冯敬本是秦将冯无择的儿子，虽然善于作战，但不能抵挡汉军骑将灌婴；魏步卒将项它，更无法与汉将曹参相比，所以刘邦十分放心。果然不出刘邦所料，过了一个月，捷报传来，韩信大胜，并把俘虏的魏王豹送到荥阳大营。上述故事说明，当时军中除主将外，下面设骑将和步卒将分别率领骑兵和步兵，且骑将位列步卒将前，可见骑兵比步兵更受重视。楚霸王项羽本人也是披甲持戟、骑兵冲锋的勇将。当楚汉战争已近尾声，楚霸王项羽被汉军围在垓下时，他唱出"力拔山兮气盖世，时不利兮骓不逝。骓不逝兮可奈何"的悲歌。最后，项羽逃到乌江边，在自刎前将所骑骏马乌骓托付给乌江亭长。项羽骑这匹马五年，所向无敌，能日行千里。项羽的行为充分表达了勇将爱惜战马的深切感情，也同样显示出优秀的战马在战争中所起的作用。

健儿需快马

西汉统一全国后，因韩王信投降匈奴，高祖刘邦亲率以步兵为主的 32 万大军北逐匈奴，不料被匈奴的 40 万骑兵包围在白登。从城中眺望，匈奴四面围城的骑兵的马色各不相同，西方的骑白马，东方的骑青马，北方的骑黑马，南方的骑赤黄马。接连七天，汉军少衣缺食，最后只能采用陈平秘计，让军中妇女出城诱引匈奴军，汉帝乘隙从另一面溃围出逃。从此，匈奴骑兵的侵袭使西汉无力抵御。因为连年战乱、经济凋敝，马匹奇缺，据《史记·平准书》记载，西汉初年，连皇帝的马车都找不到四匹同样纯净毛色的辕马，将相高官有的连驾车的马都找不到，只能勉强坐牛车。据传，当时一匹马价值百金之多。由于缺乏战马，难以组建能与匈奴对抗的骑兵，无力阻止匈奴骑兵的侵袭，以至于匈奴的斥候（侦察）骑兵轻易可以到达能够望到都城长安的甘泉地区。

经过汉文帝和汉景帝时期的休养生息，社会经济很快恢复，并且有了很大发展，农民人给家足，国家仓库中钱粮充足，仓内粮食历年积压，粮仓盛满外溢，只得露天积放。同时，民间养马业发展很快，各个街巷都可见到马匹，田野上更是马匹成群，官员们自然不再为无马驾车发愁。普通老百姓聚会都乘马而去，而且习俗规定，与会必须乘父马（雄马）而不得乘牝马（雌马），以免马匹出现相互咬斗等事故，足见民间马匹之繁盛。充足的粮食和养马业的繁盛，为以后汉武帝时发动大规模征伐匈奴的战争打下了坚实物质基础。

汉武帝元光二年（前133年）六月，终于决定对匈奴采取军事行动。汉兵30余万埋伏在马邑旁边，让马邑人聂翁壹引诱匈奴单于，企图围歼单于的10万骑兵，不料被单于识破，引军退走。从此开启了汉与匈奴决战的序幕。此后直到元狩四年（前119年）的十余年间，匈奴骑兵不断入塞侵扰，汉军也多次大举出塞远征。由于马匹充足，汉军的骑兵部队不断扩大，早期出塞有三五万骑兵，到了元狩四年，大将军和骠骑将军两军骑兵就有10万，私负从马达14万匹之多。而且随着骑兵规模的扩大，骑兵的军事素质和技战术均日益提高，逐渐取得战争的主动权。反观匈奴方面，仍旧维持着原来的模式，缺乏技战术训练，仍然是蜂拥而上、袭扰为主；又常错误估计形势，以为汉军难以到达而缺乏敌情意识。例如，元朔五年（前124年）春，汉大将军卫青将六将军，率兵10余万，出朔方、高阙，但匈奴右贤王错误地认为，汉兵距离他的驻地很远，不能很快到达，因而不设防备，饮酒大醉。不料汉军出塞六七百里，长途奔袭，趁夜将他包围，右贤王只得狼狈出逃，所领小王十余人和男女 1.5 万人成为汉军俘虏。元狩四年（前 119 年），大将军卫青和骠骑将军霍去病大举率兵出塞，这就是本文开篇时引述的那场战役。当时汉发骑兵 10 万，私募从者从马达 14 万匹，步兵及后勤等更多达数十万人。匈奴单于居幕北，以为汉军到不了那样远的地方，但是卫青率军到达。接战以后，卫青用两翼包抄的战法将匈奴单于包围，单于只能带数百健壮的骑兵向西北突围逃脱，汉军斩获匈奴军首级 1.9 万。骠骑将军霍去病军与匈奴左贤王接战，左贤王逃走，汉军斩获匈奴军首级更达 7 万多。经过这次战役，汉军将匈奴军驱赶到对汉不构成威胁的远方，取得了决定性胜利。但是汉军也损失数万战士，战马损失更是惨重，如前所述，死去的马匹多达 10 余万匹，再入塞时只剩下 3 万匹马。

为了恢复骑兵的战斗力，汉武帝只得一方面在国内采取鼓励养马等措施，另一方面向域外寻求优良马种，甚至不惜动用战争手段以获取大宛的汗血善马。西汉时马种改良的成绩，可以从汉代的骏马雕塑品看出来。例如，陕西茂陵无名冢从葬坑出土的鎏金青铜马，正是反映西汉马种改良的早期作品。铜马体长 75 厘米，体高 62 厘米，大约是真马尺度三分之一强。这匹青铜马塑造的是马的立姿，马四肢直立，头颈自然前伸，马尾按当时习惯结扎下垂，姿态稳定安详；马外貌英俊，头小，双耳如批竹，马嘴微张，露出 4 颗牙齿，颈长而弯曲，胸围宽厚，胸肌劲健，四肢修长，臀尻圆壮。为了如实模拟真马，耳间和颈上都刻出鬃毛，还铸出马的生殖器，并在肛门处开有小孔。大约模拟的就是汗血善马的形貌。西汉后期直到东汉时期，墓葬内随葬的青铜或陶、木的骏马模型，同样都模拟了汗血善马的体姿，造型方面已经突破呆板的四肢伫立的旧模式，常常将它们塑造成昂首挺胸，抬起一只前蹄，向前慢步行进的姿态。很成功的作品，就有四川成都天回山汉墓出土的陶马，体高达114厘米，它是与一辆双辕陶车伴同出土的；还有河北徐水防陵村东汉墓出土的两匹铜马，它们的体高也达113—116厘米。

铁骑纵横

马种的改进，使骑兵部队可以得到优良的坐骑，接下来需要改进的就是马具。先秦时期骑士使用的辔头勒衔还是移用驾车辕马的马具，而马背只有简陋的鞍垫。到秦和西汉初，情况也好不了多少，从秦始皇陵园兵马俑坑出土骑兵俑和乘马模型，以及杨家湾出土西汉施彩骑兵俑来观察，也还是使用鞍垫，但制工更为精致，鞍垫厚实并联结着胸带和鞧带。直到东汉时期，才看到前后有鞍桥的真正的马鞍。又过了近一个世纪，一项具有划时代意义的马具终于出场，那就是马镫。

目前发现的世界上最早的马镫，是在湖南长沙西晋永宁二年（302年）墓的骑俑上。战马装备了马鞍和镫，标志着骑兵的马具已经齐备，使骑士能够更好地驾驭战马，与战马真正结合为一体；也使骑兵能够成建制地完成整齐划一的战术动作；更能使战马全身披挂上护甲后，骑士还能自由驾驭，从而为重甲骑兵——甲骑具装的出现创造条件。果然，在马镫出现后不久，东晋十六国时期迎来重甲骑兵的春天。战士和战马都披挂重甲的甲骑具装成千上万地出现在战场上，成为这一历史时期的战争中具有时代特征的亮丽风景，也使中国古代历史上骑兵与马的时期走向以甲骑具装为特征的新阶段。

这一时期对马具的完善和马具装铠的发展有突出贡献的古代民族，是崛起于呼伦贝尔大草原的鲜卑族。其中的慕容鲜卑，十六国时期曾在辽东半岛直到中原腹地先后建立前燕（337—370年）、后燕（384—407年）、南燕（398—410年）等政权，北燕（409—436年）也是与慕容鲜卑关系密切的冯跋家族所建立的。慕容鲜卑的军队就是以人与战马都披铠甲的重装骑兵——甲骑具装为核心的。目前在田野考古发掘中获得的铁制马具装铠，就是发现于辽宁朝阳、北票一带的前燕、北燕的坟墓中的随葬品，同时随葬有人披的铁铠甲和大量钢铁兵器。先是在朝阳十二台乡的十六国墓（88M1）出土有保存完整的铁马面帘，后来又将从北票喇嘛洞十六国墓（IM5）出土的铁马具装铠进行复原研究，终于认清了当时马具装铠的全貌，包括面帘、鸡颈、当胸、马身甲和搭后。披上这领铁具装铠后，除眼睛、耳朵、口、鼻和四蹄以外，战马全身都能得到铠甲保护，极大增强了骑兵的防护能力和战场上的冲击力。面对战马缺乏具装铠保护的轻装骑兵，以及缺乏骑兵而是以步兵为主的军队，人和战马都披裹着铠甲的铁骑能够在战场上自由地纵横驰骋，所向无敌。

就在中原大地上政权和统治民族不断变换时，鲜卑族的另外一支——拓跋鲜卑，从其发源的长白山林辗转迂回远徙，经内蒙古草原来到山西雁北地区，建立了新的政权，先称代，后改国号为魏，史称北魏。同慕容鲜卑一样，拓跋鲜卑有着历史上长期以畜牧为生的传统，几乎全民都是优良的骑士；也同慕容鲜卑一样，以人和战马都披裹着铠甲的重装骑兵——甲骑具装为军中主力。公元398年，北魏道武帝拓跋珪定都平城（今山西大同）。他依靠精锐的骑兵部队，先后灭掉大夏、北燕、北凉，夺取南朝刘宋控制下的山东地区，用了不到半个世纪就统一了北方地区。随后，北魏铁骑继续南下，进军江淮地区，与南朝刘宋展开争夺战。这时，靠铁骑横扫中原大地的北魏军队，遇到水系纵横的地形和构筑牢固的设防城市，就丧失了优势，战事在淮水一线基本上呈胶着状态。从此，中国古代历史进入南北对峙的南北朝时期。

　　北朝的军队，从北魏到后来东魏、西魏分裂，再到北齐和北周对峙，其核心力量一直是重装骑兵——甲骑具装。所以在这一时期墓葬随葬的陶俑群中，都有数量众多的甲骑具装俑。这些模拟重装骑兵的陶塑艺术品，让我们今天得以了解北朝军队中甲骑具装的形貌。在北朝时期佛教石窟寺的壁画中，也常能看到重装骑兵的身影，如敦煌莫高窟第285窟西魏壁画和第296窟北周壁画。特别是在第285窟描绘"五百强盗成佛"的连续壁画中，有关于官兵收捕众强盗的画面。图中画出的官兵都是重装骑兵——甲骑具装，战马所披的具装铠都画成青绿色，表明模拟的是当时著名的"绿沉甲"。他们使用的兵器是长柄的马矟，即俗称的

"丈八蛇矛"，身上还佩带有弓箭。与官兵对抗的强盗全是没有铠甲防护的步兵，使用刀、盾或长戟。这幅画生动地表现出北朝时步兵与重装骑兵对抗的情景，而后来强盗全部被捉住反绑起来，也是当时的步兵无力抵御重装骑兵的真实写照。

轻骑兵进行曲

公元 649 年，唐太宗李世民去世。为了颂扬他的功绩，在他的陵墓前立起六尊巨大的浮雕，分别刻出六匹战马的图像，它们的名字是飒露紫、拳毛騧、白蹄乌、特勤（勒）骠、青骓和什伐赤，这六匹都是李世民在唐朝开国、平定群雄的战争中骑乘的战马。它们的姿态各不相同，有的伫立，有的缓行，有的急驰，有的身上带有箭伤，甚至被射中的箭还留在身上，只有飒露紫一石在马前方刻出一位战将为它拔箭的画面。值得注意的是，军中主帅李世民所骑的战马，竟没有一匹是披裹有马具装铠的。这些战马的装饰和马具，如马鬃剪饰成花、马鞍后桥倾斜等特征，都表明它们可能是来自突厥的骏马。其中一匹叫特勤骠，突厥的王子称"特勤"，骠是黄色马，大约是某一位突厥王子所赠送的黄骠马。

历史似乎又重复了近千年前赵武灵王向强敌学习而创建骑兵的事迹。隋朝曾经派遣李渊到马邑郡，与郡守王仁恭一起北御突厥。王仁恭因为所领兵少十分畏惧。李渊给他仔细分析了突厥的特征：营无定所，阵不列行，见利一哄而来，遇到困难又迅速逃跑，如风驰电掣，逐水草为居室，以羊马为军粮，吃苦耐劳，人人能骑善射。这些特征正与历史上的匈奴战士相似。所以李渊也选取部下中能骑射的战士二千余人，饮食生活、驰骋射猎全按突厥习俗，因此在抗击突厥的战事中取得主动。后来李渊守晋阳时，也不断引进突厥骏马。可见唐军骑兵的组建和训练，深受突厥影响，在唐初平定群雄的历次战役中，骑兵的功绩也与此有关。因此，十六国到北朝时期占据着战争舞台主角位置的重装骑兵——甲骑具装，这时重新让位于战马不披铠甲的轻装骑兵。战马卸去了沉重的具装铠，使骑兵部队更灵活机动，充分发挥出轻捷迅猛的优势。主帅李世民的战马都不披具装铠，就是证据。从此，中国古代骑兵与马又走入以轻骑兵为主的阶段。

席卷亚欧的狂飙

内蒙古东部的呼伦贝尔大草原，一直是游牧民族的历史摇篮，鲜卑族、契丹族和女真族都在这里成长。女真族建立金朝、在中原腹地站稳脚跟以后，猛回头发现，曾经养育自己的摇篮又养育出另一个新的民族，对金朝后院形成巨大的威胁。于是，金朝皇帝同历史上许多中原的统治民族一样，匆匆忙忙地构筑消极的防御工事，但是没有建筑连亘的城垣，而是采用挖掘壕堑、用连绵不断的长壕作为屏护的手段，那就是今天在内蒙古等地还保留着的金界壕遗址。由堑壕、长堤（长墙）和屯戍的边堡组合而成，形成长达7000余公里的防御工事体系。它始建于天眷元年

（1138 年）以前，后几经修筑，大约延续到承安三年（1198 年），时间超过半个世纪。不过这样的防御工事并没有像金朝统治者预想的那样，阻止入侵者的铁骑。曾经养育他们成长的摇篮还是落入由成吉思汗统率的蒙古族之手。

蒙古族进入呼伦贝尔大草原，摆脱了在斡难河与额尔古纳河之间狭小而局促的生存环境，利用这里优越的自然条件，充分把自己武装起来，成为比鲜卑、契丹、女真更强劲的民族。历史学家翦伯赞在访问了呼伦贝尔草原的古代遗迹后写道："这次访问对于我来说，是上了一课很好的蒙古史，也可以说揭穿了一个历史的秘密，即为什么大多数的游牧民族都是由东而西走上历史舞台。现在问题很明白了，那就是因为内蒙古东部有一个呼伦贝尔草原。假如整个内蒙古是游牧民族的历史舞台，那么这个草原就是这个历史舞台的后台。很多的游牧民族都是在呼伦贝尔草原打扮好了，或者说在这个草原里装备好了，然后才走出马门。当他们走出马门的时候，他们已经不仅是一群牧人，而是有组织的全副武装了的骑手、战士。"[1]当蒙古族"装扮"完毕，离开这个古代游牧民族的武库、粮仓和练兵场的大草原时，他们狂飙般席卷中华大地，使中国古代的政治地图又一次涂上了统一的色彩。不仅如此，他们还冲向更为宽广的世界，从亚洲到欧洲，展开了历史性的活动，书写了他们在世界历史中令人惊诧的篇章。

强劲的蒙古骑兵，倚仗的是形貌低矮、四肢较短的蒙古马

---

[1] 翦伯赞：《内蒙访古》，文物出版社 1963 年版。

种，它们的步幅和速度虽然逊于中亚和西亚的名马，但是更为吃苦耐劳。由于元朝建立对全中国的统治，也就使得中国的养马业中，蒙古马一统天下，以后的明清两朝依然如此。描绘元代蒙古马的造型艺术品，有陕西地区元代墓葬随葬俑群中的鞍马模型。更具艺术价值的还有传世的古代绘画，其中的佳作要数台北故宫博物院所藏刘贯道绘《元世祖出猎图》。在无垠的大漠中，行进的猎骑中心是红衣白裘的元世祖忽必烈，他安坐马上，傲视一切，他所骑的黑马，白鼻白蹄，正是驰骋于亚欧大陆的蒙古马的典型代表。

考古学所见三国时期的城市和战争*

三国时期的城市

　　三国时，魏、蜀、吴的都城分别在洛阳（今河南洛阳）、成都（今四川成都）和建业（今江苏南京），但是对这三处都城遗址，目前都还缺乏全面深入的田野考古工作。只有曹魏建国前，曹操被汉封为魏王时的魏王都城——邺（在今河北临漳境内），由于废弃后未被后世的城市叠压，遗址保存情况较好，因此有条件进行系统的田野考古勘察和发掘，已经获得了可喜的发掘成果。

　　东汉覆亡，群雄割据，曹操挟天子以令诸侯，终于消灭中原北方的割据势力，统一了长江以北的广大区域，但仍在名义上尊奉汉朝皇帝，沿用建安年号。建安十三年（208年），曹操以汉帝名义自任相国，十八年（213年）封魏公，二十一年（216年）

---

* 本文为作者于 2011 年 3 月在香港城市大学中国文化中心举办的讲座的主要内容。

晋爵魏王。自从建安九年（204年）破袁尚占领邺后，即经营邺城为自己的根据地，后来营建成魏王都。由于曹军攻邺时，曾"作围堑，决漳水灌城；城中饿死者过半"（《三国志·魏书·武帝纪》），因此，邺城被曹军攻占时，残毁过甚，整个城市几成废墟。曹操营建邺城时，是在废墟上再建新城，因此有条件采用新的设计，重新规划全城的布局，建成具有特点的新王都。建成使用后，又陆续有所修建。建安十五年（210年）冬作铜爵台，十八年"秋七月，始建魏社稷宗庙。……九月，作金虎台"（《三国志·魏书·武帝纪》）。后曹操子丕代汉称帝后，邺仍为魏国五都之一（《三国志·魏书·文帝纪》注引《魏略》曰："改长安、谯、许昌、邺、洛阳为五都"）。

邺城遗址在今河北省临漳县，因其南有后来东魏、北齐时的邺城，故习惯称曹操营建的邺城为"邺北城"。20世纪50年代，对邺北城遗址进行过踏查。70年代以来，更对邺北城展开大规模的田野考古工作，已完成对城墙、城门、城内道路及宫殿区的勘探和重点发掘。

邺北城的城墙在地面已无迹可寻，经钻探可知，筑城墙前先掘基槽。墙体以土夯筑，残存最高处仅1—2米，南墙大部分已探清，东墙已探清1300米，北墙探明350米的一段，西墙墙基经反复钻探，已得到线索，尚需进一步工作。4个城角中，仅探出城的东南角。根据城墙的位置和走向，大致确定了城的平面轮廓。城址呈东西向的长方形，东西（东墙至金虎台）长2400米，西墙南段突出一段，故东西最宽处为2620米；南北长1700米，城墙宽 15—18 米。其实际范围小于《水经注·浊漳水》所载的"东西七里、南北五里"①。

城内的主要街道，已探明 6 条，有 1 条横贯全城的东西大街；在这条东西大街以南，探明 3 条纵向的南北大街；在东西大街以北，探明 2 条纵向的南北大街，但西侧的街道仅探出 70 米一段，宽 10 米左右，需再进一步核实。由于城门②的遗迹保存不好，仅在东墙距东南墙角 800 米处发现 1 座门址，以及在北墙发现 1 座门址，其余城门的位置都是由街道走向与城墙交会的地点推定的。东墙探明的门为建春门，与之对应，东西大街西端西墙上为金明门。东西大街以南 3 条大街所对南城 3 门，中为中阳门，西为凤阳门，东为广阳门。东西大街以北 2 街所对北墙 2 门，西为厩门，东为广德门。由于西侧的街道尚需核实，故厩门的位置尚待确定（图一）。

在东西大街以北的中央部位，发现 10 处夯土建筑基址，有的东西长 57 米、南北宽 35 米，

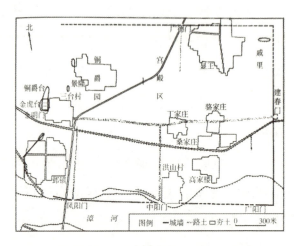

✦ 图一 曹魏邺城（邺北城）遗址平面图

① 以西晋尺度，一尺约为 24 厘米，一里为 432 米。

② 据《水经注·浊漳水》，邺北城"有七门，南曰凤阳门，中曰中阳门，次曰广阳门，东曰建春门，北曰广德门，次曰厩门，西曰金明门"。

有的东西长 39 米、南北宽 60 米，还有的东西长 45 米、南北宽
75 米。这里应是宫殿区遗址，但未发现宫墙。因遗址均处在地下
3.5 米以下，已处地下水位以下，目前难以发掘。在这片遗址以
西，也探出一些建筑基址，应属"铜爵园"范围。其西即著名的
三台。金虎台夯土基址保存尚好，现存南北长 120 米、东西宽 71
米、高 12 米；其北 83 米为铜爵台台基，夯土基址仅存东北角，
南北长 50 米、东西宽 43 米、高 4—6 米；其北的冰井台，钻探
至地表 8 米仍是沙土，已无迹可寻。

依据勘察和发掘的资料，可对邺北城的平面布局进行复原研
究。可以看出，横贯全城的大街北部中央是宫殿区，南部是居民
的里坊区，北部宫殿的西侧是铜爵园和三台，东侧有衙署和戚
里。南墙正中的中阳门，正对宫殿区的正门——止车门，有纵向
大街贯通两门之间，然后再向内达端门，直到正殿文昌殿，形成
最早出现的中轴线[1]。

邺城（邺北城）虽然是曹操被封为魏王之后的魏王王都，
并不是当时汉献帝朝廷所在的国都，但它是曹操当政时实际的
政治中心。建安二十四年（219 年），孙权上书称臣，劝曹操代
汉称帝，侍中陈群、尚书桓阶奏曰："汉自安帝已来，政去公室，
国统数绝，至于今者，唯有名号，尺土一民，皆非汉有……殿
下应期，十分天下而有其九。"（《三国志·魏书·武帝纪》注引

① 关于邺北城的复原研究，也有与上述徐光冀的复原不完全相同的方案，可参阅
　傅熹年主编《中国古代建筑史——两晋、南北朝、隋唐、五代建筑》第二卷第一
　章《三国建筑》，中国建筑工业出版社 2001 年版，第 2—5 页。

《魏略》）这道出了实际情况，当时的政权中心并不在汉帝所在的洛阳，而在曹操常居的邺城。其创新的城市平面布局，有着划时代的意义，标志着自汉至唐时期城市性质发生的变化已经开始，对后世的都城平面布局影响深远。

回溯秦汉时期都城的平面布局，不论是秦都咸阳、西汉都城长安还是东汉都城洛阳，都以宫殿群为主。以西汉长安为例，先筑宫殿，各宫的修筑缺乏整体规划，大略说来，以未央宫为中心，然后才修建城垣，将已筑成并已使用的各座宫殿均围护其中，城内总面积的三分之二都为宫殿所占据，同时为了迁就已存在的宫殿群，加之受地形地貌的限制，四面城垣走向并不规整。虽然已将一般民居的闾里和经商的市场包容在城垣内，但所占面积很少，除贵胄的住宅外，一般民居多偏居城东北角低洼之处。城内的各类建筑和设施，从设计到使用功能，主要都是为皇帝和贵族高官服务的。东汉都城洛阳，宫殿所占面积较西汉长安略有减少，主要有在西汉旧宫基础上扩建的南宫，以及明帝时营建的北宫，其间还连以复道，此外还有北宫北面的永安宫，北宫西侧的濯龙园，以上宫苑总面积已占全城面积的一半。城内还有中央的衙署。除上东门内有贵族高官的居住区外，一般居民只能居住在城外，常聚集在城门附近。只是到曹操修建魏王都邺城时，其平面布局才发生了明显变化。

邺北城创新的城市平面布局，其特征主要有下述几点。

第一，城中宫殿区集中到城内北部中央位置，所占面积明显小于两汉时期。外朝与内朝并列。出现纵贯全城的中轴线，由南墙正门到宫城正门直到主殿门，进一步显示了中央集权最高统治者的权威。城内大道纵横，垂直交错，都城平面布局规划日益规整。

第二，一般官员、居民居住的里坊区日渐扩大，主要分布在城内南半部及东北角，近全城二分之一的面积，开中国古代封闭式里坊制城市之先声。

第三，由于当时战乱不止，基于军事需要，城防工事更趋完备，特别注重城防制高点的控制，邺城西北部分构筑的三台，不仅为园林观赏，更起着军事制高点的作用。

总体看来，宫殿的退缩和民居里坊的发展，纵横街道和中轴线的出现，对以后的都城平面布局都有深远影响。宫殿退缩，所占城市总面积的比例大幅度缩减，但其在城市布局中所占有的重要位置，皇城与民居里坊的严格分界，以及中轴线的设置，反而凸显出皇权的威严。这表明自汉至唐，城市性质已经开始发生变化。此后，已作田野考古勘查和发掘的南北朝时期的几座都城遗址——北魏洛阳城、东魏北齐邺城（邺南城），正是沿袭着邺北城创建的模式继续向前发展，最终发展成隋大兴和唐长安的平面布局，成为典型的封闭式里坊制城市，并对以后中国历代都城的平面布局产生深远影响。

除邺北城遗址外，对于从建安末年到曹魏建国乃至西晋的都城洛阳，虽然进行了考古工作，但目前还不清楚那一时期详细的平面布局。

对于南方的孙吴政权的都城遗址，曾对武昌城址作勘察，存有平面矩形的夯土城墙。城内北部似有子城，大约是武昌宫的位置所在；城西有郭城遗迹，再西为武昌港口——樊口。武昌故城形势险要，又有良港，是当时控制长江中游的军事重镇。至于孙权称帝时的都城建邺，田野考古工作还不够完备，目前对该城的平面复原，主要依靠文献。

三国时期的战争

在规划邺城的修建时，曹操对城中作为军事制高点的铜爵三台予以特别重视，反映出当时由于连年战争，不得不尽力完善魏王都的军事设施，以保护自己的大本营。东汉末年，黄巾起义（光和七年，184 年）导致社会动荡，东汉王朝衰亡，从此中国历史进入大分裂、大动荡的时期。先是镇压黄巾起义之后的群雄割据，随后出现魏、蜀、吴三国鼎立，公元 280 年西晋灭吴，全国才重新统一。

在将近一个世纪中，各种政治势力分离聚合，形势繁杂多变。其间战争不断，发生了许多在中国古代战争史上堪称经典的战例，如曹操和袁绍之间的官渡之战，曹操、孙权、刘备之间的赤壁之战，孙权、刘备之间的夷陵之战，等等。不仅战争的进程极具故事性，吸引着普通百姓的注意力，而且这些战争在军事史研究中也占有重要位置。同时，这一时期的历史名人辈出，政治家、军事家以及军中名将多如夜空繁星，令人目不暇接。魏武帝曹操就兼政治家、军事家、文学家于一身，虽然他自己的军事著作已佚，仅存残篇断句，但他为《孙子兵法》所作注文仍传于世；蜀丞相诸葛亮更被后人视为智慧人物的代表，他的《诸葛氏集》中就有多篇有关军事的著述，仅《军令》就有上、中、下三篇，其他还有《南征》《北出》《兵要》等（《三国志·蜀书·诸葛亮传》），可惜原书已佚；蜀将关羽则被后人视为武圣；至于三国时期的贤臣和勇将，更是数不胜数，仅赤壁之战一次战争中登场的人物，除曹操、刘备、孙权外，孙吴有周瑜、张昭、鲁肃、黄盖，刘备军中有诸葛亮、关羽、张飞、赵云，曹营有张辽、曹仁等众多名将。

从各地的割据势力到出现三个鼎立的政权，其创建者无不是凭借着自己掌握的军事实力登上历史舞台的，一旦失去对武装力量的直接控制，其统治权力就被他人取代了。因此，这一时期虽然社会经济受到战乱等的极大破坏，但是军事装备的生产却一直受到统治者的高度重视，从而促使兵器的研制和生产在汉代的基础上有了进一步发展。例如，在曹魏时期，铁材极为缺乏，甚至汉代通常使用的铁质刑具，当时只能改用木质的。据《晋书·刑法制》记述，魏武帝曹操时，规定"犯钦左右趾者易以木械，是时乏铁，故易以木焉"（《晋书·刑法志》）。但同时，曹操父子对刀剑的制造却极为重视，发展了百炼钢的技术。曹操初步稳定了在中原地区的统治地位以后，立即委任王修为司金中郎将（《三国志·魏书·王修传》），主管冶铸，生产兵器和农具，采用各种办法，以保证战争和屯垦的需要。

对于三国时期的兵器知识，过去多是从小说、戏剧以及与之有关的绘画、雕塑作品中获知的。例如,《三国演义》第一回就是"宴桃园豪杰三结义",刘、关、张收到两个中山大商所赠"镔铁一千斤"后,"(玄德)便命良匠打造双股剑;云长造青龙偃月刀,又名冷艳锯,重八十二斤;张飞造丈八点钢长矛。各置全身铠甲"。第五回"破关兵三英战吕布"中,三人即用这三样兵器合战吕布,而吕布的兵器是"画戟"。这个故事是民间绘画、雕塑喜爱的题材,但是所刻画出的兵器,则是将宋元以后的兵器经想象和艺术加工而呈现的形貌,其实与三国时期的兵器毫不相干。我们依据考古发现和文献记载,将三国时期的兵器原貌稍作介绍。

三国时期,军中的格斗兵器主要沿袭两汉传统,有钢铁制造的戟、稍、矛、刀、剑,远射兵器弓箭(装备钢铁制作的箭镞),还有装在木弩臂上的青铜弩机。精锐的长戟和长稍,都是当时骑兵和骑将装备的主要格斗兵器,在《三国志》中看到的魏、蜀、吴三方的主要将领,都是骑在战马上使用戟、稍进行作战的。在防护装具方面,三国时也出现许多新类型的铠甲,同时军中已经开始有人和战马都披有铠甲的重装骑兵。

1. 戟

从战国末年到秦汉盛行的钢铁制作的戟,是一种长柄格斗兵器,到三国时期仍是军中的标准装备。直到西晋时,戟还被名将周处誉为"五兵之雄"(《北堂书钞》卷一二四引周处《风土记》)。《三国志·魏书·吕布传》记有吕布辕门射戟的故事。"(袁)术遣将纪灵等步骑三万攻(刘)备,备求救于布。……(布)便严步兵千，骑二百，驰往赴备。灵等闻布至，皆敛兵不敢复攻。布于沛西南一里安屯，遣铃下请灵等，灵等亦请布共饮食。布谓灵等曰：'玄德，布弟也。弟为诸君所困，故来救之。布性不喜合斗，但喜解斗耳。'布令门候于营门中举一只戟，布言：'诸君观布射戟小支，一发中者诸君当解去，不中可留决斗。'布举弓射戟，正中小支。诸将皆惊，言'将军天威也'！明日复欢会，然后各罢。"（《三国志·魏书·吕布传》）吕布随便命令门候举一支戟，说明这种格斗兵器在军中普遍使用，随处均有，不必特殊寻取。

当时，许多猛将均善用戟。比如，曹操军中名将张辽守合肥时，面对孙权的优势兵力，"辽被甲持戟，先登陷陈，杀数十人，斩二将，大呼自名，冲垒入，至权麾下"。吓得孙权只好"走登高冢，以长戟自守"（《三国志·魏书·张辽传》）。又如，曹操帐下勇将典韦，当曹操与吕布战于濮阳时，曹军袭布别屯后，遭吕布救兵三面包抄，情势危急。"太祖募陷陈，韦先占，将应募者数十人，皆重衣两铠，弃楯，但持长矛撩戟。时西面又急，韦进当之，贼弓弩乱发，矢至如雨，韦不视，谓等人曰：'虏来十步，乃白之。'等人曰：'十步矣。'又曰：'五步乃白。'等人惧，疾言：'虏至矣！'韦手持十余戟，大呼起，所抵无不应手倒者。布众退。"他又好持大双戟，"军中为之语曰：'帐下壮士有典君，提一双戟八十斤'。"在曹军与张绣军的战斗中，典韦战于营门，"以长戟左右击之，一叉入，辄十余矛摧"（《三国志·魏书·典韦传》）。

甘肃嘉峪关新城公社三号魏晋墓中，有两幅与军队有关的壁画。一幅绘行军的情景，两行步兵头戴兜鍪、披铠，肩戟持盾；

另一幅绘宿营的情景，以将领所在的大帐为中心，周围布列众多士兵居住的小帐篷，每个帐前竖着一戟一盾。这说明戟和盾是当时士兵的标准装备，因此被作为帐内士兵的象征。在这一时期的《军令》中，也常提到戟。如诸葛亮《军令》中有"始出营，坚矛戟，舒幡旗，鸣鼓角。行三里，辟矛戟，结幡旗，止鼓角"，又有"敌已附，鹿角裹兵但得进踞，以矛戟刺之，不得起住，起住妨弩"（《太平御览》卷三三七、三三九引诸葛亮《军令》）。

除长戟外，三国时还流行短柄的手戟，如孙策与太史慈博战时，"策刺慈马，而揽得慈项上手戟，慈亦得策兜鍪"（《三国志·吴书·太史慈传》）。此外，孙策还曾以手戟投击严白虎弟舆，把他杀死（《三国志·吴书·孙破虏讨逆传》注引《吴录》）。曹操年轻时也曾用手戟，"（曹操）尝私入中常侍张让室，让觉之；乃舞手戟于庭，踰垣而出。才武绝人，莫之能害"（《三国志·魏书·武帝纪》注引孙盛《异同杂语》）。刘备兵败当阳长阪，"有人言（赵）云已北去者，先主以手戟摘之曰：'子龙不弃我走也'"（《三国志·蜀书·赵云传》注引《云别传》）。表明当时手戟的使用相当普遍。同时还可双手各执一短柄戟，使用双戟。前述魏将典韦好持大双戟，吴将甘宁亦善双戟（《三国志·吴书·甘宁传》注引《吴书》："凌统怨宁杀其父操，宁常备统，不与相见。权亦命统不得仇之。尝于吕蒙舍会，酒酣，统乃以刀舞。宁起曰：'宁能双戟舞。'蒙曰：'宁虽能，未若蒙之巧也。'因操刀持楯，以身分之"），甚至身为帝王的曹丕和孙权，都会用双戟。曹丕在《典论·自叙》中说："余少晓持复，自谓无对；俗名双戟为坐铁室。"

（《三国志·魏书·文帝纪》注引《典论·自叙》）孙权曾"亲乘马射虎于庱亭。马为虎所伤，权投以双戟，虎却废"（《三国志·吴书·吴主传》）。

2. 矛和槊

在三国两晋南北朝时期，矛仍然是步兵和骑兵装备的一种重要长柄兵器。三国时，矛与戟并用。骑兵用的马矛，其矜（矛柄）较长，一般长丈八尺，自汉代又称"马槊"或"矟"。在汉末三国时的战场上，不少勇将善用戟，另一些将领在实战中则使用马矛。如孙吴名将程普，"（孙）策尝攻祖郎，大为所围，普与一骑共蔽捍策，驱马疾呼，以矛突贼，贼披，策因随出"（《三国志·吴书·程普传》）。又如吴将丁奉，"魏将文钦来降，以奉为虎威将军，从孙峻至寿春迎之，与敌追军战于高亭。奉跨马持矛，突入其阵中，斩首数百，获其军器"（《三国志·吴书·丁奉传》）。至于蜀将张飞在当阳长阪，"据水断桥，瞋目横矛曰：'身是张益德也，可来共决死！'敌皆无敢近者"（《三国志·蜀书·张飞传》），更是为人所悉知。就是在小说或戏剧中认为是使戟的勇将吕布，实际也是使矛的，当他与郭汜交战，"布以矛刺中汜，汜后骑遂前救汜，汜、布遂各两罢"（《三国志·魏书·吕布传》注引《英雄记》）。而他杀死董卓，也是用的矛。当时"（李）肃以戟刺之，卓衷甲不入，伤臂堕车，……布应声持矛刺卓，趣兵斩之"（《后汉书·董卓列传》）。这一事例也说明，铠甲可以有效地抵御戟刺，却不能抗御矛刺，或许显示出三国时马矛取代马戟的势头已经越来越强了。在嘉峪关魏晋墓中所绘壁画和砖画中，绘出的步兵是披铠和执戟盾，已如前述；骑兵则全执马槊，而没有戟，这些图像应能如实反映当时的情况。

在三国时期，马槊的兴盛还有一个重要因素，那就是人们在选择兵器时往往受地区或民族传统的制约。长矛或马槊盛行的区域，多在西北和东北边陲一带。在西北边陲，关西诸郡因"数与胡战"，人民强悍，连妇女都"戴戟挟矛，弦弓负矢"（《三国志·魏书·郑浑传》注引张潘《汉记》）。那一地区的军队更善用长矛，当时"议者多言：关西兵强，习长矛，非精选前锋，则不可当也"（《三国志·魏书·武帝纪》注引《魏书》）。

3. 刀

三国时期的钢刀沿袭汉代的形制，长体，直身直刃，刀身与柄部的区分不明显，柄端有扁圆形状的环首。此时期，百炼钢刀仍是受人重视的名贵兵器，曹操和曹丕父子都曾作百辟宝刀。曹植《宝刀赋》序："建安中，家父魏王，乃命有司造宝刀五枚，三年乃就，以龙、虎、熊、马、雀为识，太子得一，余及余弟饶阳侯各得一焉，其余二枚家王自杖之。"（《太平御览》卷三四六引曹植《宝刀赋》）他赞咏宝刀锋利，"陆斩犀象，水断龙舟；轻击浮截，刃不渧流"。其形制仍为环首刀，故"规圆景以定环，摅神思而造像"。[1] 这种宝刀应即"百辟刀"（《太平御览》卷三四五引《魏武帝令》曰："往岁作百辟刀五枚，适成，先以一与五官将，其余四，吾诸子中有不好武而文学，将以次与之"）。曹丕也

---

[1] 赵幼文校注：《曹植集校注》，人民文学出版社1984年版，第160—162页。

曾作百辟刀、剑,《典论》曰:"余善击剑,能以短乘长。故选兹良金,命彼国工,精而炼之,至于百辟。"以为三剑、三刀、三匕首(《太平御览》卷三四六引《典论》)。"百辟宝刀三:其一长四尺三寸六分,重三斤六两,文似灵龟,名曰灵宝;其二采似丹霞,名曰含章,长四尺四寸三分,重三斤十两;其三鉴似崩雪,刀身剑铗,名曰素质,长四尺三寸,重二斤九两。又造百辟露陌刀一,长三尺二寸,重二斤二两,状似龙文,名曰龙鳞。"(《太平御览》卷三四六引《典论》)看来这种经百炼的百辟刀费时费工,是王公才能据有的珍贵品。

许多将领在立功或升迁时亦常作刀为铭,以孙吴诸将为例:"孙权遣张昭代周瑜为南郡太守,曾作一刀,背上有'荡寇将军'四字,八分书。""蒋钦拜别部司马,造一刀,文曰'司马',古隶书。""潘文珪拜偏将军,为擒关羽,拜固陵太守,因刻刀曰'固陵'。"(《太平御览》卷三四三引陶弘景《刀剑录》)

除了帝王将领制作的个人使用的钢刀外,史籍中还有三国时期大量制作军用钢刀的记录。例如,蜀汉诸葛亮曾让蒲元造刀 3000 口,据《蒲元传》:"于斜谷为诸葛亮铸刀三千口,镕金造器,特异常法。刀成自言:汉水钝弱,不任淬用,蜀江爽烈,是谓大金之元精,天分其野。乃命人于成都取之。有一人前至,君以淬,乃言杂涪水不可用。取水者犹悍言不杂。君以刀画水云:杂八升,何故言不? 取水者方叩头首服云:实于涪津渡负倒覆水,惧怖,遂以涪水八升益之。于是咸共惊服,称为神妙。刀成,以竹筒密内铁珠满其中,举刀断之,应手灵落,若雉生蒭。

故称绝当世，因曰'神刀'。今之屈耳环者，是其遗范也。"(《太平御览》卷三四五引《蒲元传》)这则故事中讲到对淬火用水的选择，也反映出当时对刀部淬火技术的重视。

4. 剑

三国两晋南北朝时期，军中装备的手握短柄兵器虽以刀为主，但剑仍有使用。同时，这一时期的帝王也常制作名贵的百炼钢剑，如三国时期，曹魏文帝曹丕为魏太子时，就曾制作百辟宝剑，"长四尺二寸，重一斤十有五两。淬以清漳，厉以礛磻，饰以文玉，表以通犀，光似流星，名曰飞景"(《太平御览》卷三四三引《典论》)。而吴帝孙权、蜀汉先主刘备，也都制作过宝剑，见陶弘景《刀剑录》(《太平御览》卷三四三引陶弘景《刀剑录》)，当为一时风尚。

5. 匕首

三国时期，匕首仍为主要的卫体兵器，也曾大批量制作，如诸葛亮曾命作部制造匕首500枚，以给骑士(《太平御览》卷三四六)。

6. 弓矢

三国时期，弓矢仍是军中最经常使用的远射兵器。弓矢依旧沿袭汉代的传统，但是这一时期青铜铸造的箭镞已被淘汰，普遍装备军队的是钢铁箭镞。

7. 弩

三国时期，弩有了进一步发展，主要是弩的强度有了较大提高，增强了穿透能力，增加了射程，也创制了一次发射可同时射出多支弩箭的强弩。在考古发掘获得的三国时期的弩机实物中，出土有魏、蜀纪年铭刻的标本，如南京石门坎出土的魏正始二年（241年）铜弩机、四川郫县出土的蜀汉景耀四年（261年）铜弩机；也有孙吴墓中出土的刻有用器人名的铜弩机，如湖北鄂州出土的扳机上刻有"将军孙邻弩一张"的铜弩机。从这些三国时期弩机的材质和结构来看，大致仍沿袭汉代旧制，采用青铜铸件，所以弩机大约是中国古代青铜兵器中消失最晚的一种。

从魏、蜀两件弩机的铭文看，它们都是两国中央控制的兵器工场制造的产品。曹魏弩机的制造是由尚方负责的，正始二年弩机的铭文为："正始二年五月十日，左尚方造，监作吏鼍泉，牙匠马□，师陈耳，臂匠江□，师□□。"这和传世的几件正始二年五月十日造弩机的铭文大致相同，可见当时造弩工匠仍和汉代一样有明确分工。蜀汉制造弩机的机构，隶属中作部，铭文中也注明监造官吏和工匠的姓名，并标明弩的强度和弩机的自重："景耀四年二月卅日，中作部左兴业刘纯业，吏陈深，工杨安作。十石机，重三斤十二两。"该机铜郭长85厘米、宽35厘米、厚4厘米，现重1475克（缺悬刀）。此外，为增强弩的威力，也对弩进行了一些改革。例如，诸葛亮曾经在可一次发射多矢的"连弩"的基础上，"又损益连弩，谓之元戎，以铁为矢，矢长八寸，一弩十矢俱发"（《三国志·蜀书·诸葛亮传》注引《魏氏春秋》）。

8. 铠甲

三国时期，开始出现一些新的铠甲类型，在曹植《先帝赐臣铠表》（下文简称《铠表》）中，列出了当时较名贵的铠甲，有黑光铠、明光铠、两当铠和环锁铠。还有一种三国时开始流行的铠甲——筒袖铠，后来人们也称其为"诸葛亮筒袖铠"。从洛阳等地出土的西晋陶俑可以看出，筒袖铠是当时军中装备的铠甲的主要形制。曹植《铠表》中提到的两当铠和明光铠，到南北朝时期，由于重装骑兵发展的需要，逐渐成为北朝时期铠甲的主要类型。

曹植《铠表》中还有"马铠"，表明当时骑兵的战马已开始装备铠甲，开中国古代重装骑兵——甲骑具装之先河，但其在军中装备的数量非常有限。在曹操统军与袁绍对抗时，他的部队中装备的马铠还不足 10 具，而袁绍上万的骑兵中装备有马铠的也不过区区 300 具而已，仅占 3% 左右。曹操在《军策令》中曾说："（袁）本初铠万领，吾大铠二十领；本初马铠三百具，吾不能有十具。见其少，遂不施也，吾遂出奇破之。是时士卒精练，不与今时等也。"（《太平御览》卷三五六）又如当时雄踞辽东的公孙瓒，军中以骑兵为主力，骑兵中又以"白马义从"为核心，这数千匹白马骑兵并没有装马铠。这些都表明，当时马铠还是比较珍贵的防护装具，所以曹操赐给爱子曹植的名贵铠甲，除了黑光、明光、两当、环锁等铠，还有一领马铠（《北堂书钞》卷二一引曹植《先帝赐臣铠表》："先帝赐臣铠，黑光、明光各一领，两当铠一领，环锁铠一领，马铠一领。今世以升平，兵革无事，乞悉以付铠曹自理。"《太平御览》卷三五六引，文字略同）直到西晋初年，马铠仍是名贵物品。司马炎称帝后，命卢钦为都督沔北诸军事、平南将军、假节，特赐给他"骑具刀器，御府人马铠"（《晋书·卢钦传》）。

新石器时代彩陶图案花纹带装饰部位[*]

橙红色的陶盆里面，伏着两只黑彩绘出的大蛙，缩颈大腹，背上满缀圆斑，它们似乎正蹒跚地向盆沿缓缓爬去。在和它们相对称的部位，又游动着一对浓黑的小鱼，鳍尾俱备，线条流畅，这是 1972 年春在陕西临潼姜寨仰韶文化遗址出土的标本（图一：1）。同样类型的彩陶盆，过去在西安半坡遗址也有发现，盆里装饰的图案，有鱼、渔网和口衔双鱼的人面形等（图一：2、3）。另外有一件陶盆，里壁有 4 只墨黑的小

✦ 图一　仰韶文化彩陶盆

---

* 本文原载《文物》1977 年第 6 期。

鹿，构图很简单，但是线条鲜明传神，具有特殊的魅力。值得注意的是，这些古朴而生动的图案花纹所分布的位置，看来是有一定规律的，它们都绘在盆的里壁，而且常常是分布在靠近盆口上半部的地方；在盆底中心的部位，反而常常是平素无纹的。同时，与光滑的里壁相反，这些盆的外壁却是粗涩的。可以看出，当时陶器制造者的匠心所在，重点是里壁靠上侧的装饰花纹带。

换了不同的器皿，装饰花纹带分布的部位也随之变动。例如，姜寨出现的蛙纹，过去在庙底沟仰韶文化遗址也出现过，那是一件彩陶罐的残片，蛙纹装饰在肩部。除了鱼、蛙等动物形象的图案，在仰韶文化的彩陶中常见的还有大量花卉图案和几何形图案（对于很多图案的含义，今天我们还不理解，姑且统称为几何形图案）。

除了仰韶文化，在马家窑文化（半山类型、马厂类型）、大汶口文化等新石器时代文化遗址里，也发现有各种花纹精美的彩陶，虽然它们的装饰图案由于时代的早晚、地域的不同等而各有特色，但是就这些图案花纹装饰的部位来讲，却有着共同的地方（图二）。从我们选取的几件标本上可以看到，主要花纹带集中在器高 1/2 处；而在器高 1/5 处以下，一般是平素无纹的。例如，大型陶壶的花纹带主要集中在肩和上腹，往往在器高 1/2 以上处，颈部和口部有辅助花纹；广口深腹的曲腹盆类，主要花纹带在曲腹以上、口唇以下的部位，而且往往在器高 1/3 以上处；上壁较直的浅腹盆类，花纹带主要分布在口唇以下、较直的上壁处，也是在器高 1/2 以上的部位，只有器腹呈球状的罐类，花纹带可以

※ 图二 彩陶纹饰带位置举例

为了表示新石器时代彩陶因人民生活习惯而形成的共性，这里举出不同时期、不同地区、不同文化的8件器物。为了便于表示，加了几条比例线。其中图1的a线相当于器高的1/2处，b、b'线分别为器高2/3及1/3处，c线相当于器高1/5处。其余七图比例线位置相同。标本出处：1.马家窑文化半山类型陶罐，甘肃景泰张家台遗址出土（M13:2）；2.仰韶文化陶罐，河南郑州大河村出土（E1:30）；3.仰韶文化陶盆，西安半坡出土（P1161）；4.仰韶文化陶盆，河南陕县庙底沟出土（H47:41）；5.青莲岗类型陶盆，江苏邳县大墩子出土（M44:4）；6.大汶口文化陶盉，山东大汶口出土（M59:22）；7、8.马家窑文化马厂类型陶罐，甘肃永昌鸳鸯池出土（M104、M48）。本图是为了说明花纹带位置，故各器的大小比例不同，没有统一。

伸延到器高 1/5 以下，近于底部；至于那种浅腹圜底或小平底的盆，就像开始讲到的那样，在外壁没有花纹带，图案花纹只出现在口唇上和里壁。

为什么新石器时代的人们要这样来布置器皿上的装饰花纹带？为什么不同地域、不同文化的人们几乎遵循着近乎同一的规律？

艺术源于生活。这种情况是由当时人们的生活习惯所决定的。由于生产力低下，居住条件受限，处于新石器时代的人们，不论在室内还是户外，都是席地起居，用作主要日常生活的各种类型的陶器，自然也都是放在地上使用的。这样一来，不论这些器皿的形体多高，它们往往都是处在席地蹲着或坐着的人们的视平线之下，对站立的人而言，要看这些器物就只有俯视了。器物上的装饰图案是实用美术，要起到美化器物的效果，所以当时的人们不会在平时视线看不到的地方，如器物下部向内收缩的部分，花费精力去施加精美的花纹。又由于应用陶器饮食或盛物时，人们常处于坐着或蹲着的姿态，这就导致主要花纹带的布置，选取在蹲、坐时人们视线最集中的部位（图三）。这样一来，自然就形成了前面叙述过的各类器皿花纹带分布部位的规律。

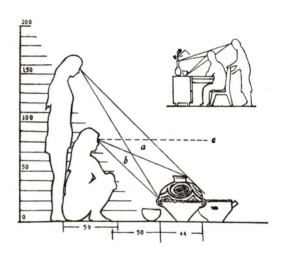

◆ 图三　古人与现代人观看器物纹饰带示意图

本图左侧为新石器时代的人站着或蹲着的时候，最容易看到的彩陶器物图案：a.站着的人看彩陶的视线；b.蹲坐着的人看彩陶的视线；c.蹲坐着的人的视平线。人体高度依据半坡人的身高169厘米，彩陶壶依据甘肃兰州青岗岔标本F1:1的尺寸，全图尺寸单位是厘米。本图右上角的示意图表明，现代人在使用桌椅的情况下，视线所及器皿花纹带的位置，与新石器时代席地起居时有所不同。

当我们根据上面所探讨的规律去观察彩陶时，这些古代工艺品的特点就会充分显现出来。比如，从半坡发掘中获得的一件彩陶壶，如果按我们现在的习惯放在桌上正面平视，它身上的花纹带是四重相叠的波浪纹，但是按照当时半坡居民那样自上而下地鸟瞰，就会看出这件壶的整个图形是一朵盛开的八瓣花朵，圆圆的壶口正是这朵花的心房，口唇上的条纹则是向四周伸出的花蕊（图四）。又如，从宝鸡北首岭获得的一件两侧分绘着鱼纹和鸟纹的细颈壶，只有从侧上方俯视，游鱼和立鸟才能完整地呈现在眼前。至于前面提到的半坡和姜寨的彩陶盆，更是为了从侧上方俯瞰，才不把图案纹饰放在盆底正中，而是放在弧壁的偏上部，那正是席地坐着的人最容易看到的部位，可以起到最好的装饰效果。

✦ **图四 从三个不同的角度看彩陶壶的花纹**

从不同的角度去看彩陶图案，会给人以不同的印象。该标本（P1130）出自半坡仰韶文化遗址。左图：正投影侧面，可以清楚地看到器物外形的准确轮廓，可解决标型等需求，但花纹带不能很好地展现。中图：从上侧看去，下腹外形看不到了，但花纹带展示成花朵形状。右图：俯瞰时，花纹带呈八瓣花形。

新石器时代的人们在选择花纹带放置的部位时，会从不同

角度看彩陶壶上的花纹。图五是出自宝鸡北首岭仰韶文化遗址的陶壶，如果从平视的角度看（右图），壶上的鱼纹不完全而且挤扁变

✦ 图五 从两个不同角度看彩陶壶上的花纹

形，而从左图的角度可以看到完全的鱼纹。至于花纹带和器壁弧曲度的关系，这一点在马家窑文化的大型彩陶壶上表现得最为突出。在青海乐都柳湾马家窑文化墓地的发掘中，564 号墓出土的75 件陶壶里，只有 2 件不是彩陶，其余的全部带彩。它们的装饰花纹带都在器身的 a 线以上部位，特别是其中有 30 多件陶器的纹饰带以大型圆形图案为中心，这些圆形图案的位置都在鼓起的上腹部，只有从侧上方 45° 角的方向俯瞰，才能得到正圆的效果；如果放在桌上正面平视，这些丰富多彩的圆形图案就都被压挤变扁了。同样的例子，还可以看看在兰州青岗岔遗址一座马家窑文化（半山类型）房子里获得的 3 件彩陶罐，它们在房子里出现，说明是日常生活中使用的器皿，罐上的以大圆形图案为中心的花纹带，也只有从侧上方俯瞰，才能完整地映入人们的眼帘。如果我们再看看从庙底沟仰韶文化遗址获得的具有精美花卉图案的彩陶，会发现，这些图案的绘制者是从器皿整体的装饰部位来考虑构图的，利用器壁的弧曲度来加强装饰效果。但是如果把它切开展示，获得的只是一种变了形的效果，原来图案的韵律和节奏感就都消失了。

谈到古代彩陶的装饰花纹带，我们必然会联想到，当时的人们是根据什么来创造出这些绚丽的艺术花朵的呢？非常清楚的是，古人利用图案这种艺术语言，是为了表达他们的思想，而思想意识是社会存在即生产和生活的反映。彩陶的图案题材，都是和当时的生产生活分不开的，有的形象是直接的表达，如动物图像和花卉；有的则经过艺术的抽象，形成各种几何状的图案。前一种，我们可以举仰韶文化半坡类型的那些生动而富于变化的鱼纹为例，那不正是当时的居民从常年从事的捕鱼劳动中抽象出来的艺术结晶吗？ 在宝鸡北首岭仰韶文化遗址，还出土有一件模拟船形的彩陶壶，从船侧张开了一张渔网（图六）。在陶壶的中心放置一张展开的渔网图案，再把陶壶的轮廓模拟成船的形象，不正是象征着张网捕鱼的独木舟吗？ 在半坡和姜寨出土的陶盆里壁，有对应的两条游鱼和簪着双鱼的人头像（图七），或是人头像和两张展开的渔网，这是不是意味着某种原始的信仰，祈求鱼儿常常被网获呢？ 至于那些栩栩如生的小鹿和修尾长喙的飞鸟，也都是经过长期观察创造出的艺术形象。

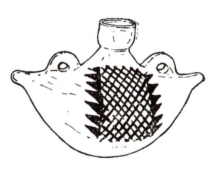

✦ 图六 模拟船形的彩陶壶

✦ 图七 陕西临潼姜寨出土的彩陶盆

动物花纹如此，植物花纹也是如此。原始的农业和采集经济，使新石器时代的人们在生产劳动中要不断注意观察分析各种植物，从而创造出丰富多彩的植物纹图案。在庙底沟遗址获得的绚丽的花卉图案，也是从写生中抽象出来的，是从实践中结成的艺术之果。原始社会的艺术家们在绘制这些图案时有着整体的构想，一件器皿上的装饰花纹带，代表着一种完整的图案结构，带着自身的韵律和节奏（图八），富有引人入胜的艺术魅力。

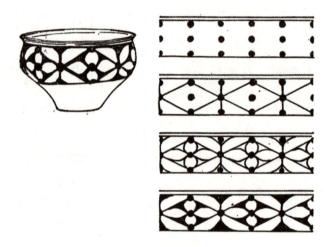

✦ 图八　新石器时代彩陶纹饰创作想象示例
本图是庙底沟仰韶文化遗址出土的彩陶盆（M47:42），右面是图案构成方法的参考示意图，采自雷圭元《图案基础》第35页（人民美术出版社1963年版）。原图说明如下：第一图为用点定位；第二图以米字格联结；第三图以弧作三点一组连缀；第四图在钩线中填彩，使风格明确。这样分析，是为了初学临摹时，以此作为古人图案构成方法的参考。

现在遗留下来的问题是：原始社会人们绘制的各种图案，是否都有含义？动物纹和花卉纹是比较容易弄清楚的，但有一些纹饰，尤其是所谓几何纹类型的，现在还难以弄清楚。不过有的研究者的意见值得参考。例如，在南美洲巴西境内的巴凯里部落里，"所有一切具有几何形的花样，事实上都是一些非常具体的对象（大部分是动物）的简略的、有时候甚至是模拟的图形。比如，一根波

图九　卡拉亚人模拟蛇皮纹饰的三种图案

状的线条，两边画着许多点，就表示是一条蛇，附有里角的长菱形就表示一条鱼"①。又如，卡拉亚人所画的一些折线纹和菱形图像组成的图案，实际是模拟不同的蛇皮上的花纹（图九）②。如果我们不了解这一点，就一定会认为那些纹饰也是用折线或菱形做"母题"的几何状纹了。由于历史的变迁，人们的思想、生活发生了巨大变化。今天，人们对事物的认识与新石器时代是截然不同的，这自然就给分析那时的图案花纹的含义带来极大的困难，但是经过仔细的研究工作，总会有所收获的。

　　在新石器时代，制陶业是当时最重要的手工业，人们把极大的精力投入这项生产工作，把他们的艺术才能倾注在其中，给我们留下数量众多的陶器，成为实用美术方面盛开的绚丽的花朵。由于当时阶级还没有产生，这些工艺品自然是社会中全体成员的

---

① ［俄］普列汉诺夫：《论艺术——没有地址的信》，曹保华译，生活·读书·新知三联书店1973年版。

② ［德］格罗塞：《艺术的起源》，蔡慕晖译，商务印书馆1937年版。

财富，是真正供广大群众使用的实用品，那些精美的图案装饰，也真正起到美化人们生活的作用。这种为全体人民所享用的工艺美术传统，到了阶级社会就受到了破坏，工艺美术品被打上了阶级的烙印，几乎为统治阶级所垄断。但是广大的被压迫人民，在生活中总要使用必要的生活用具，这样一来，除了统治阶级享用的工艺美术品之外，在各个时代，总还会在民间流传着一些简陋的但是为广大人民群众所喜爱的民间手工艺品，它们承继着新石器时代以来实用美术方面的传统。例如，宋代的一些民间瓷器虽不如统治阶级享用的名窑产品精美，但质朴价廉，在装饰艺术方面别具风格。我们应该认真研究从新石器时代的陶器到近代民间陶瓷这一传统，为今天生产更多更好的实用美术品做借鉴，真正地、更好地为广大人民群众服务。

古代滇族动物造型艺术*

四头伸着巨大弯角的瘤牛，安详地伫立在青铜贮贝器的顶盖上，它们环绕着器盖中心的一具铜鼓，鼓面上又立着另一头瘤牛（图一）。这些瘤牛背脊宽厚，脊瘤隆起，头颅粗壮，四肢挺立，显得稳健有力。由于中间的一头高立鼓上，下面四头依次同向环绕，它们那五对从头顶向两侧分开、尖端向上高翘的大角，更显得参差错落，使整个构图稳

✦ 图一　云南晋宁石寨山滇人墓出土的青铜五牛贮贝器

＊ 本文原载《中国美术》1980 年第 1 期。

定而不呆滞。下面的筒形贮贝器，通体平素无纹，上顶和下底的直径较大，中腰微束，形成一条弧曲的外轮廓线，造型同样是稳定而不呆板。器身和顶盖上那些造型稳重的立牛结合在一起，形成安稳和谐的气氛，显露着质朴而恬静的美感。另一件青铜贮贝器的器盖上也有四头瘤牛，但是中间围绕着的是一位骑在马上的黄金骑士（图二）。还有一件贮贝器的盖上，四头瘤牛围绕着的是

图二 云南晋宁石寨山滇人墓出土的青铜五牛鎏金骑士贮贝器

赤着双脚的牧人，他安详地蹲踞在隆起的高处，神态悠然地放牧着这群生性温驯而躯体健壮的牲畜，真可以说是一首歌颂畜牧的"田园诗"。这些青铜造型艺术品，都是居住在今云南境内的古代滇族无名工匠的杰作，它们分别出土于晋宁石寨山和江川李家山古滇族的墓群中。

瘤牛是古代滇族的重要畜产，主要用于祭祀和食用，那些工匠很熟悉瘤牛的习性和体态特征，于是创造出栩栩如生的青铜艺术品。除了贮贝器，在铜壶、伞盖、铜枕、铜俎乃至乐器和兵器上，都可以看到瘤牛的铸像。其中有不少别具匠心的创作，比

✦ 图三 云南江川李家山滇人墓出土的青铜牛虎案（俎）

如李家山出土的一件铜俎（图三），就采用了瘤牛的造型，利用那宽厚的脊背做成椭圆状的俎面，直立的四肢自然形成铜俎的四足。在镂空的牛腹下，横置着另一头较小的瘤牛，把带着弯角的头和前肢，微露在大牛的腹外。在大牛的臀部还趴伏着一只老虎。又如李家山出土的另一件葫芦形的青铜笙（图四），在那弯曲上伸的曲管上，安稳地立着一头瘤牛，四蹄踏在细而弯曲的管壁上，实在别具奇趣。另一些瘤牛头部的铸像，是在晋宁石寨山获

✦ 图四 云南江川李家山滇人墓出土的青铜立牛葫芦笙

古代滇族动物造型艺术 ／

得的，巨大的牛头两侧有下垂的大耳，向两侧对称地伸展着弯曲而上扬的双角，形成优美的平衡（图五）。有的又在牛的两只弯角上，承托起较小的瘤牛头，它们也向两侧伸展着弯角，形成层层上托的构图，有更强烈的装饰意味。把牛头挂起来，并不仅仅是为了装饰，还是一种原始的表现财富的手段。在石寨山出土的一些铜铸屋宇模型的立柱上，就悬挂着牛头，这种习俗一直流传到近代。中华人民共和国成立前，在西南地区的一些少数民族群众的家中还可以见到。古代滇族青铜艺术品中的牛头像，正是这种古老习俗的反映。

✦　图五　云南晋宁石寨山滇人墓出土的青铜牛头饰

健壮而温驯的瘤牛，安详而稳重的造型，恬静的田园诗般的画面，也许会使人误认为这就是滇族造型艺术的基本格调，进而想象当时滇族社会充满和平与安谧。但是，只要转而看一下其他的滇族造型艺术品，展现在我们面前的则是血腥的残杀和激烈的搏斗。其实前面讲到的李家山出土的铜俎，已经带有这种信息，那只趴伏在瘤牛臀部的小老虎，不正在用它的尖爪利齿撕咬着肥厚的牛体吗？李家山墓群中获得的一件马鞍形铜枕上，铜枕高翘的两端都顶着一头瘤牛，安稳平静地站在那里；但是在枕的立面上，浮出壁面三组图像，三只猛虎猛扑过来，都跳到牛的脊背上，猛咬瘤牛的后颈，那可怜的牺牲者，只是温顺地低着头，任凭猛虎咬噬。被凌辱的弱者也并不总是逆来顺受，为了生存，也被逼得起来斗争。这里出现了另一头瘤牛，正拼命地抗击着三只猛虎的侵袭，它虽把一个敌人扑压身下，但是迎面扑来的另一个敌人扭转身躯，力图从下面咬住牛的咽喉。后面的一只老虎的袭击是牛无法抗拒的，它扑在牛脊背上，用力撕咬着。那瘤牛忍痛挣扎，后腿依然有力地蹬踏地面（图六）。另外一件双虎搏牛牌饰展现了一头瘤牛与两只猛虎搏斗的场景。两只虎一前一后向它

✦ 图六 云南江川李家山滇人墓出土的青铜三虎搏牛牌饰

✦ 图七 云南江川李家山滇人墓出土的青铜双虎搏牛牌饰

袭击，瘤牛半张着嘴，尽力支撑（图七）。也有的被捕猎者比瘤牛要健壮，如野猪，有的铜牌饰就表现了两只豹子与野猪搏斗的激烈场景。不如瘤牛健壮的动物遭遇猛兽捕杀的场景，更惨不忍睹，如搏斗发生在饿狼与小鹿之间时。善良柔弱的小鹿，高抬前肢，拼命摇动着身躯，力图甩掉扑到它背脊上的饿狼，但是迟了，那尖利的狼齿已经紧紧咬住小鹿的耳根；另一头饿狼又从前面扑来，猛咬住鹿的后腿（图八）。剧烈的伤痛使小鹿双目失去光泽，它半张着嘴，似乎发出阵阵求助

✦ 图八 云南晋宁石寨山滇人墓出土的青铜双狼搏鹿铜牌饰

的哀鸣，可是谁会来救助这个垂死的受难者呢？只见一条长蛇，蜿蜒着向它的脚下游来，却又昂起三角形的头，衔住小鹿的尾巴，更加深了恐怖的气氛，也预示着悲惨的结局。这件小小的镂花铜饰，表现了生命与死亡、善良与邪恶、柔弱与强暴的激烈的矛盾冲突，扣人心弦，同时给这件古代艺术品注入了跨越时空的艺术生命力。

表现着动物之间生死搏斗残酷情景的青铜艺术品，是滇族奴隶制社会生活的真实反映，是残酷的社会现实的艺术缩影。在双狼噬鹿铜牌饰下面蜿蜒游动的长蛇，并不是为了渲染气氛才添加上去的，它围绕在整个牌饰的外侧，实际上是权力的象征。蛇还出现在别的铜牌饰和各种器物上，它可以随意盘缠任何动物，不论是被撕噬的鹿、牛、猪，还是正在撕咬弱者的虎、豹、狼。尤其是一件描绘杀人祭祀场面的贮贝器，还有盘在铜柱上的巨蛇口吞牺牲的特写。造型最生动的是一把铜剑上的蛇柄，三角形的头，圆睁的双目，张开满是利牙的大嘴，鳞甲满身，令人生畏（图九）。另一条鳞甲鲜明的金蛇，双目闪光，

✦ 图九　云南江川李家山滇人墓出土的青铜蛇形剑茎

✦ 图一〇 云南晋宁石寨山滇人墓出 ✦ 图一一 "滇王之印"印文
土的金蛇纽"滇王之印"印

把身躯蜷成圆纽形状，伏到一方金印上（图一〇），印上刻的文字是"滇王之印"（图一一），这正是当时滇族的最高统治者身份的象征。这金印上的蛇纽，生动地阐明了蛇纹造型在滇族艺术品中的特殊含意。

在滇王统治下的奴隶制社会，铸造铜器的匠人都是没有自由的奴隶，他们的艺术创作只能遵照奴隶主划定的规范进行，铸造用于祭祀、宴会等使用的各种器物，以及主人们使用的兵器或佩戴的装饰品，特别是宣扬奴隶主功绩和权威的重器，如巨大的贮贝器，在器盖上用立体圆雕的人物、建筑等，再现奴隶主监督奴隶劳动的场面，征服异族战争的场面，宏伟的祭祀场面，宴饮享乐的豪华场面，等等。有的场面铸出的人像达 127 人之多。其中，造型简单却赤裸裸地揭示出奴隶制野蛮、残酷本质的作品，莫过于"吊人铜矛"（图一二）。两个

✦ 图一二 云南晋宁石寨山滇人墓出土的青铜吊人饰矛

奴隶，或许是刚被捉获的俘虏，衣服已被剥去，全身赤裸，双臂反剪绑在背后，又用锁链吊在铜矛的双翼上。奴隶的头无力地低垂着，任凭乱发在额前拂摆。铸铜的工匠制造这样的作品时，只能默默地倾注着自己对压迫者的仇恨，决不会激发出心灵中创作的火花，更不会表露出他们渴望摆脱奴役、向往自由的激情。这些蕴藏于心底的感情，只有在制造那些装饰性较强的动物造型艺术品时，才能流淌涓涓细流，从而浇灌出动人心弦的古代艺术精品来。

现在再回过头来看那件双狼搏鹿铜牌饰，就更可以看出作者的爱憎。他把同情倾注在那头小鹿身上，谁看了它那哀怨挣扎的凄惨情景会不动心呢？对那嗜血的饿狼，作者是憎恶的，通过刻画扭曲的形体和撕咬的动作，剖析出它们凶狠贪婪的本性。至于那些温驯健美的瘤牛，就像是当时在屈辱中创造社会财富的奴隶的化身。这里再次提到李家山出土的那件牛形铜俎，它确实是一件极富象征性的艺术品，即使在老虎撕噬它的躯体的折磨下，那头大牛也并没有低下它那高昂双角的头，依然忍痛坚持着，用宽厚的脊背作为俎面，承受劳动的重担，看起来简直是力量的化身，这或许也是对当时劳动者的一曲颂歌。

大自然是慷慨的，它向人们（不论其身份高贵还是卑贱）展示着美景，也展示着各种毛羽漂亮、身姿美丽的禽兽，它们常常会点燃滇族工匠心中创作的火花。于是，亭亭玉立的孔雀、游浮戏水的鸳鸯、展翅欲飞的雄鹰、张口捕鱼的鹈鹕……都生动地呈现在人们面前。据粗略统计，在滇族青铜器上出现的各种动物造型将近 30 种，有孔雀、鸳鸯、鹦鹉、鸬鹚、雉鸡、猫头鹰、鹰、鸡、瘤牛、山羊、马、鹿、兔、犬、猫、猴、熊、虎、豹、狼、狐狸、野猪、水獭、穿山甲、蛇、鱼和蛙等，还有龙、凤和一些怪兽的形象。其中，有些器物是把动物的形体和器物有机地融合为一体，最富情趣。例如，蛙纹铜矛（图一三）铸出一只巨目硕腹的蛙，浮游在水中，处在收缩四肢准备蹬水前进的态势，却在蜷曲的后肢间托出圆舌状的矛锋，实在是别具匠心的创作。

图一三　云南晋宁石寨山滇人墓出土的青铜蛙纹矛

　　这些生动传神的动物造型艺术品，虽然常常可以把人们带入美好的遐想，但是它们是时代的产物，总还脱离不出统治者思想意识的藩篱。那些象征着滇族奴隶主权威的长蛇，到处蜿蜒爬行，扭动着丑恶的躯体，提醒人们尊重当时社会的权威，折服于滇族奴隶主统治之下。振翅欲飞的水鸟下面，是昂首蜿蜒的长蛇；戏水的鸳鸯身上，缠绕的又是昂首的长蛇；站立着的鹿群下面，又昂伸出长蛇那三角形的头。这些蜿蜒昂首的丑恶长蛇，汇合成一个蜷曲的黄金的身影，就是那条傲然盘踞在滇王金印上的金蛇。正是这些统治者意志的象征，给滇族动物造型艺术投上了不可磨灭的阴影。

考古发现与中国古代家具史的研究*

19 世纪中叶，中国历史进程出现了急剧的转折。西方列强的隆隆炮声震撼了中华大地，古老中国的社会性质发生了变化，揭开了中国近代史的新篇章。社会性质的变化，导致社会生产和社会生活领域的各个方面都随之出现巨大变化。旧的礼俗观念和生活习俗的改变，促使日用家具从材质、工艺、形制到陈设格局，都随之不断地改变面貌，于是曾经流行于明代和清初的那些工料精良的明式家具，日渐为人们所遗忘。但到了 20 世纪 30 年代至 40 年代，这些久为人们所遗忘的木制家具，又以其古朴典雅的艺术魅力，重新吸引了中外学者的注意，开始被收集、收藏，并被编成图录出版，同时，学者们开始了初步的研究工作。探寻明式家具的渊源，自然需要追溯中国古代家具的历史。由于木质家具难以长久保存，因此明以前并无家具实物传世，只有求助于考古发掘的有关资料及传世

---

* 本文原载《庆祝苏秉琦考古五十五年论文集》，文物出版社，1989 年。

古代绘画中的图像，但是那时田野考古工作尚处于初创阶段，有关古代家具的资料甚少，仅有如河北巨鹿宋代遗址出土的木桌椅等遗物可供参考，因此困难颇多，成绩不大。

中华人民共和国成立以后，随着文物考古事业的发展，有关资料日益丰富，对古代家具的研究出现了前所未有的势头。一方面，对传世的明式家具的搜集和整理工作得到了应有的重视，文物专家在此基础上进行了深入研究，《明式家具珍赏》一书的出版①，展示出在这方面研究的成就。同时，一些从事家具制作的工艺美术工作者，也从实用的角度对明代家具进行研究②，以求在承继传统的基础上设计新的家具。另一方面，对明以前的古代家具的研究有了明显进展。随着有关家具的考古资料日渐丰富，有可能依据出土实物，特别是大量的图像和模型，对古代家具的历史进行较为深入的探讨。早在20世纪50年代初，已开始用考古学方法分析研究古代家具，并与社会发展、社会生活和习俗进行广泛联系。在河南禹州白沙发掘的北宋墓中，墓中壁画绘出了多种家具的图像，墓壁上也有砖砌的家具形象，《白沙宋墓》报告结合古代文献，对此进行了考证和研究。70年代以来，不断有关于古代家具的考古学论文发表，如《略论两汉魏晋的帷帐》《汉镇艺术》，以及《文物》月刊上发表的札记性的《家具谈往》等，都是主要依据考古发掘资料，结合历史文献，对某一种家具或有

① 王世襄：《明式家具珍赏》，三联书店（香港）有限公司、文物出版社1985年版。
② 如《明式家具研究》附录一杨耀《明式家具设计图版》，第51—99页。又如陈增弼《明式家具的功能与造型》，《文物》1981年第3期。

关的遗物进行研究。同时，研究中国建筑史的专家，也从建筑史的角度对各个历史时期的家具进行研究，如刘敦桢主编的《中国古代建筑史》。遗憾的是，目前尚缺乏一部全面的中国家具史。但是，前面所述及的研究和探索，都为全面进行中国家具史研究开拓了道路。随着新的考古资料的不断发现，如能对有关考古资料进行全面的整理分析，进而深入开展研究工作，一部完善的中国古代家具史的问世就指日可待了。

原始家具的萌芽

家具的出现，是与人们日常生活的需要紧密联系在一起的。人们为了维持生命、恢复精力、驱除疲劳，必不可少的是进食和休息，原始家具的萌发，正是为了更好地满足上述两方面的需要。同时，家具的出现与人类掌握建筑技术这一前提条件密不可分。因为正是在懂得建造足以遮蔽风雨和防寒保暖的原始房屋之后，人们才得以进一步考虑改善室内起居条件，增加陈设，使自己生活得更加舒适。自 20 世纪 50 年代初在西安半坡大面积发掘仰韶文化半坡类型的原始聚落遗址以来，又不断在全国各地发掘了不同时期、不同文化的许多原始聚落遗存，对新石器时代的房屋建造技术有了较清楚的了解。建筑学家根据田野考古发掘的收获，按自己的设想不断复原着那些远古房屋的面貌。总体看来，受制于低下的生产力和原始的技术条件，史前建筑颇为简陋，内部空间一般较狭小，只适于人们在其中席地起居，原始家具正是在这样的条件下萌发的。

首先，人们为了更好地休息，除了将室内地面构筑得干燥、坚硬、平滑以外，为了坐卧舒适，还开始铺垫兽皮或植物枝叶的编织物，它们应是以后的"席"的前身，可以算家具最原始的形态。西汉时人追溯远古的生活用具时，曾说"古者无杠横之寝，床枎之案"，又说"古者皮毛草蓐，无茵席之加，旃蒻之美"（桓宽:《盐铁论·散不足》），正是这种情况的写照。

其次，史前人们席地起居，进食的一切器皿都直接陈设在地面上，因此，原始的饮食器皿主要是各种陶器，其高度、形体特征乃至装饰纹样的部位，都遵循摆设地上的原则进行设计和制作。到原始社会末期，这一情况开始有所改变，人们开始制作和使用放置酒器的特殊器具，这也许与粮食产量的增加和酿酒技术的发展有关。

在山西襄汾陶寺龙山文化墓地，发现了放置有木瓠、陶瓠、陶斝、木斗等饮器的木案。这些木案的平面作长方形或圆角长方形，案面下一长边、两短边由等高的木板构成"冂"形支架，有的在另一边的中点再加设一圆柱状支脚，一般案面长 90—120 厘米、宽 25—40 厘米、通高 10—18 厘米（图一）。在案面和支架外壁涂红彩，有的案面在红彩底上，

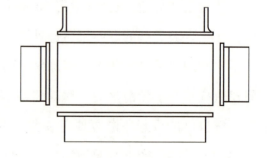

图一　山西襄汾陶寺龙山文化墓葬出土的木案

用白彩绘出宽 3—5 厘米的边框式图案。此外，还发现有下设四足的木俎，有的俎上还放有石刀和猪蹄骨。俎面为长方形厚木板，近两端各设两个榫眼，下安板状俎足，一般长 50—75 厘米、宽 30—40 厘米、高 15—25 厘米。还有一种独座圆盘形木器，台面直径达 85 厘米，周边起棱，通高 27 厘米，可能是另一种"木几"。据 ^{14}C 年代测定，它们是 4200—4500 年前的遗物。上述发现表明，早在史前时期已开始使用制作食物或进食用的木制家具，但因使用石质工具加工木器的局限性，制作尚颇拙劣，为配合席地起居，其高度仅 10—25 厘米，均表现了初创时的原始特征。尽管如此，已充分证明中国古代使用家具的历史，应上溯到史前时期。

中国古代家具的发展阶段

中国古代家具的发展演变，与各族人民的生活习俗紧密关联，与礼制的关系也极为密切，又与同一时期建筑技术的发展相适应。中国古代的起居方式，概括来讲可以分为席地坐和垂足坐两种。家具的形制、功能以及主要陈设方式，正是与这两种起居方式相适应而发展的，它们从一个侧面反映了当时人们的物质生活和文化生活的面貌。发生变化的原因，除了社会因素，更重要的是由当时社会生产技术水平所决定的。综观中国古代家具发展演变的历史，大致可以分为发生、发展和成熟三大阶段①。

第一阶段是中国古代家具的发生期，约自史前时期至魏晋。在这一阶段，席地起居的习俗形成定制，并与礼制联系在一起。从建筑技术上看，史前是地穴式、半地穴式的低矮建筑，经殷商时期的发展，抬梁式的木构架已基本完备，使用了高台基，屋顶已铺瓦，室内空间逐步加大。到了汉代，斗拱的使用日渐普遍，已由高台建筑发展到可构筑高层的楼阁。虽然在采光、避风等方面存在问题，但室内已有较为充裕的可供人们起居活动的空间，因此人们对室内家具的陈设和需求日增，家具成为生活中的必备品。在这一阶段，家具发展又可细分为三期，即萌发于史前时期，产生于殷周时期，到汉代形成组合完整的供席地起居的家具。

第二阶段是中国古代家具的发展期，约自东晋十六国到北宋。在这一阶段，由于建筑使用的斗拱日趋成熟并形成定制，举高增加，面阔加大，室内活动空间相当充裕，为家具的陈设提供了充分条件，同时产生了新的需求。促使家具发生变革的主要原因是，传统的席地起居习俗逐渐被废弃，垂足高坐日益流行，从而出现了与之相适应的家具，呈现家具形体由低向高发展的趋势。十六国至北朝是上述趋势开始出现的关键时期。经过隋唐五代，这一发展趋势的势头越来越猛。到了北宋时，已经形成新式

---

① 关于中国古代家具的分期，笔者在 1987 年的敦煌石窟研究国际讨论会上宣读的论文《敦煌莫高窟与中国古代家具史研究之一——公元五至六世纪中国家具的演变》中已作论述，后该文收入《1987 年敦煌石窟研究国际讨论会文集》，辽宁美术出版社 1990 年版。

高足家具的完整组合，并且日益排挤传统的供席地起居的旧的家具组合，迫使它们退出历史舞台，形成改变人们社会生活面貌的新潮流。同时，人们对房屋使用的分工更加明确，家具品种日益增多，不同家具具体功能的区别日趋明显，使家具的陈设方式由不固定的按需摆放或撤除，改为相对固定的陈设格局。

第三阶段是中国古代家具的成熟期。此时期，高足家具占据了整个舞台，形成在艺术造型、工艺技巧和实用功能诸方面都日臻完美的明式家具，这一高潮一直延续到清代前期。到了清乾隆年间，高潮之后的颓势开始出现。那时的木家具工料虽精，但雕饰烦琐，风格大变。乾隆遗风一直延续到晚清，明式家具古朴典雅的艺术风格已荡然无存。及至清末，中国沦为半殖民地半封建社会，"家具和其他工艺一样，每下愈况，衰退不振"[1]。国力衰微，中国古代家具结束了它的历史行程。

工艺技术的发展与家具的演变

家具的萌发和演变，与制造家具的工艺技术紧密相关。当时社会生产力发展的水平，特别是工艺技术的发展和进步，决定了家具发展演变的进程。

通过对全国各地新石器时代文化遗存的田野考古发掘，不断获得有关当时工艺发展水平的资料。最令人感兴趣的是浙江余姚河姆渡遗址的发现，在此出土的大量木建筑构件的榫卯结构，以

---

① 王世襄：《明式家具珍赏》，三联书店（香港）有限公司、文物出版社 1985 年版。

及销钉的使用和企口板的发明，表明当时使用石器加工木构件的工艺技术达到了相当高的水平。根据对出土石楔和石扁铲的研究，我们对使用石楔纵裂加工木材、用石扁铲这一原始刨光工具加工木材的工艺，有了清晰的认识。同时，在河姆渡遗址还发现了带有红色涂料的木碗，经检验，使用的涂料是漆①。

　　木材加工工艺的进步，为家具的产生准备了制作技术方面的条件；漆的出现，又为家具制作提供了装饰和保护的有效手段。因此，在时代晚于河姆渡遗址而且地域不同的陶寺遗址中发现原始的木家具，就不令人惊讶了。同时，在陶寺发现的一些木器上，"彩皮剥落时呈卷状，与漆皮相似"②，也极有可能是漆器。不过，木家具在出现初期，远不是人人都能享用的。在陶寺遗址的墓葬中，只在少数大、中型墓中偶尔发现木家具，它仍属表明使用者身份的奢侈品；同时表明，当时案、俎等原始木家具的制作仍属颇为高难的工艺，这与当时生产力水平低下是相适应的。

　　进入青铜时代，青铜工具被用于木料的加工，除斧、锛以外，已经发现了殷周时期的青铜锯，从而可以进行较为精细的木工。随着构筑房屋和修造棺椁的工艺水平的提高，木工技术也日

---

① 据鉴定，碗上的朱红色涂料"经裂解后，涂氯化钠盐片，用红外光谱分析，其光谱图和马王堆汉墓出土漆皮的裂介光谱图相似"。参见《文物》1980年第5期，第5页。

② 参见高炜《陶寺龙山文化木器的初步研究——兼论北方漆器起源问题》第31页，《中国考古学研究——夏鼐先生考古五十年纪念文集》（二），科学出版社1986年版。另见中国社会科学院考古研究所《1978—1980年山西襄汾陶寺墓地发掘简报》，《考古》1983年第1期，第38页。

趋成熟，尤其是各种榫卯结构的熟练应用，更为木家具的制作提供了充分的技术条件。同时，漆器的制造工艺在殷周时期有了极大进展，并且已实际用于家具的制作，不但增加了美感，还能有效保护木质家具的表面，可防腐，从而延长使用期限。因此，中国古代家具正式产生于殷周时期。到东周时，家具的制作已颇为精美。在考古发掘中获得的一组时代较早、保存完好的家具，出土于河南信阳长台关1号楚墓中，有髹漆的大床，以及施彩绘或雕饰的漆案、几、俎等；又在湖北荆门包山2号墓中，发现了可以折叠的木床。这些战国时期楚地的木家具，代表了当时古代家具的工艺水平。

到了汉代，已进入中国古代家具第一阶段的后期。当时铁器的制造和使用已经很普遍，钢铁制作的斧、锛、锤、凿、刀、锯、锥等工具的使用[1]，不仅提高了木工的效率，而且增进了木工的精细程度，这正是汉代出现组合完整的供席地起居的家具的技术基础，使中国古代家具由第一阶段发生期，进入第二阶段发展期。

进入第二阶段，在垂足坐的高足家具产生和发展的过程中，可以十分明显地看到建筑木结构对家具发展的影响。目前所知纪年明确的木椅图像，见于西安唐天宝十五年（756年）高元珪墓壁画。壁画中椅子形象朴拙，椅足粗大，像是立柱；在其靠背的立柱与横木之间，用一个大栌斗相承托，明显是汲取了建筑中大

---

① 王仲舒：《汉代考古学概说》之六《中国的铁器》，中华书局1984年版。

✦ 图二 西安唐高元珪墓壁画墓主座椅

木构架的式样（图二）①。在敦煌莫高窟唐代壁画中，也有类似的椅子图像，以第196窟"劳度叉斗圣变"所绘较清晰，在靠背和扶手等的立柱与横木相交接处，也都设置栌斗。直到北宋时，从木制桌椅的造型和结构，仍可较明显地看出建筑中大木构架的影响。巨鹿宋城遗址发现的木椅，全高 1.13 米、椅宽 0.59 米，四足均使用圆材，并且向外略侧，似建筑中有侧脚的立柱，足与足之间用类似阑额的撑木相联络；椅面下两侧加托以木牙子，颇似替木，以加强承托力，给人以稳定牢固的感觉（图三）。除了大木构架，建筑中的"壶门"做法也为家具的设计者所借用。在敦煌莫高窟北朝至隋的壁画中，已出现壶门状足的高床。到唐代，除壶门状足的床外，还出现了壶门状足的长案。

✦ 图三　河北巨鹿出土的北宋木椅

　　到了第二阶段末的北宋时期，木制高足家具在民间普遍使用，除了社会因素，也与木器加工的工具发展分不开。主要是框架锯已为木工所使用，并出现了与它配套使用的平木铲。在著名

---

① 椅上用栌斗的结构，又见于日本所传藤原时代的绘画中，请参看《白沙宋墓》第34页注［55］，文物出版社 1957 年版。

的《清明上河图》中，绘有一处造车的作坊，坊内木工所用的器械中，已可看到框架锯，并清晰地绘出用平木铲加工木料的图像。新式的解木和平木工具的使用，大大提高了工作效率，并使制成品质量有所提高，对木家具的制作起了重要的推动作用。

进入中国古代家具发展的第三阶段，很快就迎来了古代家具的黄金时代。在这一阶段，也不能忽视新的工具所起的作用。至少在明中叶以前，木工工具家族中增添了极为重要的一支，那就是刨类。如果说框架锯的出现，使人们摆脱了史前以来用锲破木的繁重劳动，那么刨的发明又使木工摆脱了另一项困难而繁重的劳动，那就是早期使用石扁铲、后来改用金属锄乃至平木铲进行的平木劳动，从而极大地提高了工效和产品质量。刨被发明以后，很快就衍生出许多有专门用途的刨，或用于加工特殊的产品，或用于提高细木工加工的精度。刨的发明和使用，最终使古代木工的工具组合达到完善的程度，这对木家具的制作具有重要意义。"值得注意的是，平木工具在明代的巨大变革，与明式硬木家具生产的高潮几乎是同步出现的。二者之间互为因果、互相促进的关系，值得详加研讨。"①

社会习俗与家具的演变

自史前时期开始，经殷周直至秦汉，古代中国人民一直保持在室内席地起居的习俗，并以此为基础形成各种礼仪制度。因

① 孙机：《我国古代的平木工具》，《文物》1987 年第 10 期。

此，日用家具的设计、制作和陈设，都是为了满足席地起居和与之相关的礼制的需要。概括来说，室内先铺筵覆盖全室地面，然后随时铺设供坐卧、饮食、办公的家具。中国古代家具发展的第一阶段，正是反映了这一情况。到了汉代，形成了组合完整的供席地起居的家具，主要包括供坐卧的席和床、榻，供置物的几、案，供屏障的屏扆，供储藏的箱、厨、箧、笥，还有一些特殊用途的家具，如放置兵器的兰锜。此外，还有与家具配合使用的器物，如与床组合使用的帐、帐构和低矮的屏风，与席配合使用的用来镇四角的镇等。为了便于席地起居，这些家具都具有共同的特征，或无足或具有矮足。从大量的画像石、画像砖和壁画中的有关画像可以看出，当时的床的足极低矮，一般不及人的小腿长度的二分之一。河南郸城发现过一件汉代石坐榻，高仅 19 厘米。

当时在西亚及地中海沿岸古代文明中流行的高足坐具，并没有因为丝路畅通而对中原产生什么影响。直到东汉末年，才有一种从西方传入的家具的身影出现在汉代宫廷用具之中，那是一种足部交叉且可折叠的小凳——胡床，但仅作为帝王和贵族间居奇的"洋货"而已，不但对民间无甚影响，而且备受当时正统舆论的指责。晋司马彪修《续汉书》时，尚称之为"服妖"（《续汉书·五行志》："灵帝好胡服、胡帐、胡床、胡坐、胡空侯、胡笛、胡舞，京都贵戚皆竞为之，此服妖也"）。

西晋灭亡以后，一些历史上的少数民族，如匈奴、羯、鲜卑、氐、羌等陆续进入中原地区，并先后建立政权，形成长期动乱和分裂的局面，民族矛盾和阶级矛盾呈现出错综复杂的形势，但同时促进了空前的民族大融合。在这发生社会大动乱，特别是居统治地位的民族有所变更的时刻，传统的生活习俗和礼制受到极大冲击，于是被视为"虏俗"①的垂足坐、蹲踞等坐姿开始流行，并出现于北方的宫廷之中，家具形制方面也随之发生了变革，适于垂足跂坐的高足家具涌现出来。一方面，传统的床榻等坐具呈不断增高的趋势；另一方面，一些新型高足家具的雏形开始出现。这一变化，在敦煌莫高窟十六国至隋代洞窟的壁画和雕塑作品中，保留有极为珍贵的资料。在这些壁画中，不但可以看

到床榻等家具的足部有日渐增高的趋势，而且可以看到新的供垂足跂坐的高足坐具的图像，主要有束腰圆凳、方凳和胡床。在第285窟的西魏壁画中，还出现了椅子的最早形态②。在该窟顶部北坡下部禅修的草庐中，有一位禅修者跂坐在一张椅子上，椅子的形体画得很清晰，四足，后有高靠背，两侧有扶手（图四）。这表明，椅子这

✦ 图四 敦煌莫高窟西魏第285窟壁画上的椅子形态

---

① 《南齐书》的作者南朝梁萧子显认为，垂足坐为"虏俗"，见《南齐书·魏虏传》。

② 《中国石窟·敦煌莫高窟》（一），图版146，文物出版社、［日］平凡社1987年版。

种后来普遍流行的高足坐具出现在中国的时间，可能比人们原来认为的要早得多。

北宋时期高足坐具在民间的流行，与当时社会经济的发展以及城市市民、农村地主追求生活享乐有关①。目前，有关家具的壁画和雕砖，主要发现于北宋仁宗至和以后的仿木建筑砖雕壁画墓中。这种结构复杂的仿木建筑砖雕壁画墓，在河南、河北、山东乃至湖北、陕西、甘肃等地都有发现，但主要流行于中原地区②。所葬死者生前多没有担任过官职，只是一般的地主。壁画或砖雕常常表现死者夫妇对坐"开芳宴"或者欣赏杂剧演出，以及居室内的情况。以河南禹州白沙发掘的元符二年（1099 年）赵大翁墓为例，在表现宴饮的画面中，使用了桌、椅、脚床子和上绘水纹的屏风（图五）；在表现居室内对镜着冠的画面中，使用了杌、椅、

✦ 图五　河南禹州白沙宋墓壁画——夫妻对坐

----

① 北宋城市的经济繁荣和一般市民追求的享乐生活情景，参看孟元老《东京梦华录》，中华书局 1982 年版。

② 徐苹芳：《宋代墓葬和窖藏的发掘》，《新中国的考古发现和研究》，文物出版社 1984 年版，第 598 页。

衣架、盆架、镜台等家具（图六）①。至于传世的《清明上河图》等绘画中，也可见到店铺、酒楼等所使用的各种桌椅家具②。但是在社会上层士大夫家庭中，似仍囿于传统，认为妇女坐椅子为无法度。如陆游在《老学庵笔记》卷四中记载："徐敦立言：往时士大夫家，妇女坐椅子兀子，则人皆讥笑其无法度。"但这些法度无法禁锢一般民众，所以在一般地主的坟墓里，桌椅等高足家具的图像，大量出现于壁画和砖雕之中。

✦ 图六 河南禹州白沙宋墓壁画——妇女对镜戴冠

① 宿白：《白沙宋墓》，文物出版社1957年版。

② 关于《清明上河图》，参看《中国文物》第3期，文物出版社1980年版。

　　至于明式家具能够高度发展的主要原因之一，也正是基于当时社会习俗风尚的转变。"由于城市乡镇的繁荣，商品经济的发展，不仅大大增加了家具的需求，而且改变了社会习尚，兴起了普遍讲求家具陈设的风气。"①

---

① 王世襄：《明式家具珍赏》，三联书店（香港）有限公司、文物出版社 1985 年版。

异彩纷呈的传统工艺美术 *

一

当文明的曙光初照中华大地时，工艺美术之花已随之萌发，最先展现光彩的是陶艺和玉雕。

史前时期的陶艺，通常被视为人类历史步入新石器时代的标志。在中国境内，目前发现的时代最古老的陶器，距今约为一万年，是在湖南道县玉蟾岩遗址出土的遗物，是一件黑褐色夹砂陶的敞口尖圜底釜形器。把经水湿润后的黏土塑造成型，晾干以后再用火焙烧，使它烧结成为坚固耐用且不漏水的陶器，是用人的力量把天然物改造成为另一种物质的开端，代表了当时工艺技术的最高成就。在懂得烧制陶器以前，人类制造工具只限于改变自然物的形状，如把自然界存在的石头敲砸成石片，再敲压、琢磨

＊ 本文为《中国历代艺术》丛书第 4 卷《工艺美术篇》序言，原载《中国历代艺术・工艺美术篇》卷首，文物出版社，1998 年。

形成具有特定用途的工具，但并没有改变其材质。陶器的制造就不同了，它是通过化学变化把一种物质改造成另一种物质的创造性活动。

制陶术的发明凝聚了史前人类许多代人的劳动，是花费了成百上千年的时间才创造成功的劳动结晶。遗憾的是，至今学者还不能确切弄清楚陶器是在什么时候发明和怎么发明的。通常的一种推测是古人因为偶然把涂有黏土的篮子放在火旁，后来篮子被火烤得发硬，成为不易漏水的容器，从而得到启发，以后就有意去效仿并不断改良，终于发明了制陶术。也许是因为以上原因，最原始的陶器都在形貌上模仿过去常用的器皿，如编织的篮子以及葫芦、皮袋等，后来陶器制作技艺日趋成熟，才塑造出具有自身特点的各类器皿。

由原始的无窑焙烧到构筑可以控制温度和火候的陶窑，由以手捏塑器坯发展到慢轮泥条盘塑法，制出的陶器的质量显著提高，器形日趋规整，器类日渐增多，于是人们有可能将一部分精力转向提高陶器外观的装饰效果。仅在器坯上拍印或刻画简单的装饰花纹，已不能满足人们的审美需求，于是"彩陶"工艺便在人们探寻新的装饰手段的过程中应运而生。这种新工艺，是先在器坯上绘彩，然后入窑焙烧，制成陶器上的彩色纹饰，不易褪色，用水刷洗也不会掉色，美观实用。

仰韶文化半坡类型时期的"艺术家"，已经在距今约6800—6000年的时候熟练掌握了这种工艺技巧，在红褐色的陶器上装饰了明快醒目的黑彩纹样。当时人们喜爱的彩绘题材，以游鱼为主，多选体态灵动的游鱼的侧影，构成各式单体或复体的鱼纹，和谐、单纯的直线形式抒发出恬静、质朴的美感。而常常与游鱼一起绘出的人面图案，圆面细目，头顶有三角形的高冠饰，口衔双鱼，或者头额两侧簪插双鱼，作风粗犷、古朴，且具有浓郁的神秘色彩，应与原始巫术有关。此外，蛙、鸟和小鹿，有时也是半坡彩陶摹写的对象。

稍迟些的仰韶文化庙底沟类型的"艺术家"，则以构图美丽、曲线起伏的花卉图案构成彩陶的装饰花纹带，也常摹写翱翔天空的飞鸟。或许鱼、鸟等动物图像在当时还有更深的含意。河南汝州阎村出土的一件陶缸壁面上，彩绘有白鹳口中衔着大鱼、旁竖石斧的图像，画面高 37 厘米，宽 44 厘米，是目前在中国发现的史前陶器上画幅最大的作品。当仰韶文化彩陶艺术在黄河中游地区走向衰落之后，在这条著名大河的上游，马家窑文化的彩陶艺术之花却日益芳香。具有特色的是满绘彩纹的体态丰硕的大型陶壶和陶罐，其上面回旋舒卷的圆涡图案华丽多变。还出现了模拟人形的彩陶壶，或是将壶口塑成人头，或是在壶体上贴塑裸体人形，将人体与壶体巧妙结合，形象突出且有神秘色彩。

随着时间的推移，人们审美的情趣也发生了新的变化，图案繁缛的彩陶又被单色而制工精致的陶器所取代。特别是山东地区龙山文化中流行的薄壁黑陶，器类以高柄杯为多，陶质细腻，表面漆黑发亮，壁厚只有 0.5—1 毫米，最薄的器壁只有 0.3 毫米，类似禽蛋的薄壳，故习称"蛋壳陶"。如此制工精致的陶艺作品是前所未见的，而且在以后也不复出现。

原始的玉雕艺术，大约出现于距今 7000—5000 年前，几乎与史前彩陶艺术同时。它萌发于石器制作中，人们在选择、打制、琢磨石器时，逐渐发现了一些比普通石料美丽的彩石，这些彩石质地细腻温润，色泽柔和晶莹，给人以美和愉悦的感受，这就是玉石。

最初，人们将一切温润而有光泽的美丽彩石一概称为"玉"，并用以琢雕器物。在中国最早的汉字字典许慎的《说文解字》中，"玉"字的释意即为"石之美"者。严格说来，当时人称的美石，并不完全是今天矿物意义上的玉。因为矿物学上的玉只包括硬玉和软玉两类，其中硬玉属单斜辉石碱性辉石的一种，俗称翡翠，颜色从翠绿、苹果绿到白、红都有，红者称翡，绿者为翠，具有珍珠或玻璃的光辉。软玉是一种交织成毡状的阳起石或透闪石，颜色由乳白、苹果绿到墨绿，琢磨后可呈现灿烂的蜡样光泽，质坚韧，不易压碎，是上好的雕刻和观赏材料。发展到商周时期，中国史前社会的内涵广泛的美石玉（或称彩石玉），逐渐被质地上乘的软玉取代，以后软玉成为中国古代玉器的主体用材而沿用不衰。

由于玉料来源的限制和玉器加工需要相当长的时间和耐力，所以人们一开始就对玉十分珍爱，主要用于精雕细琢成各种佩饰和特殊的装饰品，供把玩观赏，使其有高于石、木、骨、陶等器实用功能之上的审美价值。

目前所知时代较早的玉器，多是小件的管、珠、耳坠等首饰，发现于河姆渡遗址第四层和仰韶文化半坡遗址之中，都是距今 7000 年左右的制品。早期玉器还发现于红山文化遗址中，其中时代稍迟的玉龙，则是形体颇大的作品，出土于内蒙古翁牛特旗三星他拉，颜色墨绿，长鬣方吻，身躯勾曲，造型呈 C 形，整件体高 26 厘米，颈背处有供穿系的圆孔。它体大且重，显然不能供人随身佩饰，很可能是在特定场合（如祭祀时）被当众悬挂，供人们祈求拜谒之用。这应与原始氏族的信仰有关，或可视为史前玉雕已脱离饰玉的局限而迈入礼玉的门槛。

到了更晚的良渚文化（距今约 3000 年前）时期，生活在长江下游的原始先民，进一步掌握了制玉工艺，制作了诸如雕琢有精致的神人兽面图像的玉琮、玉璧、玉钺等，明显具有礼玉的特征，玉钺更象征着持有者的权威。大约从这时起，中国古玉器便依其功能和造型分为两种不同的发展序列：一种是礼玉，如圭、璧、琮等，表现为规矩、对称、稳定的造型；另一种是饰玉，主要为动物如鸟兽等造型，或是具有装饰趣味的图案雕饰，一般形体生动，技法多变，更具观赏价值。

由于制玉需要高度的工艺技巧，目前学者对史前玉器确切的制作工艺尚处在研究探索阶段。但十分明显，千百年来，人们积累的史前石器制作中的切、琢、磨、碾、钻、雕、镂及抛光等技术，都被运用于玉器加工中，很可能还把硬度大于软玉的石料制成了石钻和雕刻器，再以硬度很高的石英砂（又称解玉砂）兑水后助磨玉器。古人所谓"他山之石，可以攻玉"（《诗经·小雅·鹤鸣》)，正表明古代以石攻玉的原始工艺。

由于年代的早晚差异和地域的广阔，不同史前文化玉器的艺术风格各异。辽东半岛和内蒙古地区的红山文化玉雕，风格质朴而粗犷，多不作细部刻画，典型作品有勾体玉龙、兽形玦、伏凤、勾云形器、马蹄形箍等。山东等地的龙山文化玉雕，突出地采用镂雕的手法，纹样繁缛华美，装饰趣味浓郁，典型作品如玉冠饰和龙形、凤形佩饰等。江南地区的良渚文化玉雕，造型一般规范对称，而器表雕饰细密工精的装饰纹样，采用减地浮雕与阴刻循环细线相结合的技法，最引人注目的是"神人兽面"图案，以及夸张或变形的兽面纹样，造成神秘而震撼人心的狞厉美感；典型作品以与原始巫术或神祇崇拜有关的礼玉为主，如琮、璧、钺等器，最大的玉琮体高达 8.8 厘米，射径 17.6 厘米，重达 6.5千克，被人们习称"琮王"。

二

随着人类文明史的演进，新兴的冶铜工艺将人们引入"青铜时代"。史家一般认为，中国青铜时代的前端是古史传说中的夏代。

传说禹建立了中国历史上第一个王朝——夏以后，以天下九州送来的铜料，再搜求远方百物的图像，铸成巨大的九鼎，以使民众能"知神奸"，得以趋吉避凶，不受魑魅魍魉的侵扰。虽然禹鼎未能留传到后世，但从被认为是夏文化的河南偃师二里头遗址中获得的青铜遗物可以证明，在夏代中国确已迈入青铜时代的门槛。

追溯中国古代青铜器的源头，目前所知最早的实物，有甘肃东乡林家出土的小铜刀和永登蒋家坪出土的残断的小铜刀，都是以单范铸造，时间约在公元前3300—前3000年之间。至于黄铜残片的发现，时间更早到公元前4700年，出土于陕西临潼姜寨的仰韶文化遗址之中。到了龙山时代，中国已进入铜石并用时期，已经能够制作青铜容器。容器的铸造与单范浇铸的小刀已有很大不同，是青铜冶铸技术趋于成熟的标志。

由于铜（红铜）的硬度低而熔点高，不适于使用，古人只有掌握了铜（红铜）与锡或铅的合金即"青铜"工艺后，才能制作适用的器皿、工具和兵器，从而改变社会的面貌。青铜与红铜相比，熔点降低，而硬度增强，如含锡10%的青铜，硬度为红铜的4.7倍。同时，熔化后的青铜在冷凝时体积略有增加，所以在范铸时填充性好，气孔少，具有较高的铸造性能。不过青铜器的铸造工艺被古人掌握，也非易事，不知多少代人为此备尝艰辛，才逐渐摸索出从采矿、冶炼、浇铸到修整的整套工艺。

浇铸时，首先要将器物依形貌制成器物的铸型——范。最早只懂得用简单的单范，后来懂得用上下两块范合范浇铸，才能制出扁体的双面造型的物品。但是要制作有容积的立体造型，就必须使用多块范，还要装有内模，这需要人们掌握更精湛的技艺。如果在素平的器物表面施加装饰纹样，就更复杂些，需要先将纹饰刻在母模上，用母模翻成泥范，然后再合范铸器。

从中国的考古发现来看，青铜器由单范到合范，再发展为多块合范的技艺，到龙山时代才初见端倪。不过那时还仅是容器制作的初始，至于数量较多的不同器类造型的出现，则迟到二里头文化时期，其年代正与古史传说中的夏代相当，那时中国的青铜器铸造技艺已趋成熟。只是目前二里头遗址中所获得的青铜器，虽然已有爵、斝等容器，还有兵器、乐器及小件工具，但一般外貌朴拙，有装饰花纹带的器物也较简单，尚难与传说中那些具百物图像、纹饰复杂、形体硕大的夏鼎相类比。最值得注意的艺术品是兽面牌饰，其中一件牌面上用超过 200 块小绿松石嵌镶出兽面图案，精美华丽，是具有诱人魅力的古代艺术品。此后迎来了商周时期中国青铜艺术的高峰。

商代的青铜器，制作精美，装饰多样，已可视为中国青铜艺术的成熟作品。1976 年在河南安阳殷墟发掘妇好的墓葬时，所获得的一组青铜器，即殷商青铜艺术繁荣盛况的缩影。那座墓中出土的青铜器多达 460 余件，估计总重量超过 1625 千克。其中，青铜礼器所占比重最大，计 210 件，约占总数的 45%。这些青铜礼器中至少有 190 件铸有铭文，包括两件体重超过 100 千克的大方鼎和一套罕见的三联甗，还有重 71 千克的偶方彝。像三联甗和偶方彝这样造型特殊奇伟的礼器，过去尚未发现。这些器型硕大而沉重的青铜礼器，以其精良的铸工、繁缛的纹饰、宏伟的造型，向今人展现出殷商青铜艺术的时代风貌。

殷商青铜器中，最具代表性的是属于礼器范畴的作品，此外是兵器和车马器。青铜礼器又可分为食器、酒器和水器，食器类有鼎、鬲、甗、簋等，水器经常见到的只有盘，品种最多的是酒器，这可能与殷人嗜酒有关。最早出现的青铜酒器是三足的爵和斝，以后器类日繁，形成以觚、爵、斝为核心的器物群，包括觯、尊、卣、壶、觥、罍、盉、瓿和方彝等。特别是尊、卣等器，常被铸成鸟兽等动物形貌，更富艺术情趣。

这类铸成鸟兽形貌的青铜艺术品，又可分为两种。一种颇为肖形地模拟真实的动物，造型生动传神，有牛、猪、犀、象、虎、鸮等，典型作品如妇好墓出土的鸮尊、传世的犀牛形貌的小臣艅尊，以及湖南湘潭出土的猪尊和醴陵出土的象尊。另一种作品则更具有想象力，常将许多种动物的特征汇合在一起，或者干脆塑造成虚构的神物，显得神异诡谲，今日更具欣赏价值。例如，妇好墓出土的司母辛铭四足青铜觥，它的头部似马，却长着一对扭曲的羊角。两只前腿较长，下生兽蹄；一双后腿却较短而下生鸟爪，上腿根部还浮凸出带羽毛的翅膀。这类作品中还出现过人的形象，有的人兽合体，如头生龙角的人面盉；有的人兽共存，如著名的传世品"猛虎食人"卣。或认为并非老虎食人，而是人与虎亲切拥抱，它是巫师通天的法器，更显神秘莫测。上述作品已可视为独立意义的青铜雕塑，是研究中国古代雕塑的珍贵资料。

殷商青铜器上最突出的主题纹样是兽面纹，由于北宋时的金石图录中认定这种兽面纹即为《吕氏春秋》中所说的"饕餮"，是一种"有首无身"、性好吃人的贪婪的怪物，因而被人们沿用至今。不过将兽面纹视为饕餮并不贴切，因为殷商青铜器上的兽面纹并非只有头而没有身躯。而且在时代较早的作品中，它的身躯颇为明显，兽面两侧伸展着长条形的躯干，还有足和尾巴。后来演化为只在头的两侧伸出利爪，但足爪细小，更反衬出巨头的威严狰狞。兽面为正面，以竖直的鼻梁为中线，左右对称地分布着双角、双眉和"臣"字形的双目，鼻梁下接翻卷的大鼻头，以下是横向阔张的巨口。整体容貌威猛凶怪，呈现出折服观者的庄重威严的氛围，是持有者权力的象征，令人倍感沉重、压抑。所以也有人认为，它体现了被神秘化了的超人力量和狞厉之美。

除兽面纹外，殷商青铜器常用的装饰纹样，还有夔纹、龙纹、蝉纹、蚕纹、龟纹和鸟纹等。时间越迟，纹饰越繁缛，等到殷商晚期，器表主体纹饰四周都填满雷纹作衬地，特别是壶、尊、罍等器，外表几乎不留一处空白，又在器身上附加凸起的扉棱和牺首等装饰，形成过分繁缛华美而趋于奢靡的时代风格，或许也是一个王朝趋于没落的象征。

西周时期的青铜器，最初在造型纹样等方面还承袭殷商传统，后来形成自己的面貌。虽然礼器还是青铜器的主要内容，但器类有新的变化。由于周王认为殷人嗜酒是亡国的主因之一，所以周初极力打击纵饮的恶习，反映在青铜礼器的组合上是酒器所占比重相对减少，食器更具重要位置。至于器类，西周青铜酒器由殷商以爵、觚为主，改为以觯、爵为基本组合，食器中突出的是簋和鼎，而且逐渐使用大小递减的多件铜鼎成组配列，开后来显示身份的"列鼎"制度之先河。器物的整体造型和装饰纹样也发生变化，并且开始流行在礼器上铸长篇铭文的礼俗，有时铭文多达几百字，形成一篇文章，恰是后人据以探究西周史实的绝好资料。

至于西周时期的装饰纹样，已由晚商的过度繁缛奢靡趋于简约质朴，兽面纹已简化且具有一定图案趣味，没有了原来威严狰狞的色彩。在其他纹饰趋于简约的同时，只有鸟纹向华美发展，殷商晚期铜器装饰的一种小鸟纹，到西周时已演变成回首、垂冠的大鸟纹，拥有卷曲华丽的长尾，经常成对相向地构成装饰带的主题纹样。人们认为这种大鸟纹就是传说中的凤鸟，由于西周王朝勃兴与凤鸟祥瑞传说有关，所以当时周人偏爱这类大鸟形象，于是华美的凤鸟纹成为西周青铜艺术装饰的特征之一。

东周时期，周王室衰微，诸侯争霸，各地竞相发展青铜铸造工艺，促使青铜艺术步入新的发展阶段，从造型到纹饰都突破了西周青铜器原有的传统，新的器类、奇特的造型层出不穷，许多作品呈现出地区特色。殷商以来曾占据主要位置的神秘威严的装饰基调，逐渐被华美写实的新装饰风格取代，大量描绘贵族生活如宴乐、狩猎、战争等的装饰画面布满铜器表面，表明青铜器的装饰日渐走向人间化和生活化。同时，与日常生活起居关系密切的器具备受重视，如可供照明的灯具和服饰用器。灯具以前罕见，这时已颇流行，仅在河北平山中山国墓中，就有十五连盏铜灯和银首人俑铜灯。服饰用器又以用于革带的带具（带钩和带镶）与照人容颜的青铜镜发展最快。特别是青铜镜，虽然早在齐家文化时已有，但直到殷商和西周时仍极罕见。此时却大量涌现于世，以其绚丽多姿的纹饰和精湛的工艺展示出诱人的艺术魅力，形成一项独特的艺术门类。

随着冶金工艺技术的进步，特别是失蜡法铸造技术和鎏金与错金银工艺的应用，东周青铜器展现出前所未有的华美面貌。由河南淅川春秋时期楚墓出土的青铜禁可以推知，春秋时期中国已能应用失蜡法铸制体量颇大的青铜器。更为人们所熟知的作品，是战国时期曾侯乙墓出土的尊盘，尊口复杂的蟠虺装饰系应用失蜡法铸造的成功范例。这种工艺技术的运用，增强了器物外貌精密纤巧的美感，形成具有时代特征的艺术风格。鎏金和错金银工艺的运用，更使青铜器的外观富丽华美，河北平山战国时期中山国王陵发掘出土的错金银艺术品，如猛虎噬鹿器座、牛形和犀牛器座、有翼神兽和龙凤纹方案，止是其中的典型代表。东周以后，鎏金工艺和错金银工艺依然流行，直到汉代仍经久不衰。著名的河北满城西汉中山靖王刘胜及其妻窦绾墓出土的长信宫鎏金铜灯、错金铜博山炉，以及江苏出土的东汉时的错银牛灯等，都是实物例证。

在青铜艺术日益繁荣的同时，玉雕艺术也在原来史前玉雕的基础之上，进入新的发展阶段。殷周的玉雕仍大致沿袭礼玉与饰玉两种发展序列。特别是进入周代以后，人的道德行为都被纳入礼制之中，礼玉更受重视，它还被赋予人格的色彩，成为礼制和最高伦理的载体，系统化为所谓"五瑞"（璧、圭、琮、璜、璋）、"六器"（苍璧、黄琮、青圭、赤璋、白琥、玄璜）等，其形制严格规范，尤以璧最受重视，已成为财富、身份和地位的某种象征。至于饰玉，由于雕琢玉器技艺的提高，日趋华丽精美，形貌多变，更具艺术价值。

在二里头文化的遗物中，仪礼性用玉器多有发现，造型简洁，向大型化过渡的趋势日趋明显，如戈和刀形端刃器（有人或称为

"璋")。到殷商时期，湖北盘龙城出土的玉戈已长达93厘米，是目前所知古代玉戈中形体最大的一件。在殷墟妇好墓中，出土有刻字玉戈和朱书玉戈，还有钺、琮、璧、璜、玦、环等与礼玉有关的玉雕。至于饰玉，更是妇好墓中出土最多的玉雕作品，所雕题材广泛，包括飞禽走兽、水族和草虫以及一些神话中的动物，还有人像，总计不下20种。除人像外，还有象、熊、虎、猴、兔、马、牛、羊、鹤、鹰、鸮、鹅、鸬鹚、鹦鹉、鱼、蛙、鳖、螳螂，以及凤、龙和怪鸟。这些玉雕显示出当时对玉料的选择、开料和琢磨技术已具有相当高的水平，并进一步掌握了钻孔、细磨和抛光等工艺，与史前玉雕相比，已是极成熟的作品了。

这些玉雕的造型大致分为两类。一类是立体雕刻，大致保持着玉坯立体的原型，依势设计物像的形貌而加局部雕饰而成；另一类是扁体雕刻，是先将玉坯割解成扁片，再将其磨成圆形片，中央穿孔成璧状，再分割成若干玦形玉片，最后在玦形轮廓内局部雕琢而成，因而所雕出的物像（无论人或动物）都是正侧面的剪影。

商代玉器制作还懂得运用"俏色"工艺，也就是利用玉料不同的天然色泽纹理，刻意安排，雕出的动物躯体部位自然呈现不同颜色，使作品更富情趣。例如，1975年在安阳殷墟发现的玉鳖，选用的玉料墨、灰两色相间，雕刻者把玉料的墨色部分安排为鳖背甲部位，而将灰白色部分安排雕鳖头、颈和腹部，雕成的作品色泽天成，自然生动，表明古人在选料和设计造型方面极具匠心。至于在江西新干大洋洲商墓出土的玉羽人，羽冠后联结三个镂雕而成的活环，又表明当时掌握了颇为精巧的镂雕工艺。

周代的玉雕，礼玉的雕制趋于制度化。同时使用成组的葬玉，主要有覆盖于尸体面部的玉面罩。这种玉面罩常由遮盖眉、目、鼻、口、耳等部位的形状各不相同的小玉片组合而成。在河南洛阳、三门峡以及山西等地周墓中多有出土。1990 年在三门峡西周虢国墓地出土的一组青玉面罩，由印堂、眉、目、耳、鼻、腮、口、下颌及髭须等大小 12 片组成，特征明显。

周人在日常生活中更是讲究佩玉，所谓"君子无故玉不去身"。在陕西、河南、山西等地的西周墓中经常发掘出土成组的玉佩饰，例如，1983 年陕西长安张家坡出土一串由大中小三件玉璜间以玉珠、玉管等串联的佩饰，颇显华美。至于山西天马一曲村西周晋侯墓地诸墓中出土的随葬玉佩饰，数繁类多，几乎覆盖尸体全身。东周时期，玉佩饰雕工更精，如曾侯乙墓出土的多节玉佩，以多块形状不同、大小不等的白玉，分别雕成龙、凤、璧、椭圆形及其他形貌，再相互勾连、套接成全长 48 厘米的大型佩饰，工艺复杂而形状优美，佩挂于身，更能显示古代王侯的贵族风范。

秦汉时期，佩玉和葬玉之风仍盛行不衰。西汉时的组玉佩，以广州西汉南越王墓的出土品蔚为大观，该墓出土玉佩多组，一般由数枚精致的玉雕饰品组成，有的还间用其他质料的珠饰串联而成。其中，以墓主所佩和他的右夫人所佩的两组最富丽豪华，墓主的组玉佩由龙凤涡纹璧、犀牛璜等 32 件饰品串组而成，复原后全长近 60 厘米，佩于腰部束带上至少可垂悬至膝。右夫人的一组佩饰由连体双龙涡纹佩、三凤涡纹璧等 20 件各种质料的饰物串组而成，也极豪华富丽。

汉代的葬玉，已由周代的玉面罩，发展成为套装全身的玉葬具——玉柙，考古报告中习称为"玉衣"，由众多小型玉片以金属缕（金缕、银缕、铜缕）乃至丝缕编连成形。最精美的作品是中山靖王刘胜和其夫人窦绾的两具玉葬具。刘胜的一具外观如人形，可分解为头部、上衣、手套、裤筒和鞋五部分，所用玉片多达 2498 片，仅穿缀用的金缕（细金丝）即重达 1100 克。

至于一般人使用的葬玉，大都仅用玉琀（多雕成蝉形）、玉握（璜形或猪形）和玉塞等。西汉武帝通西域以后，新疆和田地区特产的优质玉料大量输入中土，这种玉温润洁白似羊脂，又被称为"羊脂玉"。1966 年在陕西咸阳汉昭帝平陵遗址发现的雕琢精美的仙人骑天马玉雕，就是由这种玉材雕制而成的。同出的玉器，还有玉辟邪、熊等。汉代以后，和田白玉在中原日趋流行，成为中国古玉器的主要用材之一。

三

自东周至秦汉，漆器开始较广泛地进入人们的日常生活之中，以其外观的华美和形体轻便，排挤了粗糙的陶器和笨重的青铜器，成为最受人们欢迎的日用工艺品。中国古代漆器使用的生漆，来自从漆树割取的天然液汁，主要由漆酚、漆酶、树胶质及水分构成，用它作涂料，有耐潮、耐高温、耐腐蚀等特殊功能，又可配制各种色漆，增加器物的美观，从而形成中国传统工艺美术的一个独特门类。

中国古漆器的源头，也可以追溯到史前时期，已知最早的漆器出土于浙江余姚河姆渡遗址，是距今约 7000 年的产品。那是一件形貌古拙的木碗，内外均施朱红色涂料，经化验认为是一种生漆。后来在浙江的良渚文化的遗物中，又发现嵌玉高柄朱漆杯，是距今约 3000 年的产品，这表明漆器的制造已和玉雕相结合，超出实用功能，成为艺术品。

商周时期的漆器，曾在河南、河北、陕西、湖北、山东、北京等省市发现过，当时已在漆器上镶嵌蚌壳、玉石等，或可认为是后世螺钿漆器的雏形，但多保存不佳，常常只存漆皮残痕，有的尚可推测复原其形貌，如北京琉璃河西周墓发现的嵌蚌饰的漆豆、漆罍、漆瓿等。

到战国时期，漆器工艺呈现出其发展的第一个高峰，考古发掘中获得的漆器数量大增，主要是楚地的产品，不但有日常食器的杯、盘、豆、卮等器，以及盒、奁等盛器，还有几、案乃至大床等家具，至于钟架、磬架以及兵器的柲柄、盾牌、矢箙、弩臂，还有盛殓死者的棺以及随葬的镇墓俑等，表面皆髹以彩漆，工精物美。漆的色调，基本以红、黑两色为主，施于小件物品如杯、盘等上，基本是"朱画其内，墨染其外"。器内涂朱红，明快热烈；外表髹黑漆，沉寂凝厚，使器皿又具稳重端庄之美。红黑对比，冷暖互济，更衬托出漆器的典雅和富丽，产生强烈的装饰效应。在一些实用的漆器上，还装饰有色泽鲜艳的漆画，以黑漆为底色，上以红、黄、金三色彩绘，画出树木、车马、人物，以及衬托其间的犬、雁等禽畜，姿态生动，可视为战国时期的生活风俗画。

至于战国漆器的胎质，早期多为较厚重的木胎，中期以后开始用薄木片制胎，并且出现夹纻胎。在一些薄胎漆器上，还镶有镀金、银的铜扣，使器物更加华美，灿烂夺目。总之，战国漆器工艺已达到较高的水平。

在战国漆器的基础上，汉代漆器有了进一步发展。汉代漆器的胎质，除木胎和夹纻胎两种以外，还出现了竹胎。有学者把汉代漆器木胎的制法分为三种：第一种是用轮旋刮削的方法制成器物的外壁，然后再剜空其内部，鼎、盒、壶、盂等圆形器物多用这种制法；第二种是用割削、剜凿的方法制成，而未经轮旋，杯、匜、钫、案等器物用此制法；第三种是用几块薄木片卷曲成弧形的器壁，以木钉拼接成一个圆筒，然后另接器底，最后用麻布裱起来，才在表面涂漆，使得不露接缝，樽、奁等器物用此制法。

夹纻胎的漆器，是先用木头或泥土制成器形，作为内模，然后用多层麻布或缯帛附于内模上，干实以后，去掉内模，便留下麻布或缯帛的夹纻胎，这道工序便是所谓"脱胎"。夹纻胎漆器比木胎漆器更为轻薄精美，也更为人们所喜爱，故此到了西汉中期以后，夹纻胎漆器在社会上日趋流行。例如，在湖南长沙马王堆西汉初期轪侯家族墓的一号墓中，出土的各类漆器计184件，只有15件为夹纻胎。而迟到西汉中期的长沙咸家湖曹墓中，出土可辨认器形的漆器150余件，只有少量是竹胎或木胎，绝大多数已是夹纻胎漆器。这正反映出夹纻胎漆器日益流行的实际情况。

汉代漆器的装饰纹样，初始颇受楚文化影响，纹样细密流畅，多流云鸟兽。马王堆一号汉墓中漆器的装饰纹样，主要有三种：第一种是漆绘，系用生漆制成的半透明漆加入颜料，在已髹漆的器物表面描绘图纹，制成的成品色泽光亮，纹样不易脱落，为最常使用的一种；第二种是油彩，是以油（可能是桐油）调颜料，在已髹漆的器物表面描绘图纹，有些漆器上先贴金箔，再施油彩，色彩变化较多，但油脂经年老化后，彩纹极易脱落；第三种是针刻，在已髹漆的器物表面，以针尖刺刻纹样，精巧纤细，当时称为"锥画"，如针刻后再施油彩，则更显华美。这三种方法，在汉代一直流行，有时还在针刻纹中填入金彩，形成更加灿烂的效果。除上述方法外，汉代漆器还有贴附金、银箔制作的图纹等装饰手法，所附图像多为鸟兽、车马、人物及几何纹样，配合嵌于漆器上的镀金、银扣饰，瑰丽异常，惹人喜爱。

在汉代漆器装饰图纹中，除传统的流云、龙凤、鸟兽、游鱼等图像以及车马、人物外，已出现构图较复杂、以人物故事为题材的漆画。最早的作品发现于江苏海州西汉中晚期的侍其繇墓之中，但因器物残缺过甚，只见部分画面的片段，尚难窥知全貌。较迟的作品，出土于边陲的乐浪郡汉墓中，所绘神仙、孝子等人物形象生动。特别是有一件绘彩竹筐，绘出许多历史人物，最为精美。

汉代漆器制造业相当发达，许多地方都出产漆器，其中最精美的多出自官营的手工业作坊。这种作坊由中央政府直接控制。据记载，在今河南、山东、四川等省境内许多地点，当时都设有制作漆器的工官，又以四川境内的蜀郡（今成都）及广汉郡（今四川梓潼）的制品在考古发掘中出土较多。在工官制造的漆器上，常有针刻的纪年铭文，记明制作的时间、主管官吏的名字以及工匠的名字。从铭文所记可以看出，当时工匠按工作性质不同，分为"素工""髹工""上工""铜耳黄涂工""画工""泪工""清工""造工"，分别负责制胎、髹漆、画纹、镶嵌铜扣和铜耳、镀金等工种。分工细致，仅涂漆就有"髹工"与"上工"，前者负责初步涂漆，后者负责进一步涂漆。在铭文中，从不同工种工匠名字的排列顺序，又显示了当时制造漆器工序的先后，即先制胎，接着初步涂漆，进一步涂漆，镶铜耳或铜扣，描绘花纹，刮磨使表面光滑，最后加以修整、洗净，经官吏检验，全部制作过程才告完成。

由于漆器制工日精，外观更美，也更受世人喜爱。特别是漆器与日用陶器等相比，不易毁坏，耐用程度高，质轻且便于储藏和携带，能经久使用。在贵州清镇发掘的一座东汉时期的墓葬中，发现随葬器物中有制作于西汉时的漆器。还在乐浪的汉墓中，发现过纪年为始元二年（前85年）的漆杯与纪年为元始三年（3年）的漆杯一同随葬的实例，两者制成时间相差88年，这表明，前一件漆杯制成后，已被保存或使用长达80余年之久。所以，漆器的价格虽高（据说一漆杯可与十铜杯价值相当），但仍受富有者欢迎，正如《盐铁论·散不足》篇所记，"今富者银口黄耳""中者野王纻器，金错蜀杯"。精美的漆器体现了当时工艺制作的最高水准，是富人日常生活享用、追求的对象，成为汉代工艺美术品中芳香四溢的一枝奇葩。

史前时期的制陶业，曾以绚丽的彩陶和薄如蛋壳的黑陶，先后在工艺美术领域独领风骚。而当冶炼青铜的炉火在神州大地闪烁以后，陶艺的光彩就日趋暗淡，但仍占据了制作日用器皿的主要部门，因为青铜器工艺繁难而且成本高，"国之大事，在祀与戎"，所以青铜主要用于铸造国之重器——礼器和兵器，用以服务王公贵族，无法普及于民间日常生活之需。秦汉以降，耐用而美观的漆器，大量进入人们日常生活领域，使易碎的陶器不断被排挤，不仅王公贵胄，连民间富有者所用日用器皿都转向漆器，陶器的比重日渐缩减。虽然一般百姓生活中仍离不开陶质器皿，但更重实用，自不会费力去注重其工艺美感造型。不过在制陶工艺从工艺美术品制造的巅峰陨落以后，在秦汉时期，制陶工艺有两个大的门类，其艺术造型仍然深受今日艺术史界的重视。其一是建筑用陶制品，主要是屋檐椽头的瓦当；其二是墓葬中的随葬陶俑群及建筑模型。

建筑用的陶制品，主要是铺盖屋顶的砖瓦。中国传统建筑的特色之一，就是在殿堂的木构梁架上铺设瓦顶，屋瓦分为板瓦和筒瓦，阴阳扣合，铺成前后两坡整个屋顶，最上砌出屋脊。屋瓦的艺术装饰，主要是用于筒瓦前端保护木椽头的瓦当以及屋脊上的脊饰（鸱吻、宝珠、脊兽）。

瓦当至少在西周时期已经出现，使用的是呈半圆形的"半瓦当"，只有简单的纹饰。东周时期，仍流行半瓦当，瓦当上的纹饰已颇丰富，且各地不同。山东齐地半瓦当多在中间树纹两侧安排对兽人物，纹饰线条较纤细。河北燕地半瓦当多兽面纹、对兽纹，图像填满全当，浑厚丰满。洛阳地区瓦当多卷云纹。关中秦地的半瓦当多云纹、夔云纹。秦始皇时，一切造型艺术风格追求宏大，出现了形体硕大的夔龙纹瓦当，在秦始皇陵园和辽宁的碣石宫遗址都有发现，直径达 52 厘米，高 37 厘米。这样的大瓦当以前没有，以后也没有再出现过。可谓前无古人，后无来者。

除了半瓦当外，秦代已使用正圆形的圆瓦当，纹饰也以卷云纹为主。到了汉代，广泛流行圆瓦当，此后半瓦当不再使用。圆瓦当的装饰图案，是在瓦当中央有凸出的圆心，然后用线条向上下和左右将全当分为四个扇形，在其中布置装饰图案，以卷云纹为主，也有少量是动物等图像。比较特殊的如在长安南郊礼制建筑出土的瓦当，装饰四神纹样，按四个方位分别使用玄武、青龙、白虎和朱雀纹瓦当。除装饰图案外，还有一类是铭文瓦当，内容又有两种，一种所饰铭文为宫殿的名称，另一种铭文为吉祥语，如"千秋万岁""延年益寿""长乐未央"等。

十六国时期，瓦当纹仍多卷云纹，也使用文字瓦当，但瓦当文字与汉瓦当不同，是在井字格中排列，如邺城遗址出土的"大赵万岁""富贵万岁"铭瓦当。南北朝时期，瓦当流行用莲花纹饰，以瓦当心为花芯，周绕莲瓣，以八瓣为多。还有云纹和文字瓦当。北魏时的一些佛塔遗址中还出土有在莲花中现化生的瓦当，更具佛教艺术特征。唐代瓦当，莲花纹饰盛行，多为复瓣宝装，纹饰更加浮凸，装饰趣味更加浓郁。总之，瓦当艺术是中国古代一种具有民族特征的建筑装饰艺术品，对东北亚地区的古代国家影响深远。直至今日，在中国传统木构建筑上，仍不能缺乏瓦当的身影。

墓葬中随葬的陶俑，自东周至明清，长盛不衰。因墓俑是模拟生人形貌的泥塑品，所以在缺乏雕型人像艺术品的中国古代，这些用作明器放置于墓中的陶偶人，就成为今人了解中国古代人像雕塑的重要实物资料，深受人们重视。

五

在漫长的岁月里，人们在烧造陶器时，不断探寻提高质量的新途径，不断选择优良的陶土，探索新的施釉配方，改进窑炉的结构，提高焙烧的温度，逐渐积累经验，经过数千年的改进，终于创造了一种全新的工艺，瓷器诞生了。象征着瓷器工艺成熟的代表作品，是三国时期孙吴的青瓷。

青瓷器的前身是从商代已开始出现的原始瓷器，那是中国古代先民在烧制白陶和印纹硬陶过程中，不断升华，创造出的新成果。虽然河南郑州等中原地区出土过商周时的原始瓷器，但其主要产地应该是在长江中下游一带。考古发掘中获得的商周原始瓷器，以安徽屯溪西周墓中出土的一大批原始瓷器最具代表性。屯溪西周原始瓷器中的精品，胎质呈灰白色，火候较高，无吸水性，青灰色釉层薄而均匀，胎釉结合较紧密，击之可发出清脆之声，这些已接近了瓷器应具备的基本条件，预示着瓷艺之花已孕育成熟，即将开放。

一般说来，瓷器应具备下列三个基本条件：第一，以含铁量在 2% 左右的瓷土为原料；第二，以 1200℃ 以上的高温烧成，胎质烧结致密，不吸收水分；第三，器表施釉，胎釉结合牢固，厚薄均匀。上述三条中，原料是瓷器形成的基本条件，焙烧温度和施釉也是不可缺少的重要因素。萌发于先秦的原始瓷艺，经过秦汉数百年的改进酝酿提高，到东汉时已臻成熟。在江南出现了早期的龙窑，烧制的产品质量稳定，无论胎、釉还是烧成温度，都已达到或接近瓷器的标准，因此学术界将中国瓷器出现的时间定在东汉。从东汉墓中获得的青瓷器表明，东汉时期，江南已能生产出色泽纯正、质精形美的青瓷器，为后来孙吴、东晋、南朝瓷艺的发展奠定了基础。

东汉末年混乱的局面导致三国分立。北方饱受战祸困扰，而南方吴地在孙氏政权统治下相对稳定，经济有所发展，为制瓷业发展提供了良好的环境。在南京孙吴墓的发掘中，不断获得当时烧造的青瓷精品，甘露元年（265 年）铭青瓷熊座灯和同墓出土的青瓷羊，釉色莹碧，造型优美，常被誉为孙吴青瓷工艺的代表作品。此外，造型复杂的堆塑人物楼阁、仙禽、神兽的谷仓罐（又称"魂瓶"），在孙吴时开始流行，也是具有时代特征的青瓷制品。孙吴的青瓷器标志着中国制瓷工艺的成熟。瓷器的发明是古代中国对世界文明的一项重要贡献，因此瓷器在一定意义上曾被视为中国文明的象征，以至今日在世界通用的英语词汇中，中国和瓷器为同一词，亦足证中国瓷器发明所产生的深远影响。

两晋南朝时期，江南的制瓷业在孙吴制瓷业的基础上，有了很大进步。在北方，北朝的制瓷业也有一定的发展。这一时期的瓷器以青瓷为主，瓷釉以铁为主要着色元素，釉色以青灰、淡青、豆青为基本色调，施釉多采用浸釉法，釉层厚度均匀。制成的器物虽主要是生活日用器皿和随葬的明器，但造型已突破过去简单规矩的几何形体，创造出许多以动物形貌为外轮廓或局部装饰的瓷塑制品，如鸟形杯、蛙形或兔形水注、神兽形尊、鹰形壶、卧羊等，特别是日用的鸡首壶，造型多变，堪称出色的日用工艺美术品。由于佛教日益盛行，青瓷器的装饰纹样也受到佛教艺术的影响，以莲花为装饰的作品日趋繁盛，出现了形体硕大的莲花尊。尊体常以仰莲和覆莲合成，尊颈贴塑飞天等图像，尊足也由覆莲构成，有的作品体高接近80厘米，装饰华丽，气魄宏伟，显示出南北朝青瓷工艺的水平高度。

除青瓷外，制瓷匠师逐渐掌握了釉内氧化铁含量的高低与釉的呈色的关系，用含铁量较高的紫金土配制成黑釉；还设法降低胎、釉中的铁含量，烧制出白釉瓷器，丰富了瓷器的品种。在江苏南京长岗村发现的孙吴青釉褐彩壶，是先在胎上绘褐彩，再外罩青黄色釉的产品，开创了釉下绘彩的新工艺。

隋唐时期，制瓷工艺稳步发展，江南的青瓷和北方的白瓷，都有新的成绩。此时期，饮茶之风开始盛行，促进了瓷质茶具的生产，许多诗人留下的名句，盛赞越窑青瓷，如"越碗初盛蜀茗新，薄烟轻处搅来匀"，今日读来，仿佛仍能触到那温润如玉的越窑青瓷茶碗，闻到沁人心脾的新茶飘香，产生心旷神怡之感。晚唐时期，一种名贵的"秘色"瓷器又出现在宫廷之中，其釉色之美曾被誉为"千峰翠色"。直到陕西扶风法门寺唐塔地宫被发掘，才从所藏唐宫廷供养佛舍利的物品中，认识到这种名贵青瓷器的庐山真貌。

除精美的青瓷和白瓷以外，唐代各地瓷窑还烧制出各种黄釉、黑釉和花釉瓷器，同时出现了新兴的绞胎瓷器。所谓"绞胎"，就是以白、褐二色的瓷土相间糅合在一起，再拉坯成型，自然形成二色相间的纹理或色斑，奇妙而富于变化，施釉焙烧后，呈现强烈的装饰效果。釉下彩的瓷器，也在长沙窑大量制作，其色调以褐和褐绿为主，外施青釉，为后世釉下彩工艺的繁荣和发展开辟了道路。唐瓷的丰富多彩，为以后高度繁荣的宋瓷奠定了基础。

宋代瓷器集以前各代瓷器工艺美学之大成，并有自己全新的创造和表现。各地瓷窑林立，竞相争辉。后世传有五大名窑，即汝窑、官窑、哥窑、钧窑和定窑，多是为宫廷烧造御瓷的官窑。据考古发掘和调查，学者一般认为宋代有六个著名的瓷窑体系，即北方的定窑系、耀州窑系、钧窑系、磁州窑系和南方的龙泉青瓷系与景德镇青白瓷系。

河北的定窑系以生产白釉瓷为主，也产少量黑釉（"黑定"）和酱釉（"紫定"）瓷。陕西铜川地区的耀州窑系，主烧青瓷，以刻花工艺见长。河南禹县的钧窑也属北方青瓷窑系，但它不同于以氧化铁着色的传统青瓷，而是以氧化铜为着色剂，可制出多变的"窑变"瓷器。分布于河南、河北、山西的磁州窑系，以釉下黑、褐彩著称。浙江的龙泉窑系青瓷，以粉青和梅子青釉为特色。江西景德镇以烧造青白瓷为主，青中寓白，白中显青，又称"影青"。此外，哥窑瓷的"开片"技法，也是为人称道的装饰手法。总之，宋代瓷器的主要特征是釉层丰腴莹润，腻如堆脂；釉色以单彩为多，但又不乏绚丽的窑变色彩和有意制作的满布冰裂断纹的"瑕疵之美"，总体上呈现出一种沉静素雅、凝重高贵的艺术格调。这种工艺和美学境界，不但超越了前人，而且后人仿制也极难与之匹敌，达到中国瓷器史上一个卓绝古今的艺术巅峰。

六

在扶风法门寺塔唐代瘗藏佛骨舍利的地宫之中，除出土有皇室供奉佛骨舍利的秘色瓷器外，还出土了数量众多的各种金银制品。这表明，当时皇室贵族生活中金银器皿是不可缺少的，这与先秦汉魏宫廷中用品是颇为不同的。诗人王建在《宫词》中曾咏道："一样金盘五千面，红酥点出牡丹花。"虽有夸张，但确实反映出唐时大量使用金银器的真实情景。谈到唐代流行金银器皿的时代风习，还应追溯中国古代制作金银等贵金属器皿的历史。

据目前所知的考古发掘资料，早在商周时期的遗存中，已有黄金制品出土，但多是较小的耳环等饰品。至于体量较大些的黄金容器，则迟至东周时才有出土。湖北随县曾侯乙墓出土的带盖金盏，算是迄今发现的先秦时期最大的黄金容器，在金盏内还附有别致的金匕，制工精美。这座墓还出有杯和器盖等黄金制品。不过像曾侯乙墓那样放置有黄金容器的东周墓葬还是罕见的，比较常见的还是一些小型黄金饰品，或是兵器上的装饰，如以黄金制作短剑的剑柄。看来当时的黄金主要是作货币使用，如楚的郢爰等。另外，黄金还用于青铜器的表面鎏金，或用金丝嵌错器体，形成华美的错金图案。直到汉代，上述情况仍没有多大改变。

　　大约到东晋十六国南北朝时期，经由丝绸之路输入的西方金银器皿日渐受王公贵族的重视，其中大多是从波斯萨珊、嚈哒或拜占庭等输入中国的产品，主要有造型特殊的胡瓶、盘、杯、碗等容器，以及项链、戒指等装饰品。这种情况一直延续到隋或唐初，中国结束了长期分裂，重归一统，社会经济恢复繁荣。为了更好地满足宫廷贵族对金银器的需求，开始在国内大量制作金银器，当时着重仿效人们喜爱的自西方输入的金银器，汲取其制作工艺和装饰手法之长，因此产品常常呈现出明显的中亚或西亚的艺术风格，但是为了在中国使用，还是会努力加入中国艺术的元素。例如，有些作品的器形虽保持域外风貌，但装饰花纹又显露出中国的传统风格。陕西西安何家村唐代窖藏出土的八棱金花银杯，器形还是波斯萨珊式样，但八棱杯身浮雕的乐工或乐伎，面貌和衣饰有的具有中国风韵。有一些萨珊样式的刻花高足银杯，装饰图像则是中国式样的狩猎纹。另一些装饰于金银器上的纹样，如芝鹿、鱼龙（摩羯）等，原是域外的图案，但细部发生了变化。

随着时间的推移，唐代金银器的制作，在西来的金银工艺的启示下，逐渐创制出具有中国风格的精美作品，从而进一步满足了皇室贵族对这些由贵金属制作的华贵工艺美术品的需求。唐代金银器的制作中心一开始集中于都城长安，在少府监中尚署下面设有"金银作坊院"，是专门制作供宫廷使用的金银器的手工业作坊。到唐宣宗大中年间，又成立了专为皇室打造金银器物的"文思院"。法门寺唐塔地宫出土的精美金银制品，许多就是文思院的产品。晚唐时长江下游的一些地区，金银器皿的制作也达到相当高的水平，其产品足与都城的产品相媲美，江苏丹徒唐代窖藏的出土品，正是其中的代表。

从现在已获得的唐代金银器来看，其工艺技巧已颇为复杂精细，使用了钣金、浇铸、焊接、切削、抛光、铆、镀、锤打、刻凿等技术，凸出的精美纹饰最常用的是锤鍱做法，多数产品往往综合运用几项不同的工艺制成，以取得最佳效果。在艺术造型方面，注重外形轮廓的变化，如颇具时代特色的大型金花银盘，盘口的外轮廓并不采用西来银盘的正圆造型，而是将外轮廓制成多瓣的葵花形或菱花形，线条弧曲而流畅，匀称而有变化，使人观之产生丰满华美之感。

制工最具巧思的是熏球——香囊，在上下两半球上透雕精美纹饰，其内部设有两个同心圆机环，机环有轴以承托香盂，无论球体怎样转动，点燃的香盂均保持平衡，香气透过球体透雕的纹饰散播，充分显示出唐代金银工艺的高超技巧。另一些造型特殊的精品，如金花银舞马衔杯仿皮囊壶、金花银龟负酒筹筒等，更是充分发挥了想象力，造型生动，富丽华美。唐代金银器中，以在银器上将凸起的纹饰鎏金的金花银器最具特色，特别是大型的金花银盘，通常盘心的主要纹饰采用芝鹿、狮子、凤鸟或鱼龙（摩羯）等，然后在盘的菱花或葵花盘缘装饰布局匀称的花卉图案。早期的花朵纹错落有致，到中唐以后，花卉图像丰满而且密集，甚至在盘心的主纹周围再加饰一周花卉图案，由内外两重增至三重纹饰，叶茂花繁，工艺精湛，富丽堂皇。

唐代金银工艺品中还有一个特殊的门类，那就是为瘗藏佛舍利而特制的金银容器，常由内外多重构成，最早是盝顶方函，最内常是银函和金函。后来又制成世间埋葬的棺椁形貌，形态微小，常是银椁内置金棺，上面还会加嵌各种珠宝华饰，具有代表性的如甘肃泾川塔基出土舍利容器最内的银椁和金棺。唐代晚期又改为用黄金制作的小塔，放置在多重银、金宝函之内，典型作品是扶风法门寺唐塔地宫中出土的唐懿宗为瘗藏佛骨舍利制作的八重宝函，最内是小金塔，整套舍利容器制工精细，是晚唐金银工艺中的突出作品。

约在东晋南北朝，西方的金银器皿较多地东运中国的同时，西方的玻璃制品也较多地输入中国境内。在东晋十六国至南北朝时期的墓葬和遗址中，不断发现来自罗马和波斯萨珊的玻璃制品。域外玻璃器的输入，刺激了中国本土玻璃制品的生产。

谈到中国古代的玻璃制品，应上溯到先秦时期，西周墓葬中已出土有玻璃制作的珠饰，东周时期更流行一种玻璃珠，在珠体上黏附复色套环,习称"蜻蜓眼"。此外,还有玻璃璧、环、剑饰等物。据测定,其中铅钡玻璃占多数,被认为是中国自制的物品。至于以玻璃制作容器,目前所知时间最早的实物是西汉制品,如河北满城刘胜墓中出土的玻璃盘和耳杯,经分析属于战国以来独特的中国铅钡玻璃系统,采用铸造法,其工艺之精巧,可与当时世界级的玻璃中心埃及的产品媲美。不过汉代的玻璃器较常见的还是璧、珠、耳珰、带钩等物,当时玻璃仅作为玉的仿制品,铸造成形后也按照玉的工艺加工。在广州西汉南越王墓中出土过小块平板玻璃,据检验成分也是铅钡玻璃,应系中国自制,其表面平整,具有一定透光性,其用途很值得进一步探讨。

东晋十六国至南北朝时期,由于较多地输入西方玻璃制品,在西来的中亚玻璃制作技术影响下,中国古代玻璃制作历史出现一个重要的转折。标志这一转折的文物,是出土于河北定县北魏塔基的玻璃钵和瓶,它们的器型是中国传统风格,但已采用了仿自罗马、波斯萨珊的无模自由吹制成型技术。此后,中国的玻璃制品绝大多数不再用铸造法,而是采用吹制技术。在隋代,高铅玻璃开始取代铅钡玻璃,同时由于西亚玻璃的影响,中国也生产一些钠钙玻璃器,并使用了铁棒技术。但是综观中国古代玻璃制造业,并不十分发达,北朝到唐代还多是宫廷作坊的产品,许多是为宗教用途制作的,主要是舍利容器如小型的瓶、钵等,体小质薄,精巧玲珑。皇室贵族喜爱的仍是域外玻璃器,法门寺唐塔地宫中出土的玻璃器,除茶托子是中国器型,其余的多是精美的伊斯兰早期玻璃制品。

七

西方的金银器和玻璃器通过丝绸之路输入中国，促进了中国金银工艺和玻璃工艺的发展。而通过这条历史上著名的商路，输往西方的中国名产，最重要的是丝绸制品，这也是这条商路被称为"丝绸之路"的原因。一般认为中国丝织物开始出现于中国东南地区的良渚文化，至少距今已有5000年的历史。

到了商代，中国丝织物便已达到相当高的水平，除了可以织造平纹的绢，还能织造经线显花的单色绮和多彩的刺绣。东周时期，平纹地经线提花织物的锦已发现于湖南长沙、湖北江陵等地的战国楚墓之中，特别是江陵马山一号墓内，出土有许多精美的织锦，包括两色锦和三色锦两大类，图案花纹种类更多，有塔形纹、凤鸟凫几何纹、凤鸟菱形纹、条纹、小菱形纹、大菱形纹、几何纹、舞人动物纹等。除锦以外，该墓还出土有绢、绨、纱、罗、绮、绦、组等多类织品，以及采用锁绣法的精美刺绣品，花纹的主题是龙、凤鸟和虎，被视为一座地下的古代丝绸宝库。

到了汉代，养蚕技术的改进和缫丝、织造、印染等技术的提高，进一步促进了丝绸业的发展。在湖南长沙马王堆西汉墓中出土的丝织品除了绢、绮、锦、绣以外，还出现了高级的圈纹锦、印花敷彩纱和提花的罗纱。随着当时中西交通陆上商路——丝绸之路的开通，中国丝绸向西远销国外，直到罗马帝国的首都罗马城，深为当时欧亚大陆各民族所喜爱。

南北朝至隋唐，中国丝绸仍大量外销。受中西文化交流的影响，在丝织品的生产方面也汲取了西方的有益经验，特别是织锦，西方传统织法的斜纹组织，由于织面布满浮线，能更充分显示丝线的光泽，所以后来被中国织工广泛采用。

唐代的织锦，由汉锦的经线显花改而采用西方的较容易织的纬线显花法。在装饰纹样方面，也采用了许多西亚流行的装饰图纹，特别是用来生产专为外销的丝织品。在新疆吐鲁番阿斯塔那墓地的发掘中，发现从公元 6 世纪就开始生产具有波斯萨珊图案风格的中国织锦，花纹布局不同于传统的汉锦，纹饰不纵贯全幅，而是用周绕联珠的圆圈分隔为各种花纹单元。在联珠圆圈中，主纹是一些鸟兽纹，常见的有对鸭纹、对羊纹、鹿纹、鸾鸟纹、猪头纹等。特别是在一座隋墓中出土的牵驼纹锦，联珠中的牵驼人作胡人形貌，人和骆驼，下上两组一正一倒足部相对，产生水中倒影的艺术效果。在人驼之间还织出汉字"胡王"二字。这是一件构图颇为独特的工艺品。是中国织工采用萨珊式图案织出的外销产品。从这些带有异国风味的中国织锦中，可以想见当时中国丝绸远销西亚的盛况。

在印染方面，出现了汉代没有的蜡染和绞缬，新疆尼雅东汉遗址出土的蜡染棉布，当是印度输入品。目前所知在北朝末年即出现了蜡缬的丝织物，到唐代其制品就极精美了。阿斯塔那出土的一件绿地蜡缬狩猎纹纱，以射箭的骑士为主题纹饰，空隙处填以鹿、兔、禽鸟和花草，颇为生动。绞缬制品，最早的一件是与前秦建元二十年（384 年）文书同出的大红染缬。这种印染方法是先将丝织品按规律折成数叠，加以缝缀或结扎，然后先行浸水，再投入染液中，染色成功后拆除缝线，就形成色彩有晕绚繝效果的花纹，具有朦胧的美感。阿斯塔那出土的一件唐代绞缬菱花纹绢，绢色浅黄，上染棕色花纹，为绞缬而缝缀的线有的还没被拆去，使得今日还可看出当年折叠缝缀以染缬的方法，十分有趣。

八

晚到明清时期，随着社会经济发展和生活习俗演变，工艺美术品的制作步入一个新阶段，从材质到工艺，产生了新的工艺、新的品种，呈现出新的面貌。一方面，为皇室贵胄享用的工艺品的制作，愈求精美化，制作一些传统产品时，极力追求华美富丽的外观，不惜花费功力去精雕细琢，器物的实用功能已淡化，成为主要是为观赏的美术品，多是专供皇室贵胄闲暇时赏玩而设计制作的珍品，如玉雕、彩瓷、百宝嵌漆器以及犀角、象牙工艺品等。另一方面，民间工艺美术广为流行和发展，它们是利用普通的廉价原料并且大量制作的作品，诸如泥塑、陶塑、皮影、剪纸、民间玩具等，风格质朴而富生趣，丰富了老百姓的文化生活。

明清时期，制瓷工艺日趋精美，与宋瓷以纯正的釉色为审美情趣不同，呈现彩瓷争艳的新局面。瓷器突破了宋以前以青、白等单一釉色为主流的发展趋势，由青花开始，继之出现釉下青花和釉上彩色相结合的"斗彩"瓷器。

特别是进入清代以后，除青花、釉里红、五彩、斗彩等彩瓷继续烧造并有所改进外，又创烧出珐琅彩、粉彩等新的名贵品种。珐琅彩瓷过去俗称"古月轩"瓷器，流行于康熙、雍正、乾隆三朝，是将景德镇成批烧好的白瓷器送至北京，然后由清宫内务府造办处专门安排画师，采用从国外引进、色调丰富的珐琅彩精心作画，最后由技工进行再次焙烧而成。由于珐琅彩料较厚，使得花纹凸起，富有立体感，是一种完全由清代宫廷垄断的瓷器精品。粉彩瓷是在康熙五彩瓷的基础上，受珐琅彩制作工艺影响而创制的另一种釉上彩瓷器。特别是雍正朝粉彩，在彩绘画面的某些部分以玻璃白粉打底，用中国传统绘画的没骨法渲染，突出了阴阳、浓淡的立体感，所绘花鸟、人物、鱼虫形态逼真，色调淡雅，娇艳柔丽。

明清漆器也日臻精美，制作手法多变，产品有雕漆、金漆、犀皮、螺钿镶嵌等多种，技法有剔红、剔黄、剔彩、剔犀等工艺，在堆糅数十层乃至上百层的漆胎上剔刻人物、楼台、花鸟等，刀法奇巧。当时流行的扬州制百宝嵌，用金银、宝石、珍珠、翡翠、玛瑙、玳瑁、绿松石、螺钿、象牙、蜜蜡、沉香等十多种珍稀原料，在漆器上贴镂镶嵌，组成人物山水、树木楼台、花卉飞鸟等图案，所制器物大者如屏风桌椅，小者如盒匣书箱，五色陆离，千文万华。

此外，一些以犀角、象牙精工雕琢的工艺品也为明清帝王所喜爱。一些源于民间的竹、木雕刻，经过名家的精心创作，也成为宫中的文玩，这类作品以文房用具为多，又常是精工制作的笔筒之类。随着人们生活习俗的变化，也产生了一些新的工艺美术品。例如，清代人有嗅鼻烟的嗜好，因此出现许多制工精美的鼻烟壶，其中以在玻璃胎的鼻烟壶内画出各种仕女花鸟乃至有故事情节画面的作品最负盛名，是一种需要很高技艺的产品。

明清时期供皇室贵胄享用的工艺品的创作，由于力求其华美，创作了不少艺术珍品，但过分追求技巧的表现，也使一些传统产品的制作失去了原来纯朴、清新、自然的风貌，精美之中透露出过于雕琢的弊病。如上述的百宝嵌漆器即是如此。而这个时期的玉雕着力追求精细技艺，过多卖弄镂雕、俏色等技巧，使其作品虽奇巧玲珑，雕饰华美，但是繁缛雕琢之气过重，与先秦玉雕相比，缺乏艺术神韵。在清代玉雕中，只有乾隆时雕制的"大禹治水"玉山子体量硕大，雄浑之气尚存。清代玉雕的弊端，对后世影响甚大，这也是需要指出的。

与上述倾向不同，明清时代的民间工艺美术品依然保留着质朴、生动的风貌，这里不见金银犀玉、珠光宝气，但纯朴无华之中极富情趣，有的还承袭着自古以来拙稚生动的造型传统。如民间玩具，特别是江南流行的泥娃娃，就是如此。泥娃娃在清代以无锡地区的产品最为有名，典型作品是体态丰腴的孩儿形象，被称为"大阿福"，造型拙稚生动，很受百姓喜爱，流传至今不衰。

在民间工艺中，剪纸艺术十分普及，因为所需工具简单易备，只需有剪刀和纸张即可，而且不需特殊的生产场地，家庭居室已足够使用，因此在全国范围广泛流行。但江南与北方的作品风格也有不同，概言之，南方的作品较重纤巧，北方的作品常浑厚有力，特别是河北、山东、陕西等地的产品地方特色更加鲜明。剪纸至少在北朝时期已流行，在新疆吐鲁番阿斯塔那墓群中，出土有北朝时的剪纸，为团花形状。由于剪纸的形式繁众多样，有人根据其用处将它分为窗花、刺绣花样、喜花、礼品花、灯笼花、墙花、扇花、钱、功德花纸、影戏人（走马灯人），计十大类。这些民间剪纸主要用于在年节或喜庆时装饰居室，不仅美化了环境，而且平添几分欢乐色彩，至今仍为人们所喜爱。

皮影则是另一种性质的民间艺术品，它本身具有艺术欣赏价值，而且又是演艺的实用影人，多以动物皮革（常用驴皮，或牛皮、羊皮），经硝制刮平，再雕簇、敷色、熨平、组装，然后涂上桐油（后来或改用耐水漆）制成。其颜色鲜艳而透明，人物手、足、头颈、关节可以活动。表演时由艺人掌杆操纵，人物行走坐卧，乃至奔跑战斗，灵活生动，经灯光照射，将影子映现在屏幕上，再加以乐器伴奏，唱腔配合，演来情趣盎然，极受广大民众喜爱。皮影戏在全国流传极广。迄今，甘肃、陕西、四川、云南、湖南、湖北、河南、江苏、浙江、福建、山西、河北、辽宁等地，仍然都保留着这种传统的文艺形式。

追溯皮影的历史，一般认为滥觞于古代的傀儡戏，据较准确的记载，北宋时已有真正的皮影戏演出，称为"弄影戏"，初以纸制人形，后来改为羊皮雕形，彩色装饰，足证为今日皮影的前身。

由于皮影是靠灯光将影像映于屏幕上，所以限制了人物造型，只能全部采取侧面剪影，因此各地皮影艺术虽各有地方特色，但基本的剪影造型都是一致的。又由于要将形影映于屏幕上，所以要仔细镂刻，以显现疏密、刚柔、粗细不同而互相关联的线的美感，勾勒出形体特征和面貌、衣饰、发式的细部。至于所刻画的人物，多与传统戏剧一致，常取材于《西游记》《水浒传》《三国演义》等著名小说，以及各地的民间故事与神话传说，由于皮影人物多为民间所家喻户晓，也就对民众更具艺术感染力。直至今日，这种根植于民众的民间艺术之花，仍盛开于中华大地之上。

云冈石窟造像艺术漫谈*

　　公元 5 世纪的 50 年代，北魏都城——平城西郊三十余里的武州塞十分热闹，为了创建为皇帝祈福的石窟寺，成百上千的工匠正在开山凿石，这一浩大工程的组织者是沙门统昙曜。据《魏书·释老志》记载，当时"凿山石壁，开窟五所，镌建佛像各一。高者七十尺，次六十尺，雕饰奇伟，冠于一世"。这时上距太武帝拓跋焘太平真君七年（446 年）三月"诏诸州坑沙门，毁诸佛像"，不过十余年，佛教僧徒对那场灭法浩劫记忆犹新。灭法之时，太武帝下诏："自今以后，敢有事胡神及造形象泥人、铜人者，门诛。"又云："诸有佛图形象及胡经，尽皆击破焚烧，沙门无少长悉坑之。"昙曜以前任沙门统（时称道人统）的师贤，是"假为医术还俗"，才逃过此劫的。昙曜当年曾"誓欲守死"，后经监国的皇太子拓跋晃劝谕，才"密持法服器物"隐匿而逃此

---

* 本文原载《中国文化遗产》2007 年第 5 期。

劫。因此他们深知，在当时的政治条件下，佛教想要恢复和弘扬，只有依靠最高统治者的恩赐。所以复法后，极力将当今皇帝与佛陀联系在一起。其实早在道武帝拓跋珪皇始年间，僧人法果就曾称道武帝为"当今如来"，宣扬："能鸿道者人主也，我非拜天子，乃是礼佛耳。"经历了太武帝灭法以后，僧人进一步认识到法果的主张是必须承袭的，所以复法后师贤出任道人统后，就极力将佛教造像之举与帝王联系在一起。在担任道人统当年，他就将官修的佛像比拟皇帝的形貌，据《魏书·释老志》："是年，诏有司为石像，令如帝身。既成，颜上足下，各有黑石，冥同帝体上下黑子。论者以为纯诚所感。"看来当时雕造的可能是等身石像。兴光元年（454 年），又在平城的五级大寺内"为太祖已下五帝，铸释迦立像五，各长一丈六尺，都用赤金二十五万斤"。这是身高近 4.5 米的大像，至少已有人体高的 2.5 倍，立在寺庙中已是十分宏伟了。但是当年毁寺破像的阴影仍旧笼罩在昙曜等僧众心头，因此当昙曜代替师贤以后，立即想要建造体量更为巨大、更难被毁坏的造像，而这就要借助高山崖壁，雕造难以破坏的身高六十至七十尺的大像。他在请示皇帝以后，立即在武州塞开始了空前浩大的凿岩开窟造像的工程，这也就揭开了今日"云冈石窟"历史的大幕。

昙曜开凿的五所石窟，今人都认为是被编为第 16 号至第 20 号的五座平面呈椭圆形（或说是马蹄形）的穹隆顶大型石窟，它们依次布列在云冈石窟区的西部，洞内主尊的高度都超过 13 米，最高的是第 19 窟中的佛坐像，高达 16.8 米，大家习惯称这五座窟为"昙曜五窟"。其中的第 20 窟，因为前壁和左右两壁前部早年已经塌毁，窟内大像暴露成露天的状态，所以后世的人们一来到云冈，首先映入眼帘的就是这座大佛的宏伟身姿，也因此这座大佛不断出现在中外的书刊之中，成为云冈石窟艺术的象征。其实它的身躯的高度在昙曜五窟中排在倒数第二，仅有 13.8 米。

昙曜五窟毫无例外都是椭圆形穹隆顶的窟形，过去多认为是模拟僧徒修行的草庐。纵观比云冈石窟建造早的自新疆到河西走廊诸石窟，从龟兹克孜尔石窟到武威天梯山石窟（凉州石窟），以及有西秦建弘纪年的炳灵寺 169 窟，等等，都看不到这样的椭圆形穹隆顶的窟形。令人感兴趣的是，近年来在大同地区发掘的北魏平城时期的坟墓中出土有随葬明器，这些明器中有陶质的毡帐模型（图一）。在大同沙岭北魏墓的壁画中，更可以看到成群的穹隆顶毡帐即穹庐的画像；该墓出土漆书文字中，有太武帝拓跋焘太延元年（435 年）纪年。这也让人想到后来鲜卑拓跋族用鲜卑语高唱的豪迈歌谣："天似穹庐，笼盖四野。天苍苍，野茫茫，风吹草低见牛羊。"想来北魏时鲜卑拓跋族选用本民族的传统居室穹庐的形貌来创造佛的居室，应是顺理成章的事。

✦ 图一　山西大同雁北师院北魏墓出土的陶毡帐模型

用民族传统居室的形貌来凿建石窟，也就引起对早期云冈石窟佛像艺术造型的思考，通俗地讲就是，当时造像所依据的"粉本"究竟来自何方？这又引起对佛教艺术如何传入中土的思考。

中国发现最早的佛像是东汉晚期的作品，似无疑问。不过当时佛教还没有在中国形成民众信奉的宗教，很长时期内，佛像只是杂厕于神仙像中的胡神而已，通常只出现于墓内石雕、壁画中，或摇钱树枝干以及器座上。这种情况一直延续到三国西晋时期。此时期，带有头光或坐于莲座的小型佛坐像，常被塑饰于青瓷谷仓罐（魂瓶）上，还有青瓷香熏、唾壶以及铜镜、鞶带铜饰等器物上，并通常与神仙、羽人、奇禽、异兽乃至水族鱼鳖混杂在一起。除了远在新疆龟兹地区的石窟外，在考古发掘中还一直没有发现过被尊崇地作为供人礼拜的佛像标本。这一情况在东晋十六国时期有了极大的变化。当许多北方或西北少数民族陆续进入中原建立政权成为统治民族以后，佛教在中原北方遇到了空前的发展机会。因为直到东晋十六国时期，汉族仍认为"佛出西域，外国之神"，而"华戎制异，人神流别"，于是后赵石虎时，中书著作郎王度所上奏议，建议禁民众信佛教。但是石虎说自己本是生自边壤的民族（羯），现在到中原成为帝王，"佛是戎神，正所应奉"。这道理很简单，胡人自信胡神，所以佛教大为兴盛，真正成为当时全国百姓信奉的宗教。目前，传世的中国纪年最早的佛教造像，也正是后赵石虎建武四年（338年）金铜造像。佛教在鲜卑族皇帝统治的北魏得以盛行，其缘由也应与后赵近同，创建本民族的传统建筑形式穹庐形貌的石窟窟形，在一定意义上也拉近了拓跋鲜卑与西来的胡神佛陀之间的距离，更具亲切感。至于昙曜五窟内佛陀艺术造型的最初渊源，自然是来自佛教的故乡——古印度。但是佛教的艺术造型，开始并不是由印度直接输入，而是辗转迂回经由中亚，进入今中国新疆境内，再沿河西走廊，继续输往中原北方地区。从进入中国境内并东传开始，随着一步步深入内地，佛教也有一个不断中国化的历程。还应注意到，随着北魏王朝逐渐掌控北方，掌控地域内的民众、僧徒和工匠人等陆续迁徙到平城地区。这样，来自青州、凉州、长安以及定州等地的僧徒和工匠，就全部汇集到昙曜指挥的工程队伍之中，带来了不同来源的"粉本"和工艺技能。所以当时对佛像的雕造，看来是博采国内外众家之长，是对艺术造型的再创造，从而形成了北魏自身的时代特色。这也就使仅重视样式学的美术史家，可以从云冈造像中或寻到犍陀罗艺术的影响，或注意到秣菟罗（马吐腊）艺术的风格，或探寻到地中海沿岸诸文明（希腊、埃及）的影响，或是将统一的艺术作品生硬地分割为西来的及中国传统，纷纷攘攘，不一而足。但是像云冈昙曜五窟这样具有艺术震撼力和时代风格的造型艺术品，其创作决不能只被认为是不同来源艺术的"拼盘"。宿白先生曾指出，北魏皇室以其新兴民族的魄力，融合东西各方面的技艺，创造出新的石窟模式，应是理所当然的事。[1]

昙曜五窟的艺术造型特征，首先在于其雄浑宏伟的气势。各

---

[1] 宿白：《平城实力的集聚和"云冈模式"的形成与发展》，《中国石窟寺研究》，文物出版社 1996 年版。

窟的主尊佛像，都以其巨大的体量和雄伟的身姿，显露出北魏各代皇帝的无上权威。佛的面容前额宽阔，直鼻方颐，弯眉细目，大耳下垂，口唇紧闭而微露笑意（图二），面相威严又显慈祥（或说佛像面相可能模拟北魏诸帝容貌，尚无确证，将来如积累拓跋鲜卑族人头骨资料再作面相复原，对照大

✦ 图二 云冈石窟第20窟大佛头部特写

佛面相特征进行研究，或许能有答案）。佛衣衣纹厚重，更增造像宏伟气势的力度。再结合粗犷的毡帐穹庐窟形，谱写出一曲新兴的北魏王朝的发展势头不可阻挡的赞歌。

昙曜五窟艺术造型粗犷而雄浑的气势，随着时间的推移逐渐消逝，代之而起的是新的精工细琢的富丽之风。此时，历史已步入北魏孝文帝太和初年，在云冈雕造的洞窟的代表是第5、6窟，第7、8窟，第9、10窟等几对双窟。还有第11、12、13窟一组三窟，是在崖面上从昙曜五窟向东延伸。这些洞窟呈现在人们面前的是与昙曜五窟完全不同的景观，模拟中国式样的仿木构建筑的石雕，以及披着宽博的汉式佛衣的清秀面庞的佛像，显示着与此前的石窟明显不同的新兴的造型艺术风格。这一突然的变化，难道只是出自那一时期指导开建石窟的僧人和雕窟造像的匠师因

师承和艺术流派而作的主观改变吗？答案是否定的。因为决定佛教石窟雕造面貌的不是幕前的僧人和匠师，真正决定权握于幕后的功德主——北魏的皇室和权臣手中，而在他们的心目中，宗教行为从属当时政治的大方向。

孝文帝初年直到太和十四年（490 年）文明太后冯氏去世，其间，主持政务的实际是临朝听政的文明太后，而当时摆在北魏最高统治集团面前的主要问题，正是如何巩固已被拓跋鲜卑政权统一了的中国北半部江山，以及治理以汉族为主的各民族民众。以拓跋鲜卑传统规制的政治构架已难以维持，为了长治久安，必定要在政治上进行彻底改革，在历史书中也被称为"汉化"。有着汉文化素养的文明太后冯氏，起用了汉族官员李冲、游明根、高闾等，改革鲜卑旧习，班俸禄，整顿吏治，推行均田制，不断进行政治改革。在这样的大背景下，生活习俗、丧葬礼仪等方面的"汉化"势头也越来越猛，与之相关的造型艺术自然也呈现出新的面貌。

以墓内葬具为例，在太和元年（477 年）宋绍祖墓中，葬具是仿木构建筑的石棺，三开间的殿堂前还设置有檐柱和门廊；在延兴四年至太和八年（474—484 年）司马金龙夫妇墓中，有着以石础漆画木屏风三面围护的石床。这些都是令人瞩目的标本。特别是在司马金龙墓中屏风漆画的历史题材的画像中，人物的面相、体态、服饰都与传世东晋画家顾恺之绘画的后世摹本中的人物相似，面容清秀而衣裾宽博，女像衣带飘飞，男像褒衣博带，高冠大履，明显是受到当时江南绘画艺术新风影响的作品

（图三）。司马金龙家族本是东晋皇族，于刘宋政权建立之初逃亡北地，故此能在北魏急于获取南方画艺新风时将其介绍到北方。当时北魏朝廷也起用来自青州地区（这一地区并入北魏版图前曾由东晋刘宋统治了半个世纪）熟悉工艺技能的人士，其中代表人物就是蒋少游。当时为了获取先进的汉文化艺术，北魏一方面力图通过解析汉魏旧制来承袭汉文化传统，另一方面想方设法去南方获取那里新的文化艺术信息，

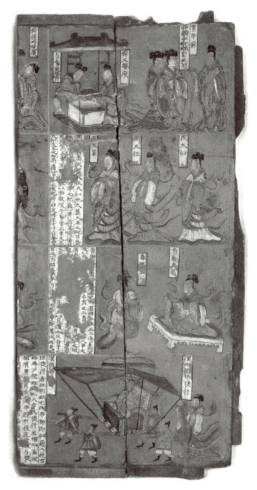

✦ 图三　山西大同北魏司马金龙墓出土的木板漆屏画

蒋少游在这两方面都起了很大作用。前一方面，如北魏朝廷曾特地派他去洛阳，"量准魏晋基址"，以在平城营建太庙太极殿；后一方面，曾在李彪出使南朝时，派他担任副使，密令其观南方"宫殿楷式"，以获取南朝建筑艺术等方面的新成就。这也引起南方士人的警惕，清河崔元祖就向齐武帝建议将蒋少游扣留，说：

"少游，臣之外甥，特有公输之思，宋世陷虏，处以大匠之官，今为副使，必欲模范宫阙。岂可令毡乡之鄙，取象天宫？"从中也可窥知当时北魏朝廷想获取江南汉族先进文明的急迫心态。就在这样的历史大背景下，孝文帝太和初年，云冈石窟开始第二轮开窟造像的热潮。

太和初年距和平年间昙曜在云冈开窟造像虽然只隔了20多年，但是北魏平城景观已有较大改变：鲜卑族传统的毡帐只在郊野才有保留，在都城内依汉魏旧制的宫殿和礼制建筑群日趋完备，而且宫殿的修建力求华丽，建筑装饰更趋精美。前述太和元年（477年）宋绍祖墓石棺前带檐柱、前廊的殿堂形貌，正是反映人间殿堂的艺术模拟造型。因此在凿建佛教石窟时，同样舍弃了鲜卑族传统居室毡帐穹庐的形貌，改为模拟人间帝王的殿堂，前列由巨大檐柱支撑的前廊（图四），室内顶部也模拟殿堂中的平棋藻井，连许多佛龛也雕成上为脊装鸱尾的庑殿顶，

✦ 图四　云冈石窟第9窟前廊檐柱

✦ 图五　云冈石窟第12窟带前廊殿堂形貌佛龛

下为带有前廊的殿堂形貌（图五）。又由于当时北魏朝廷实际上有两位最高统治者，一位是实际掌权的文明太后，另一位是皇权旁落的小皇帝，这一阶段在云冈石窟出现了别处罕见的双窟的形制，或许反映了这种政治现实。洞窟内部的布局，也打破了原昙曜五窟仅在正壁安置主尊而两侧安置胁侍的模式，在室内中央凿建直达室顶的方形塔柱，在塔柱三壁和室内两侧壁开龛造像，塔柱与后壁间留出佛徒旋塔礼拜的通道，明显是汲取了自龟兹到河西凉州诸石窟中心塔柱室内布局的成熟经验。又由于这样的布局，所以塔柱正面龛内主尊与昙曜五窟相比，身高和体量都有所缩减，虽然雕造精细、绮丽有加，但缺乏雄浑气势。壁面及藻井都满布雕刻，除了龛像和飞天伎乐，还出现许多颇具故事情节的新题材，如维摩文殊对坐。特别是第6窟中，佛传故事雕刻占据壁面的绝大部分，生动具体地展现了释迦从投胎诞生直到得道的历程。

　　更值得注意的是窟内佛像的艺术造型，同样出现很大的变化。太和年间的云冈佛像，不仅失去了以前巨大的体量和雄伟的身姿，而且面相也不再是直鼻方颐的威严形貌，而是转向面容清秀、慈祥可亲；所披佛衣（袈裟）的质地也由模拟厚重的毛织物，改为模拟轻柔的丝绸；披着方法摒弃了斜袒裸臂等旧模式，改为自双肩下垂再裹披身躯，样式近似双领下垂的汉式袍服，且佛衣下垂，宽博飘展，近似汉装士大夫的"褒衣博带"

✦　图六　云冈石窟第6窟西壁上层立佛像

形貌（图六）。

云冈石窟的窟形、室内布局和佛像造型的变化，强烈地显示出随着北魏汉化的加剧，来自山东青州、江苏徐州，乃至河西凉州诸地的影响汇聚融合，形成太和初年平城石窟造像的时代特点，反映出佛教艺术造型向中国化又迈进了一大步。

当太和年间云冈石窟进入新的艺术高潮的时候，北魏王朝的政治生活又出现了新的转折。太和十四年（490年）文明太后逝世，孝文帝终于摆脱了祖母阴影的笼罩。只过了三年，孝文帝就借口伐齐，统领百万大军南下，实际是开启了迁都洛阳的行程。又经过两年，到太和十九年（495年）北魏六宫及文武尽迁洛阳，平城从此失去都城的地位，北魏皇室在云冈石窟的大规模营建随即停止。今日云冈第3窟的前庭和前室未完成的工程遗迹，就是那段历史的实物见证。都城迁洛以后，云冈石窟日趋衰落，继续凿建的都是一些中小型的洞窟，主要集中于崖面西部，此时的造像面容更趋清秀。

太和初年，云冈石窟开窟造像出现的面相清秀、佛衣轻薄飘展的艺术风格，表明北魏平城造型艺术已追赶上江南自顾恺之至陆探微为代表的艺术水平。但是那时在江南又已出现了艺术新风，人物造型由瘦骨清像转向面短而艳的新风格，后世的绘画史都将艺术新风的代表人物归于张僧繇，其实这一风格的佛教造像在南齐永明年间就已出现。四川成都西安路南朝佛像窖藏出土的南齐永明八年（490年）比丘释法海造弥勒成佛石像的面相，已经显现出这种艺术新风，且蜀地造像较南朝统治中心的都城邺康还滞后一些时日，比之北魏，时当太和十四年，云冈造像尚以清秀面相为新兴时尚。

以张僧繇为代表的艺术新风的影响呈现于北魏洛阳，已是皇家大寺永宁寺塔中的塑像，大约塑造于孝明帝神龟二年至正光元年（519—520 年）。那时的云冈石窟，已因柔然主阿那瓌的强大，不断侵扰北魏旧京（平城）而彻底衰落，很长时间从历史记载中消失了。

说　床*

独自南斋卧，神闲景亦空。

有山来枕上，无事到心中。

帘卷侵床月，屏遮入座风。

望春春未至，应在海门东。

——贾岛《南斋》[1]

　　贾岛诗意，自是其身卧南斋，月光侵照床上。而大家都熟悉的李白《静夜思》[2]，则是月光照床前，抬头即可见山上明月：

床前看月光，疑是地上霜。

---

* 本文原载《古物的声音——古人的生活日常与文化》，商务印书馆，2018 年。

[1] 《全唐诗》第 17 册第 6644 页，中华书局 1960 年版。为检索方便，本文所引唐诗，均用《全唐诗》本。

[2] 《全唐诗》第 5 册第 1709 页。引文与通行本不同，亦依《全唐诗》本。

举头望山月，低头思故乡。

为何唐朝时，人在室中床上，月光可照射床前乃至床上，又可抬头即见明月？这与唐时室内陈设习俗有关。原来唐时乃沿袭汉魏传统，在室内当户横置大床。敦煌莫高窟第 217 窟盛唐壁画，即绘出厅堂当户横设下饰壶门的大床，床后有上绘花卉的屏风，一位女子坐在床上，另一女子怀抱襁褓中的婴儿，垂一足侧坐其面前（图一）。同窟所绘"化城喻品"图中，城中殿堂内王者也是端坐于户内横置的下饰壶门的大床上。因当时厅堂采光靠洞开的门户，室内光线最佳处，就是当门户前的位置。自汉魏以来皆如此。横吹曲辞《木兰诗》[1]："唧唧复唧唧，木兰当户织。"所以将织机当户安放，缘于采光。当得知

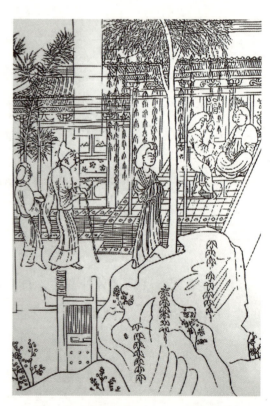

图一　敦煌莫高窟第217窟壁画室内当门设大床图像（线描图）

---

[1] （宋）郭茂倩编：《乐府诗集》，中华书局 1979 年版，第 373—374 页。

木兰归家的信息，合家高兴，"阿姊闻妹来，当户理红妆"，也因当户处光线好，适于女士梳妆之故。究其原因，与古代居室建筑结构有关。原来自先秦到汉魏，居室均以夯土墙承重，在宽厚的夯土墙上承托梁架，承铺屋顶。承重的夯土墙难以开大型窗洞，只是在当心间设大门，室内采光主要靠大门。只有门扉洞开时，光线才照射到室内，所以厅堂内光照最充分的地方，就只有当户之处。因此殿堂中当户办公，厅堂中当户会客，教师当户授课，织女当户纺织，妇人当户梳妆……皆因室内只有当户处采光最佳之故。所以当户设床，则因床是先秦至汉唐时坐、卧皆宜的重要家具。

今日一说到"床"，就是指卧室中人躺在上面用于睡眠的家具。日常查用的《新华字典》中，"床"字有二义，一是"床铺"；二是像床的东西：车床、河床（河身）、琴床[1]。但是追溯中国古代床这种家具的历史，从先秦到汉魏的漫长时期，它一直是室内最重要的家具，并不仅仅是供睡眠的"床铺"。

床，古写为"牀"。《释名》"释牀"："人坐卧曰牀。牀，装也，所以自装载也。"将床解释得很清楚，是当时人们日常生活中用于坐与卧的家具。中国古代用床的历史很久远，至迟在殷商时期的甲骨文中已经可以看到床的形象。因为床主要由木材制造而成，容易腐朽，难以长期保存，所以目前在田野考古发掘中发现的古床实物，最早的标本已是东周时期的制品，已获得的几件

---

① 《新华字典》第10版，商务印书馆2004年版，第68页。

标本都是来自对楚墓的发掘。1958 年发现的一件（标本 1—696），出土于河南信阳长台关 1 号楚墓之中，是拆卸后放置在木椁右后室内的①。床体是由方木构成的长方形框，框内再设纵梁一根和横撑两组四段，组成床体框架，长 225 厘米，宽 136 厘米。其上铺有席片。前后两侧方木下，各榫装三个床脚，分别在左、右和中间部位，床足雕饰成卷云形状，高度仅有 17 厘米，

✦ 图二 河南信阳长台关楚墓出土的大床

✦ 图三 河南信阳长台关楚墓出土的木床细部

加上床框的高度，全高仅 20 余厘米（图二）。沿床框四周安有竹木条做成的方格状护栏，在护栏角上装有青铜的镶角（图三）。床前后两侧中部，均开有栏门，供上下床之需。加装护栏后，木床通栏高 42.5 厘米。木床通体髹黑漆，床沿周边绘饰朱色连云纹。

另外两件木床，是 1986 年发掘湖北荆州包山楚国墓地时获得的②。一件出土于包山 1 号墓，但只保存床栏等部件（标本

① 河南省文物研究所：《信阳楚墓》，文物出版社 1986 年版。

② 湖北省荆沙铁路考古队：《包山楚墓》，文物出版社 1991 年版。

1:37）。另一件出土于包山2号墓，是一件结构精巧的折叠床（标本2:387），由两个尺寸和结构完全相同的半边拼合而成，床脚不是卷云状而是栅格形状，由多根立柱加横枋组成，四角的床脚呈曲尺形。整床拼合后全长220.8厘米，宽135.6厘米，床屉仅高23.6厘米。

信阳长台关1号墓和荆州包山2号墓中出土的两件木床，长、宽尺寸大致相同，床体（不加护栏）的高度也大致相同，均为20余厘米。这两座墓葬入的时代，都相当于战国初年，包山2号墓中出土有纪年材料，可考为公元前316年，墓内所葬死者为楚国主管司法的左尹邵𨓜，等级为"大夫"。长台关1号墓所葬死者无考，但从墓葬规制的等级看也应属于"封君"等级。这说明，两座墓中随葬的木床，是当时上层贵族所使用的家具。床体低矮，正与当时社会席地起居习俗相适应，人们办公、会客、宴饮通常坐在铺于地面的席上。身份高的人可坐在床上，床体低矮，使床上的人与坐在席上的人，高差不大；且当时囿于建筑技术水平，室内举高低矮，空间有限，家具体高过大难以适应。

汉魏时期，生活习俗沿袭先秦时期，仍是席地起居，床的使用也与先秦时相同。目前在考古发掘中，尚缺乏汉魏木床实物标本，但在墓室内的石刻画像与彩绘壁画中，保留有许多关于床的图像。常在建筑中当户横陈低矮的大床，人们坐于床上，或接受礼拜，或交谈、宴饮。与床结合使用的，还有屏风和帐。屏风多围护在床后和床侧，从汉画像石的图像看，多是在床后和右侧置矮屏，形成曲尺状。屏面可加彩绘图画或装饰纹样。有时还会在屏板上安装可托承物品的托钩，甚至放置刀、剑等兵器（图四）。

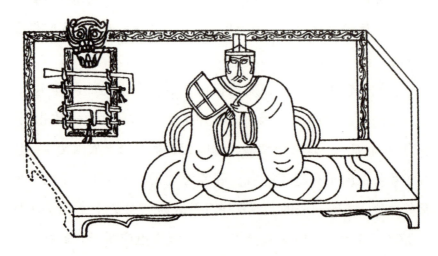

✦ 图四 山东安丘汉画像石坐床（屏风上挂着兵兰）

　　同时，汉魏家具中也出现有形制相近但尺寸小于床的坐具，即供人独坐的榻。《释名》"释床"又说："长狭而卑曰榻，言其榻然近地也。小者曰独坐，主人无二，独所坐也。"《释名疏证补》引服虔《通俗文》："床三尺五曰榻板，独坐曰枰，八尺曰床。"汉代名士，常终生只坐一张木榻，因经年跪坐榻上，当膝跪处甚至将榻板磨穿。如《高士传》记管宁："常自坐一木榻，积五十余年，榻上当膝皆穿。"（徐坚等：《初学记》卷二十五引皇甫谧《高士传》）独坐的榻，在汉画中也常可见到，但是木榻实物标本尚未发现过。在汉墓考古发掘中仅获得过一件石榻，出土于河南郸城的西汉墓中，青石质地，下设四脚，榻面长 87.5 厘米，宽 72 厘米，榻的高度仅 19 厘米，上刻铭文"汉故博士常山大傅王君坐榻"[1]。

东晋十六国南北朝时期，由于诸多少数民族入主中原，建立政权，形成民族大融合的态势，社会风习随之变化，与先秦礼制相结合的席地起居习俗，不断受到冲击，西来的垂足踞坐的高足家具逐渐在中土扩展，发展势头日趋强劲。这对传统的与席地起居相适应的家具也有影响。在供垂足高坐的椅、凳等发展势头日渐强劲的冲击下，传统的坐具大床的形体也产生变化，主要是床脚的高度有所增加，在南北朝时期的壁画和石刻画像中都对此有所反映。但是床作为主要坐具的地位并没有受到影响，特别是在宫廷殿堂和衙署办公等正式场合中，正面陈设的坐具仍是床，有时也用榻。东晋十六国时期，在南方，皇帝上朝时坐"御床"。东晋初建，元帝司马睿"登尊号，百官陪列，命（王）导升御床共坐。导固辞，至于三四，曰：'若太阳下同万物，苍生何由仰照。'帝乃止"（《晋书·王导传》）。在北方，由少数民族建立的政权，帝王坐具也用豪华的大床。《太平御览》引《邺中记》就记录了后赵石虎所用床："石虎御床，辟方三丈。其余床皆局脚，高下六寸。后宫别坊中有小形玉床。又有转关床，射鸟兽。"南北朝时期，宫中坐具仍是床。南朝宋武帝刘裕性节俭，"宋台既建，有司奏东西堂施局脚床、银涂钉，上不许；使用直脚床，钉用铁"（《宋书·武帝纪下》）。直到唐代，帝王仍坐床。唐太宗贞观十八年（644年）发生过"常侍登床"的故事。《旧唐书·刘洎传》：

---

[1] 曹桂岑：《河南郸城发现汉代石坐榻》，《考古》1965年第5期，第257—258页。

"洎性疏峻敢言。太宗工王羲之书，尤善飞白。尝宴三品已上于玄武门，帝操笔作飞白字赐群臣，或乘酒争取于帝手，洎登御座引手得之。皆奏曰：'洎登御床，罪当死，请付法。'帝笑而言曰：'昔闻婕妤辞辇，今见常侍登床。'寻摄黄门侍郎，加上护军。"《太平御览》引文中"洎登御座"亦为"洎登御床"。这说明，唐代皇帝的坐具是"御床"，也可视为"御座"。在敦煌莫高窟的壁画中，从北朝到唐代的经变故事画中，凡出现城中宫殿内有王者像时，常是在殿内当户横设御床（或比床小的坐榻），王者端坐其上；反映官署中官员的画像，也常是端坐于当户横陈的床（或榻）上。这些都是当时礼俗的真实写照。后世通俗小说、评书等文艺作品中常讲"天子坐龙床"，概源于此。当日用家具中桌椅流行，席地起居礼俗被垂足高坐所取代，宫廷中传统使用的带围屏的坐床也相应变化，床脚增高，旁加扶手，围屏仅留背屏且高度降低成靠背，即演变为明、清宫廷中的"宝座"，此是后话。

南北朝时期，传统的带围屏大床又被用于墓葬，成为葬具。在田野考古发掘中，最早发现的纪年明确的标本，是北魏平城时期的琅琊康王司马金龙墓，葬于太和八年（484 年）。该墓是司马金龙与其妻姬辰的合葬墓，具有前堂和后室，石棺床纵陈于后室靠右壁处[1]。石床下为直脚，床面长 241 厘米、宽 133 厘米、高 51 厘米。床前沿雕缠枝忍冬边饰，其间分格雕出伎乐人物十三身，中央是舞伎，其余皆为乐伎，所演奏的乐器有琵琶、曲颈琵琶、

---

[1] 山西省大同市博物馆、山西省文物工作委员会：《山西大同石家寨北魏司马金龙墓》，《文物》1972 年第 3 期，第 20—33 页。

排箫、横笛、钹、鼓、细腰鼓等。除伎乐外，还雕有龙、虎、凤凰、金翅鸟、人头鸟等图像。床面下设三直脚，分设于两角及中央部位，床脚之间又雕饰壸门，明显仿效当时木床形貌。床上设漆木围屏，围屏已散乱，仅存部分屏板。屏面分栏绘列女等历史故事图像，颇具南方顾恺之画风。到北魏迁都洛阳以后，石床上围屏改为石刻，围屏图像多用线雕，题材多为孝子故事，以及反映生活的宴居及牛车、鞍马等出行情景。北魏分为东魏—北齐和西魏—北周以后，在中原和关中地区的北朝晚期墓葬中，也仍有用围屏石床为葬具的实例。经考古发掘获得的标本，如河南安阳固岸北齐墓内所葬围屏石床，屏面图像题材仍是生活情景及孝子故事。在关中地区发掘的北周墓中，也有以围屏石床为葬具的实例，如安伽墓和康业墓。安伽和康业都是西域来华人士，入华后为融入中国社会，死后的墓葬形制、墓志及围屏石床葬具皆沿袭中国传统习俗。安伽生前曾任管理祆教的"萨宝"职位，所以墓中门额雕祆教火坛，同时石床前沿装饰图像亦用祆教异兽图像，石床围屏虽为传统的分栏生活习俗画面，但图像有的选用中国传统建筑与服饰，也有的用西域风习的建筑、服饰，将华风夷俗组合在一起。康业虽为康国王族后裔，但未担任祆教职位，所以石床屏风的社会生活画面完全依照中原传统，缺少异域与外来宗教色彩。唐朝时王朝政令统一，须严格按规制下葬，屏风石床这类葬具不在规制之内，因而消失。

又因华人传统，习称坐具为"床"，所以对从西方传入的异域坐具，常亦概称为"床"。东汉末年，环地中海诸古代文明中常用的坐具交脚折叠凳传入中土，甚至在官中使用，因是源于胡人的坐具，就称为"胡床"。至于叙述所见西域诸国国王的坐具，也常按华俗称为"床"。如《隋书·西域传》中记波斯国"王著金花冠，坐金师子座"，《旧唐书·西戎传》则记"其王冠金花冠，坐狮子床"，《隋书·西域传》亦记西域诸国中安国王"坐金驼座，高七八尺"，龟兹国王"坐金师子座"，漕国王"坐金马座"，《梁书·诸夷传》记滑国"其王坐金床"。史书所记西域诸国国王的坐具，撰史者均按华俗释为"床"或"座"，但其形制与中国古代皇帝所坐局脚（或直脚）大床无关，有可能是与地中海沿岸诸古代文明中习用的高足坐具——椅子有关。

在中国古代，床是供坐卧的家具，白天坐其上办公、会客、讲学、宴饮，晚上卧床而眠。那么，床是否有专用于坐或专用于卧的区分呢？随着建筑技术的发展，人们生活条件的改善，不同用途的建筑中所用家具的区别自然也会更加明显，那么陈设的床在形制上会不会有不同特征？目前从文献记录和考古发掘资料中，还没有获得先秦至汉魏时期的确证。不过随着席地起居习俗被垂足高坐习俗逐渐取代，传统大床作为主要坐具的功能被椅子取代，床作为卧具的功能日渐加强，于是供人坐的床和供人睡眠的卧床的区别就十分明显了。在甘肃高台五道梁魏晋墓砖画中，有反映床的不同功能的图像。其中有一件曲腿四脚床，上放被子等衾具，旁有墨书榜题"卧具"二字[1]，表明所绘床是专供

---

[1] 《中国墓室壁画全集》编辑委员会编：《中华美术分类全集·中国墓室壁画全集1·汉魏晋南北朝》，图版一一四，河北教育出版社 2011 年版。

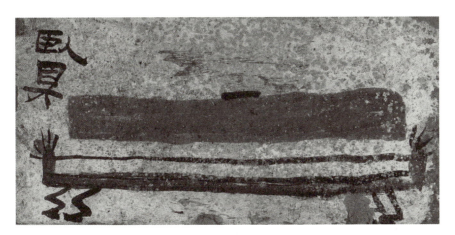

✦ 图五 甘肃高台五道梁魏晋墓壁画"卧具"图像

睡眠的家具（图五）。到五代时期，供垂足高坐家具的发展势头强劲，在社会生活中基本已取代供席地起居的家具，绘画作品对此有生动的描绘。目前传世的五代绘画实物，如王齐翰《勘书图（挑耳图）》、周文矩《重屏会棋图》和顾闳中《韩熙载夜宴图》中，所绘家具均为供垂足高坐的家具。特别是在《韩熙载夜宴图》（图六）中，更显示出当时以桌椅为主的高坐家具已形成完备的组合。画中最后一段，绘韩熙载与客人坐在带围屏高脚大

✦ 图六 五代顾闳中《韩熙载夜宴图》中的坐床和卧床图像

说
床
/

231

床上，前设桌椅等，观琵琶演奏。但在这件坐床后面，又绘出另一件高脚大床，床上张帐，床面堆置被子等衾具，明显表现出当时供坐的床和供睡卧的床，在功能上已明显区别开来。到北宋时期，从已发现的墓室壁画来看，家中日常生活家具均用桌椅，用于坐具的传统大床已消失，床只是供睡眠的卧具，壁画中绘出的大床，都是上面设帐，床面上堆放被子等衾具，如福建尤溪城关第一中学二号墓中所绘。元代的墓室壁画中，也有卧床的画面，如辽宁凌源老宫杖子村富家屯元墓壁画，床上张帐，床面放枕头和堆放的被子，床前两侧站立持物女侍[①]。到了明代，在江浙一带，如苏州、上海等地区的明墓中，有随葬小型木制家具模型的葬俗。在上海发掘的明墓内随葬的木制家具模型中，制工最精致的一组出土于万历十七年（1589 年）修职佐郎光禄寺掌醢署监事潘允征墓，家具中有一件前置脚踏的架子床。苏州凤凰墩明墓，所葬死者比潘允征官阶更高，是太子少保吏部尚书建极殿大学士王锡爵，亦葬于万历年间，墓内也随葬有木家具模型，其中的架子床，制工很精致。这两件架子床模型，床体四角有立柱，还有两根门柱，而且在床前还设有浅廊，拟自现实生活中的"拔步床"，是明式架子床中制工最繁复、规制最大的一种[②]。在明式家具的卧具中，除架子床外，还有榻和罗汉床。榻又称小床，只宜一人睡卧，又称"独睡床"或"独眠床"，指上面没有任何装置

---

① 徐光冀主编：《中国出土壁画全集》8，图版 98，科学出版社 2012 年版。

② 拔步床，又称"八步床"或"踏步床"，详见王世襄：《明式家具研究》，生活·读书·新知三联书店 2007 年版，第 158、163 页。

的卧具①，虽与前述汉代家具中独坐的坐具同名，但无承袭关系，形制、功能全不相关。罗汉床则是在小床上后背及左、右安有围子。

清朝建立以后，都城北京的宫殿、王府和官员住宅中的卧具，皆按满族旧俗用炕，而不流行架子床（榻和罗汉床仍有使用，但多陈于书房等场所，仅供随时短暂卧息之用），但床类卧具在京外特别是江南依然广泛使用。直到清末至民国时期，北京人家居的卧具仍沿袭清俗，主要是睡炕，习惯在卧室中前沿设大炕。但与此同时，受西方影响，有钱人家已尝试改用"洋床"，一般家庭则由炕改为用板凳承托木铺板的床铺。此后，从先秦大床至明式家具的架子床，这类沿袭几千年的中国古代卧具，最终退出历史舞台。

① 王世襄：《明式家具研究》，生活·读书·新知三联书店 2007 年版，第 149 页。

汉俑楚风 *

　　西汉景帝阳陵附近发现的陶俑坑，出土了为真人体高三分之一左右的裸体陶俑，数量众多，制工精致，为人们打开了一个得以窥视汉初陶塑造型艺术品的新窗口。

　　阳陵西汉陶俑与秦始皇陵兵马俑相比，很容易看出它们的造型风格迥然有别。

　　先看秦始皇陵兵马俑。踏进博物馆高大的拱顶展厅，时间似乎开始凝固，然后迅速穿越，带人返回两千年前的世界。军阵森严的秦代武士，威猛肃穆，无声地出现在人们面前。重重队列，无数的战士和车马，但是没有任何声响，安静得令人吃惊，形象诠释古老历史那寂静的永恒，一切都凝固了，令人产生说不出的压抑感。这种让人压抑的威慑气势，正是秦俑的造型特征所带来的。与真人真马同样大小的陶兵马俑，确是中国古代陶塑作品

＊ 本文原载《文物天地》1992 年第 3 期。

的空前之作。秦俑按照俑体不同部位，分别用模制成形，然后接套、黏合，最后贴塑细部，所以一种姿势和同样服装的俑，只是面部有差别，那是在贴塑眉目耳鼻以及发髻、胡须时，由细微的差别而形成的特征。也正因如此，当观赏陶俑头部特写时，常常感到生动，而且每个陶俑的面相似乎都各具性格特色；但是当观察全俑形体时，就显得呆滞生硬而缺乏个性了。看来正是得益于形体的呆板，把它们成百上千地排成队列，才显示了出乎意料的整齐划一，形成前面所讲的威严肃穆的氛围，带来让人压抑的威慑气势。从另一角度观察，这些空前宏伟的陶塑作品的产生，又与秦王朝好大喜功有关，在造型艺术创作方面，追求宏大的艺术效果，因此秦兵马俑呈现的无比壮观的情景，正显示着秦代造型艺术的时代风貌。

再看西汉阳陵的陶俑。陶俑的形体较秦俑小得多，只有秦俑的三分之一，一般高约 60 厘米，估计原有数量远较秦俑坑已知的陶俑数量为多。汉承秦制，西汉初年也是想承袭秦代追求华美壮观的传统做法。例如，西汉王朝刚建立时，丞相萧何构筑长安城宫殿时的指导思想就是"非壮丽无以重威"（《史记·高祖本纪》）。但是由于秦末动乱，继之又是楚汉之争，连年战祸给社会经济造成极大破坏，亟待恢复。同时，接受了秦王朝对百姓过于苛暴导致覆亡的教训，所以在西汉初特别是文帝和景帝时期，崇尚节俭。因此，为皇帝陵墓制作的陶俑，不再如秦俑那样高大雄伟，这或许是阳陵陶俑形体较小的原因。在陶俑造型方面，阳陵汉俑和秦俑不同，已发掘出土的陶俑，并不是塑出穿着衣服铠甲的整体外形，而是塑出没有穿衣服的裸体形态，头和躯干比例匀称，形体逼真，多为男性，性器官也塑制清晰；但是没有膀臂，只在肩部做出为了安装双臂的关节。据发掘中获得的残痕，原来装的膀臂是木制的，有的武士俑所装木手仍依稀可辨。在埋放时，俑体穿有丝织品制作的衣服，出土时有的还遗有残痕。这些武士俑头扎朱红色武弁，腿裹朱红色行縢，战袍以米黄、白、灰、橙红、棕褐等色丝帛制作，腰带上有的饰有成排的小贝壳。铠甲的甲片用小木片制作，现多朽毁，仅存棕红色和黑色的痕迹，尚能看出身甲和披膊的形制。它们手执或佩带的各种兵器和工具，制作也极精致，都是用铁、铜等材料制作的模型，与俑体一样，是真实物品的三分之一大小。

类似的裸体陶俑，还在西汉宣帝杜陵的陪葬坑中出土过，体高也约略相当真人体高的三分之一，有的执有同样比例的小铁戟，有的陶俑腹前还遗有腰带上的小铜带钩，或在身上系有直径仅 1.2 厘米的小五铢钱。裸体的汉俑在汉长安城遗址过去多有出土，除男俑外，也有女俑。近年来，又不断在汉长安城西北部发掘到烧制这类裸体陶俑的窑址。制成裸体无臂陶俑，另装膀臂再穿丝帛衣服的做法，明显与已知秦俑的造型风格乃至制作技术完全不同，看来是别有渊源。

审视先秦时期的俑，制成俑体、另装膀臂并穿着丝织衣服的作品，目前所知只有楚俑。已发现的楚俑俑体都是木制的，可以举两个保存比较完好的例子。其一是湖北荆门包山楚墓出土的木俑，身体雕刻粗糙，但双腿雕凿成形，并装有双足，双臂亦为后装的，裸体，原着衣物已朽毁无痕，时代大约在战国中期。其二是湖北江陵马山1号楚墓所出木俑，身躯由整木雕成，斜肩、凸胸、细腰，双肩制有另装膀臂的圆面，但未见膀臂。头部雕出耳、鼻和嘴，并墨绘眉、目和鬓发，朱点口唇，头上另装头发。身上披穿的衣服保存尚好。单衣无领无袖，披于肩上，下裹长裙，腰系皮带。长裙以红棕绢制成，上绣漂亮的凤鸟花卉纹样，上缘和底边包饰塔形纹锦缘。该墓时代约在战国中期略偏晚。此外，湖北江陵雨台山、湖南长沙等处楚墓中，多有这类着衣木俑出土。

楚墓随葬着衣裸身木俑的习俗，为原楚国疆域内的西汉墓所袭用，最典型的例子是湖南长沙马王堆西汉轪侯家族墓出土的标本，在马王堆1号墓中，出土有两件戴冠着衣男俑、十件着衣女仆俑和八件着衣歌舞俑，俑体均为木制，躯干仅刻出大略轮廓，均无双臂。戴冠男俑制作最精，形体也最大，身着深蓝色菱纹罗绮制作的长袍，领、袖及衣襟皆饰锦缘。这些西汉木俑明显承袭着楚俑的造型风格。据此可以推测，阳陵出土的裸体着衣陶俑，也应是楚风影响下的产物。

一些具有楚风的建筑或造型艺术品出现在关中地区并不令人惊奇。因为当秦灭六国时，每灭一国，都仿照其宫殿形貌在秦都咸阳北阪进行建造，形成"咸阳宫阙郁嵯峨，六国楼台艳绮罗"（李商隐《咸阳》）的宏伟场景。但是西汉帝陵随葬陶俑呈现的楚文化影响，却不是上述秦始皇好大喜功强行移植六国文化的产物。探其渊源，乃是与西汉初皇室崇尚楚文化有关，这应从汉朝的缔造者刘邦说起。

秦末群雄并起，刘邦起兵先据沛县，立为沛公。沛本是他的老家，周时原属宋国。当宋为齐、楚、魏三国所灭后，三分其地，楚得其沛，时为公元前286年。至秦灭楚，沛已并入楚国版图半个世纪以上，因此刘邦本人就是在楚文化的氛围中成长的。在他周围的核心人物中，丞相萧何及曹参、绛侯周勃、舞阳侯樊哙、汝阴侯夏侯婴等，均为沛人，与刘邦同，自然亦习楚俗。其余将相虽非楚人，但亦多习楚风俗，如淮阴侯韩信，虽祖系韩人，但亦习楚俗，当刘邦灭项羽后，封其为楚王，原因是"义帝无后。齐王韩信习楚风俗，徙为楚王"。

因此，汉初从皇帝到将相多喜好楚的文化艺术，特别是楚之歌舞。刘邦本人虽然文化水平不高，但善作楚歌，两首佳作流传至今。其一是他率军平黥布后过沛，作《大风歌》，词意豪放，是成功者的凯歌。其二是《鸿鹄》，与前歌相比，别有一番情调。当时刘邦欲废太子改立戚夫人之子赵王如意，由于吕后用留侯张良计，为太子请来商山四皓，使废立之事无望，自然也预见到戚夫人将来的悲惨命运，相对凄然。"戚夫人泣，上曰：'为我楚舞，吾为若楚歌。'歌曰：'鸿鹄高飞，一举千里。羽翮已就，横绝四海。横绝四海，当可奈何！虽有矰缴，尚安所施！'"词意悲切，无可奈何，绝无"大风起兮"的豪气。

皇帝如此喜好楚歌，朝廷中自然楚歌盛行，并正式列入宫乐之中。据《汉书·礼乐志》："高祖乐楚声，故《房中乐》楚声也。"同时，在西汉军队中楚歌甚为流行。宣帝时，韩延寿在东郡时试骑士，盛陈军阵，当时"歌者先居射室，望见延寿车，嗷咷楚歌"。可能是因为楚歌适合众人高声合唱。

除楚歌、楚舞外，刘邦还喜楚服，有下述故事。当叔孙通初见汉王刘邦时，"叔孙通儒服，汉王憎之，乃变其服，服短衣，楚制，汉王喜"（见《史记·叔孙通列传》和《汉书·叔孙通传》）。由此可见，刘邦自沛起兵，称沛公至为汉王，再至成为西汉皇帝，他始终崇尚楚俗，喜好楚歌、楚舞、楚服，其左右将相亦如此。上有好者，下必效焉，当时汉军中习唱楚歌成风，自在必然中。否则当垓下战时，项羽被围，汉营何能在战场上一天训练出那样多善唱楚歌的士卒，以至达到四面皆楚歌的浩大声势。项羽不察，误谓汉军已得楚地，实属少见多怪，难免失败。

综上所述，西汉初年楚文化艺术影响深远，以至造型艺术方面楚风盛行，这正是当时帝陵随葬陶俑虽袭秦制但呈楚风的主因。回想战国七雄中，楚的文学艺术的发展当为诸国之冠，秦则远不如之，但凭武力，秦终灭楚。不过深厚的文化积淀不会为征服所湮没，终能散发应有的光彩，对以后的历史产生深远影响。汉承秦制，又袭楚风，融会创新，使汉俑造型摆脱了秦俑呆滞生硬的模式，转向生动精细、富有生活情趣的时代新风，为更具艺术魅力的东汉陶俑的发展开辟了道路。

四川早期佛教造像 *

　　20 世纪 60 年代初，北京关心中国佛教艺术的诸先生，已经注意到探究中国早期佛教造像这一学术课题。当时阎述祖（文儒）替中国佛教学会为锡兰（今斯里兰卡）撰著中国石窟寺艺术，他住在广济寺，经常于晚上叫我去研讨写作中的问题，并常与巨赞法师和赵朴初聊天，谈及已发现的早期佛教造像等问题。为此，我曾应约在中国佛教学会所办《现代佛学》1962 年第 4 期发表《国内现存最古的几尊佛教造像实物》一文，但囿于当时资料的限制，难以作进一步探讨。从那以后，随着文物考古事业的发展，不断有新的有关中国早期佛教造像的资料被发现，开阔了人们的眼界，也吸引了一些考古学者的注意，陆续发表了一些探究性的文章，获得了比以前更多的成果，但是也产生了一些新的问题。随着新的文物考古资料的发现，有关探讨将会日益深入，

＊ 本文原为 1992 年"峨眉山与巴蜀佛教文化学术讨论会"的发言稿，后收入《寻常的精致》，辽宁教育出版社，1996 年。

得出更为切合实际的结论。

四川地区的佛教造像遗存极为丰富，但以唐宋及其以后时期的资料占绝大多数。这里所谓的"早期"，指汉至南北朝时期的造像资料，又可以细分为前后两个时期。前期包括东汉至三国蜀汉时期；后期是南北朝时期，至北周领有蜀地时为止。

四川地区已发现的东汉至蜀汉时期与佛教造型艺术有关的资料，主要存在于古代墓葬之中，又以下述两类资料为最多：其一是墓室雕刻出的图像；其二是墓内随葬品上的装饰图像，在这类图像中，又以"摇钱树"的陶座上及铜铸枝干上的图像为主。

谈到汉魏时期与佛教造型艺术有关的文物资料时，我认为必须首先区别它们是当时佛教信徒供养礼拜的佛教造像，还是仅仅受到佛教艺术影响出现的装饰性图像。这一区别，对分析当时当地佛教是否已真正作为一种宗教而流行，是至关重要的，但是这一点却常被人们忽视。

为说明上述问题，可举大家熟知的一些考古资料为例。武昌莲溪寺吴永安五年（262年）墓出土的刻有菩萨装佛教造像的鎏金铜饰片，明显是马具中用于鞁带的饰件。吴、西晋青瓷器上贴塑的小型佛像，具有明显的莲座和狮子座，光头和衣纹也表明确是佛教造像，它们较多地出现在随葬的"谷仓罐"（或称"魂瓶"）之上，但也出现在唾壶等用具之上。有的魂瓶腹部的佛像甚至与鱼鳖等图像共列。六朝青铜镜背的装饰图案中，佛像有时出现在神仙、神兽图像之中。上述资料只能表明，当时的造型艺术品已受到佛教艺术的影响，甚至将其列入神仙图像的行列，但并不十分尊敬，绝不是人们顶礼供养的佛教造像。因为虔信佛教的信徒，绝不会将佛像用于装饰马具以及盛痰的唾壶。这也表明，在三国西晋时期，佛教虽已开始在江南地区传播，也开始建立寺塔，但是其影响有限，并不像以后东晋南朝时期江南地区那样，佛教成为自帝王乃至普通百姓虔信的宗教。

对于在古代墓室画像中出现的与佛教艺术有关的图像，情况也大致相同。在和林格尔壁画墓、沂南画像石墓等东汉时期图像中，与佛教艺术有关的图像，都是作为中国本土的神仙思想和早期道教的附庸状态出现的，但到佛教真正流行以后就不同了。在吉林集安高句丽族早期墓的壁画中，如长川 1 号墓内，不但绘有佛像和菩萨像，而且绘有在佛像前墓主人跪拜顶礼的图像。

此外，对于一些可能与佛教艺术有关的图像，也必须进行具体分析。如胡人形象。十分明显，胡人形象在汉代的画像和陶俑中经常出现，因此，不能认为胡人的出现必然与佛教有直接联系。与之相类似的装饰图像，还有莲花和大象，它们自先秦时已是中国图像艺术题材，如大家熟知的先秦青铜器中的象尊与立鹤莲壶，它们都与佛教艺术无关。因此，当莲花和大象等造型在汉魏时期艺术品中出现时，要进行具体分析，以辨明它们是否确与佛教艺术的影响有关。

基于上述分析，目前发现于四川地区的东汉至蜀汉的文物中，尚难肯定有真正是佛教信徒供养礼拜的尊像。已知的考古资料中，墓室雕刻的图像以及"摇钱树"座和树干上的佛像，应是受到佛教艺术影响而出现的艺术作品。

先看墓室雕刻出的图像，主要有乐山麻浩1号崖墓坐佛像（图一）和柿子湾崖墓的坐佛像，后者残损较甚，但麻浩墓中的佛像保存较好。佛像刻于墓内前室东壁门楣石上，与佛像平行布置的图像，是一个赤足的垂钓者。将佛像与钓鱼人对应雕刻，很难说明佛像是受供奉的位置。至于刻成的时期，

✦ 图一　四川乐山麻浩1号墓墓门石佛浮雕像

据该墓考古简报作者分析，应是蜀汉时期的作品[①]。

再看"摇钱树"座和树干的佛像。其中最著名的一件，是20世纪40年代发掘的彭山东汉崖墓出土的陶座，座上塑出一坐佛和两身胁侍立像。"摇钱树"枝干上的铜佛像，值得注意的标本有绵阳何家山1号东汉崖墓的出土品和忠县涂井蜀汉墓的出土品。关于"摇钱树"，也有学者认为或许是"社树"，甚至或许与距汉代几个世纪以前的三星堆青铜神树有关联。但不论是哪种说法，都与真正的佛教教义无关，至少没有脱离附庸于其他宗教信仰的位置。

---

① 乐山市文化局：《四川乐山麻浩一号崖墓》，《考古》1990 年第 2 期。

总之，在今日四川境内虽然发现有一些接受佛教造型艺术影响的文物资料，但截至目前，还缺乏在东汉或蜀汉时期已存在佛教作为独立的宗教信仰的文献记录或实物证据。这一问题，仍是有待今后继续进行探索的难解的课题。

进入南北朝时期，四川地区出现了真正的佛教造像。根据目前所了解的资料，这时期的造像与前述东汉至蜀汉时期那些受佛教造型艺术影响而产生的文物，并没有任何直接联系。目前已知的四川地区的南北朝时期佛教造像，主要有两批资料，第一批是出土于茂汶县（今茂县）和成都的石刻造像，第二批是广元千佛崖石窟等处的造像。

先观察第一批造像。茂县的造像有南齐永明元年（483 年）纪年，现已残损，经拼合复原，是一通四面都有造像的造像碑，以正面和背面的两大龛像为主，一为弥勒佛，一为无量寿佛。

成都的南北朝石刻造像，主要出土于西门外万佛寺旧址，从清末到 20 世纪 50 年代，陆续有出土，现藏四川省博物馆的超过 200 件。其中，南北朝时期带有纪年铭文的至少有 8 件，而最早的南朝宋元嘉二年（425 年）净土变石刻已流失国外。现存万佛寺旧址出土的有南朝纪年像 5 件，均为梁代造像，为普通四年（523 年）康胜造释迦石像一龛、中大通元年（529 年）鄱阳王世子造释迦像一躯、中大通五年（533 年）上官□光造□释迦□□一龛、大同三年（537 年）侯朗造佛像一躯、中大同三年（实为太清二年，548 年）观世音造像一龛。还有北朝纪年造像两件，均为北周造像，为保定二年至五年（562—565 年）益州总管柱国赵国公招敬造阿育王造像一躯和天和二年（567 年）菩萨造像残躯一件。后来又陆续在成都的西安路、商业街等几处发现佛教石造像埋藏坑，出土石造像中纪年最早的是南齐永明八年（490 年）释法海造弥勒成佛像，南齐建武二年（495 年）释法明造观世音成佛像，还有记明为"阿育王"像的梁太清五年（551 年，太清只有三年，实为大宝二年）柱僧逸造像，丰富了关于成都地区南朝石造像的文物资料。

综观上述南朝齐、梁纪年造像，从其面相、造型、服饰的特征来看，十分明显是接受以南京为中心的南朝造像风格的产物。最突出的是削肩的体型和佛像的服饰。

削肩的体型是佛像中国化的一项重要革新，从云冈石窟的早期造像可以看出，体型是宽肩呈端平的形貌，较明显地保留着印度佛教造像原有的特征。但是在东晋到刘宋时，著名的雕塑家戴逵、戴颙父子，不断改进佛像雕塑的技艺，使其更符合中国百姓的审美观点。据唐张彦远《历代名画记》卷五记载，戴逵"曾造无量寿木像，高丈六，并菩萨。逵以古制朴拙，至于开敬，不足动心，乃潜坐帷中，密听众论，所听褒贬，辄加详研，积思三年，刻像乃成"。其子戴颙，开始创作有削肩体型的佛像。据《宋书·隐逸传》："自汉世始有佛像形制未工，逵特善其事，颙亦参焉。宋世子铸丈六铜像于瓦官寺，既成，面恨瘦，工人不能治，乃迎颙看之。颙曰：'非面瘦，乃臂胛肥耳。'既错减臂胛，瘦患即除，无不叹服焉。"瘦而削肩的造型自宋初开始流行。茂县的南齐永明造像，正是仿效刘宋时最流行的造型。万佛寺遗址出土的萧梁造像，依然沿袭这一传统。

佛像服饰的变化，更是佛教造像日益中国化的标志，1963年我已在《试论南北朝前期佛像服饰的主要变化》一文中详加论述。刘宋和萧梁纪年造像所着双领下垂的宽博大衣，内衣结带的服制，正是东晋南朝时流行的服制，可以从南京及丹阳六朝墓中《竹林七贤和荣启期》拼镶砖画所绘人物，清楚地看出这类服制的特色。

因此，从造像的体型及服饰特征可以看出，成都一带的南朝造像，是由长江下游向上游传播的产物。

北周夺取四川地区以后，佛教造像自然受到北周造像风格的影响。萧梁的细密和北周的粗放质朴汇成新的造像风格，通肩而衣纹弧垂的造型增加，与北周中心地区的造像相比，具有较浓郁的地方色彩。

四川地区的南北朝时期石窟造像，发现于川北地区，其风格与成都一带的石刻造像不同，不是受长江下游的南朝造像的直接影响，而是受北魏后期中原造像的影响。虽然在北魏孝文帝迁都后，北魏的佛教造像深受南方的影响，但是终与南朝造像存在区别。经过关陇，由汉中再入川北，产生了受北朝影响而雕凿的石窟造像。

川北的南北朝石窟造像，主要发现于广元的千佛崖和皇泽寺两处石窟，经广元市文物管理所和中国社会科学院宗教研究所的佛教室联合调查，发表了调查报告。千佛崖的北朝洞窟，主要有大佛窟（编号第7窟）和三圣堂（编号第21窟）。前者作马蹄形平面，约开凿于北魏晚期；后者是三壁三龛窟，约凿建于西魏至北周时期。皇泽寺的北朝洞窟，主要有中心柱窟（编号第45窟）和迎晖楼上的第28窟，约凿建于西魏至北周时期。对于上述石窟，丁明夷同志进行过研究，指出这些洞窟为马蹄形平面，包括穹窿顶形窟、中心柱窟及三壁三龛窟三种窟形，奠定了以后隋唐四川石窟造像发展的基础，直到唐中宗、睿宗时期仍流行这三种主要窟形，可见其影响之深远。

美术考古学概述 *

美术考古学是考古学的分支学科

在《中国大百科全书·考古学》的"考古学"条中，将美术考古学列为"特殊考古学"（使用"特殊考古学"这一名称，是为了与史前考古学、历史考古学、田野考古学等考古学的主要分支相区别）之一，指出"美术考古学是从历史科学的立场出发，把各种美术品作为实物标本，研究的目标在于复原古代的社会文化"。至于美术考古学与考古学的其他分支学科的联系，"考古学"条中也讲得很清楚："由于美术考古学的研究对象在年代上上起旧石器时代，下迄各历史时代，所以它既属于史前考古学的范围，也属于历史考古学的范围。又由于作为遗迹和遗物的各类美术品多是从田野调查发掘工作中发现的，所以美术考古学与田

---

* 本文原载《中国美术考古学概论》，中国社会科学出版社，2008 年。

野考古学的关系也相当密切。"① 上面引述的这些简明扼要的叙述，对什么是美术考古学已经给出十分明确的答案。如果我们再将以上叙述重述一下，可以认为：

1. 中国美术考古学是中国考古学的分支学科，属于特殊考古学中诸学科之一。

2. 美术考古学的研究对象，是田野考古工作中获得的遗迹和遗物中与美术有关的科学标本。

3. 美术考古学研究的考古标本，其时间上起旧石器时代，经新石器时代，下迄各历史时代，涵盖中国古代历史的各个时期。

4. 美术考古学的基本研究方法，是考古学的方法，其基础是考古层位学和考古类型学；同时必须与中国古代文献的分析研究相结合。

5. 中国美术考古学研究的近期目标是，为田野考古工作提供确定编年标准等方面的帮助；最终目标是，从历史科学的立场出发，把各种美术品作为实物标本，以复原古代的社会文化。

6. 重要的一点是，作为一个中华人民共和国的公民，从事中国美术考古学的研究，与历史学和考古学研究一样，要以马克思列宁主义为指导，贯彻爱国主义，排除干扰，敢于宣扬自己民族的传统文明，具有一个真正的中国人的独立人格。

① 考古学编辑委员会：《中国大百科全书·考古学》，中国大百科全书出版社 1986 年版，第 17 页。

美术考古学的研究对象和目的

美术考古学的研究对象，是田野考古调查和发掘工作中获得的各类与美术有关的科学标本，包括古代的遗迹和遗物。其主要内容可以概括为与古人现实社会生活有关的考古标本和与古人丧葬有关的考古标本两大类，这也可以说几乎涵盖了田野考古获得的遗迹和遗物的各个方面。如果依照传统的艺术品分类，也可分为建筑、绘画、雕塑、工艺美术和宗教美术五类。

一、 与古人现实社会生活有关的考古标本

与古人现实社会生活有关的考古标本，首先是人类生活居住的居室、聚落、城市的遗址，主要注意其构成和规划，特别是进入历史考古学范围的都市平面设计规划。其次是建筑物的功能、工艺技术、外貌特征和艺术装饰。最后是室内陈设、家具的演变、室内的艺术装饰，乃至日用器物的材质、制作与造型。

在与古人现实社会生活有关的考古学标本中，反映精神文化的标本要予以特殊注意。这包括与祖先崇拜有关的宗庙等祭祀遗迹和遗物，更多的是与宗教信仰有关的古代遗迹和遗物。有关宗教的考古学标本，包括从史前时期与原始宗教（或称巫术）有关的遗迹和遗物，到历史时期的各种宗教遗存，但主要是佛教的遗迹和遗物，包括佛寺佛塔遗址、石窟寺院、各类佛教造像、造像碑和经幢等。其中对石窟寺的研究，又可以列为一个单独的考古

学分支学科——中国石窟寺考古^①。

二、与古人丧葬有关的考古标本

与古人丧葬有关的考古标本，主要是通过各个时期的墓葬的田野考古调查发掘所获得的，包括地面的陵园建筑和地下的墓室。地面的陵园建筑包括陵园、封土、神道石刻等，其中的神道石刻和墓园的石刻，是重点关注的石刻艺术品。地下的墓室包括墓室的建筑结构和装饰艺术，装饰艺术中着重于墓室壁画（包括画像石、画像砖和拼镶砖画）；葬具及其装饰艺术；砖石的墓志，以及志文的书法艺术；随葬的实用物品和明器，实用物品包括陶器、青铜器、玉器、漆器、瓷器、金银器、丝织品等，它们的类型演变、装饰纹样、工艺技巧、时代特征、实用功能，以及所反映的不同民族、地区的文化影响，都是美术考古应予注意的问题。明器中最值得注意的则是各种质料的俑、牲畜、家用什物模型和建筑模型。此外，还有墓室附近的从葬坑和葬入的物品。

美术考古学的基本方法

美术考古学是考古学的分支学科，所以其主要的研究方法与田野考古工作的研究方法相同，最基本的是层位学和类型学。层位学所要解决的主要是年代断定问题，认清遗迹和遗物在不断演

---

① 徐苹芳：《中国石窟寺考古学的创建历程——读宿白先生〈中国石窟寺研究〉》，《文物》1998 年第 2 期，第 55—63 页。

进的历史长河中准确的坐标。类型学则是从标本固有的特征，析清其与其他标本的关系，以及剖明标本发展演进的轨迹。

令人感兴趣的是对田野考古发掘或调查获得的遗物的类型学分析，常常主要依靠遗物中的美术品，其中最突出的例证莫过于史前考古学中的彩陶纹饰的特征和演变，以及历史考古学中陶俑形态特征的变化。依据彩陶纹饰的特征和演变，可以相当准确地判定所属考古学文化及其类型，以及其相对年代。20 世纪 60 年代，学者据以划分区系类型的主要论据之一就是特征容易识别的彩陶图案[①]。在对仰韶文化庙底沟类型主要文化特征的代表性器物的类型分析中，最重要的是植物花纹图案彩陶盆、鸟形花纹彩陶盆和双唇小口尖底瓶，它们都具有特征容易识别、形制发展序列完整的特点，其中前两种器物都是考古学遗物中的美术品。对于植物花纹彩陶图案的分析，主要是"植物花纹中，构图比较复杂，序列完整的有两种：第一种，类似由蔷薇科的覆瓦状花冠、蕾、叶、茎蔓结合成图；第二种，类似由菊科的合瓣花冠构成的盘状花序。自然，它们是一种高度概括的工艺美术图案，不能同写生画相比。""蔷薇图案是从比较简单朴拙到比较繁复严密，再到松散、简化、分解。鸟纹图案是从写实到写意（表现鸟的几种不同形态），到象征。"它们都各自包括了一个从发生、发展到逐渐消亡的完整过程，成为显示其所属文化类型不同发展阶段的典型特征器物。我们追寻蔷薇图案彩陶在各地的分布，自然廓明了

---

① 苏秉琦：《关于仰韶文化的若干问题》，《考古学报》1965 年第 1 期。后收入《苏秉琦考古论述选集》，文物出版社 1984 年版，第 157—189 页。

这一文化类型的中心区域和分布范围，为区系类型的研究奠定了基础。至于依据随葬陶俑的类型、特征及其组合变化，进行墓葬埋葬年代的判断，则更为大家所熟悉了。依据纪年唐墓中随葬的镇墓天王俑甲胄的特征，进行排比分析，可以阐明唐代明光铠的发展演变规律。因此，对于美术考古的深入研究，对考古学本身也是至关重要的事。

进行中国美术考古研究，也要在心中明确中国文明在世界文明史上的地位。要认识中国文明的形成是一个连续的政治程序过程，而且应该记住：中国文明形成的方式是世界文明形成的主要形态，所谓世界式的或非西方式的，主要的代表是中国。中国的形态很可能是全世界向文明转进的主要形态，而西方的形态实在是个例外，因此社会科学里面自西方经验而来的一般法则，不具有普遍的应用性。所以，在建立全世界都适用的法则时，我们不但要使用西方的历史经验，而且尤其要使用中国的历史经验。根据这些历史事实建立的法则，其适用性会大大加强[1]。

美术考古学与相邻学科的联系与互动

与美术考古学关联最为密切的相邻学科，可以算是艺术史（或称为美术史）的研究，甚至有人乐意把这两个学科混同为一，也有人非常想要把它们主观地捏合成一体。虽然在《中国大百科全书·考古学》的"考古学"条中，早已明确说清了两者的区别：

---

[1] ［美］张光直：《考古学专题六讲》，文物出版社 1986 年版。

"这（指美术考古学）与美术史学者从作为意识形态的审美观念出发以研究各种美术品相比，则有原则性的差别。"① 但是常被忽视。

应该认识到，田野考古调查发掘工作既有其局限性，又有自己的科学的工作程序。说田野考古调查发掘工作有其局限性，主要是因为每一项田野工作，不论其发掘规模有多大，揭露的范围有多大，但对于那一历史时期的社会面貌来讲，仅仅能反映出一个范围极小的局部，实可谓"管中窥豹"，仅能看清个别豹斑，难以见到全豹。这还没有论及每处地下的遗迹都曾遭受或多或少的破坏，并不能全部如实保存至今。何况古代的遗迹和遗物并非全都被保留于地下，也不是所有事物都被古人记录于文献中，偶然被保留在地下的遗迹和遗物，也并非已全部被揭露出土；就是被揭露出土的部分遗迹或实物标本，也并非全部被今人研究辨识清楚。基于上述种种原因，田野考古工作必然有很大的局限性。尽可能减少工作中的局限性，也是促使考古工作者进一步去探寻和进行新的发掘的动力之一，同时这正是考古发掘引发人们兴趣的魅力所在。说到田野考古的科学的工作程序，主要在于每一项田野考古调查发掘工作，都必然经过工作前的准备阶段、从探测到正式发掘的田野工作阶段、将收获的标本转入室内整理的阶段，直至发布初步的阶段性研究成果（一般是发表调查或发掘简报）到完成正式研究成果（一般是发表正式的工作报告）的阶段。至此，工作还不能算完结，因为还需要进行后续研究。

---

① 《中国大百科全书·考古学》，中国大百科全书出版社 1986 年版，第 17 页。

对于从事美术考古的研究者来说，如果能够亲身参与有关的田野考古工作，那是最为理想的选择。如果没有可能亲身参与田野考古工作，最好能有机会直接接触有关的考古标本，以取得感性的认识。此外，要学会熟练地查阅有关的考古报告，请注意，这里强调的是"查"而不是读，从而获取其中对自己要进行分析和研究的课题最有用的资料。而对于学习和研究其他学科的学者，在参与田野考古等方面似乎很难能做到，即使有机会参与田野考古工作，或参观新获得的考古标本，也很难深入其中。

概言之，美术考古学者的工作是包含在考古学的范畴中的，其研究工作也是为了解决考古学的课题，进而去解决历史问题，而不是将有关古代美术的考古标本简单地、狭义地与艺术史联系在一起。但是作为一个美术考古工作者，他的目光不应只局限在自己的工作范围内，必须不断开阔视野，要与从事艺术史研究的学者特别是研究中国古代美术史的学者，增加联系和互动，不断从相邻的学科汲取养分，必要时还可以参与有关艺术史的研究课题。同时，必须清醒地认清学科的分野。另外，与国际学术界包括那些从事艺术史的人交流、合作，要有主心骨。

中国美术考古发现史

一、中国美术考古的萌发期（20世纪初至40年代）

历史迈入 20 世纪，甘肃敦煌莫高窟"藏经洞"发现了大量古代写本、绘画和其他文物，轰动了中国文化界。可惜没落的封建统治者不懂得也无力保护民族文化瑰宝；敦煌藏经洞的宝藏立即吸引了外国探险者贪婪的目光，不仅敦煌藏经洞宝藏中的精品多流失国外，而且在 20 世纪的第一个十年中，自甘肃至新疆古丝路上许多重要的遗址和石窟，都屡遭列强的所谓探险队、考察队的践踏和劫掠。直到辛亥革命以后，情况才逐渐起了变化。

　　进入 20 世纪 20 年代，科学的田野考古发掘在中国开始萌发。先是由当时中国政府聘任的外国学者进行工作；接着是中国学者和外国学者共同工作，最著名的是北京周口店旧石器时代遗址的发掘；然后由中国学者主持的田野考古发掘正式开展，其中成果最为辉煌的是始于 20 年代末的主要由李济先生主持的殷墟发掘[1]。中央研究院历史语言研究所考古组对河南安阳殷墟的首次田野发掘始于 1928 年 10 月，到 1937 年，共先后进行了 15 次发掘，证明这里是商代后期的都城遗址。在历次发掘中，揭露了商代的建筑遗迹，发掘了商代帝王陵墓，清理了殉葬坑和车马坑，获得了大量商代遗物，诸如青铜器、玉饰、石雕、陶器和占卜的甲骨等，表明公元前 2000 年后期的殷商文化已达到了极高的水平[2]。殷墟发掘出土的遗物中，含有不少美术品，从此伴随着田野考古发掘的兴起，中国美术考古也开始了自己的历史进程。

---

[1] 夏鼐、王仲殊：《考古学》，《中国大百科全书·考古学》，中国大百科全书出版社 1986 年版，第 9 页。

[2] 李济：《安阳——殷商古都发现、发掘、复原记》，中国社会科学出版社 1990 年版。

不幸的是，方兴未艾的中国田野考古发掘被战乱所阻隔，日本帝国主义对中原大地的军事占领，中断了以殷墟发掘为代表的田野考古发掘工作。虽经抗战时期大后方学者的努力，清理了成都前蜀王建的陵墓，开展了对敦煌莫高窟的调查和测绘，并对附近古墓进行发掘，但并不能改变中国田野考古的艰难处境。直到20世纪40年代，中国考古学园地仍呈现一片寂寥情景。"中国考古学的发现，可惜现在还寂寥得很。"这是郭沫若先生为米海里司著《美术考古一世纪》中译本写译者前言时发出的慨叹，时为1946年12月16日。郭沫若先生还指出："中国应该做的事情实在太多，就考古发掘方面，大地实在是等待得有点不耐烦的光景了。这样的工作在政治上了轨道之后，是迫切需要人完成的，全世界都在盼望着。一部世界完整的美术史，甚至人类文化发展全史，就缺少着中国人的努力，还不容易完成。"① 以上就是中国美术考古萌发期的惨淡历程。

二、中国美术考古的成长期（20世纪50年代至80年代）

1949年10月1日，毛泽东同志在北京天安门向全世界宣布中华人民共和国成立，中国人民从此站起来了。中国美术考古的园地，再也不是某些外国探险家和所谓学者的天堂，新中国的考古工作者开始在祖国各地辛勤工作，考古园地寂寥的时代成为历史的陈迹。经过十年的努力，新中国考古工作的收获是十分丰富

---

① ［德］米海里司：《美术考古一世纪》，郭沫若译，新文艺出版社1954年版，据群益出版社1948年纸型重印本，第4—5页。

的，有许多重要的发现。一本从学术研究的角度综合介绍这十年来重要收获的专著《新中国的考古收获》，于 1961 年出版，它也是考古工作者为了庆祝新中国成立十周年对祖国母亲的献礼。该书的《序言》中特别强调："画像石、壁画、陶俑和各种工艺品的发现，以及石窟寺、古建的勘察，为绘画、雕塑、建筑、工艺美术、音乐、舞蹈、戏曲等艺术史方面的研究提供了丰富的资料。"[1] 但是这时作为考古学分支学科的美术考古学还处于起步阶段。这一时期，以石窟寺考古学的探索最为突出，从 1957 年对河北邯郸响堂山石窟的考古勘察开始，接着又尝试在敦煌莫高窟进行石窟寺考古工作[2]。

20 世纪 60 年代中期，"文革"打断了新中国考古学强劲发展的势头。这一时期，虽然还有一些重大的考古发现，如河北满城汉墓的发掘（1968 年）、陕西西安何家村唐代窖藏金银器的发现（1970 年）、山东临沂银雀山汉简的发现（1972 年）、湖南长沙马王堆一号汉墓的发掘（1972 年）等，但是全面的田野考古和研究陷于停顿。1976 年，中国考古学重现生机，到 20 世纪 70 年代末，考古学已重现蓬勃发展的势头。在庆祝新中国成立 30 周年的时候，又一本全国性的、综合性的著作《新中国的考古发现和研究》[3] 问世，向世人展示中国考古的新成就，令外国考古学者感

---

[1] 中国科学院考古研究所：《新中国的考古收获》，文物出版社 1961 年版，第 2 页。

[2] 徐苹芳：《中国石窟寺考古学的创建历程——读宿白先生〈中国石窟寺研究〉》，《文物》1998 年第 2 期，第 54—63 页。

[3] 中国社会科学院考古研究所：《新中国的考古发现和研究》，文物出版社 1984 年版。

叹："在未来的几个十年内，对于中国重要性的新认识将是考古学中一个关键性的发展。"①

三、中国美术考古的发展期（20世纪80年代至21世纪初）

20世纪80年代，以夏鼐为主任的考古学编辑委员会完成了《中国大百科全书·考古学》的编写，在书中明确了美术考古学是作为考古学分支的特殊考古学之一。后来在《中国大百科全书·美术》中补写了《美术考古学》，标志着中国美术考古进入发展期。这一时期，随着田野考古工作的蓬勃发展，所获得的美术品更加丰富，其中中国石窟寺考古取得的成果最为突出，极大地促进了美术考古研究工作的深入开展。同时，美术考古的成果日益受到相邻学科的重视，特别是从事中国古代美术史的学者，在他们的研究中已经离不开考古学的新发现。这也促进了考古工作者和美术史工作者之间的亲密合作和互动，为两个学科的进步作出新贡献。

---

① ［英］格林·丹尼尔：《考古学简史》（英文本），1981年，第211页。转引自《新中国的考古发现和研究》，文物出版社1984年版，第3页。

椅子的出现*

　　桌椅虽是互相配合使用的家具，但是使用椅子的历史却比桌子还要短。桌子的前身是"案"，但是用案时人们是坐在铺于地上的"席"上，或是坐在低矮的床、榻上。不论是席还是床、榻，全都无法算作椅子的前身。直到东汉末年，才出现一种被称作"胡床"的新奇坐具——西域传入的折叠凳（今天北京人称为"马扎子"），但只是宫中使用的一种从遥远的域外胡人处传来的稀罕物品，并未在民间流行。据说这种胡床后来发展成交椅，但它也并非椅子的前身。

　　据考证，关于椅子的最早的文献记载，出现在《唐语林》一书，该书卷六说，颜真卿在 75 岁时，还能"立两藤倚子相背，以两手握其倚处，悬足点空，不至地二三寸，数千百下"。如果这条记载可信，就说明颜真卿 75 岁那年，即唐德宗建中四年

---

* 本文原载《羊城晚报》1963 年 11 月 10 日；修改后收入《古物的声音——古人的生活日常与文化》，商务印书馆，2018 年。

（783 年），已经使用藤椅子了。考古发掘资料同样说明唐代已经出现了椅子的图像。最早发现的纪年准确的资料，见于陕西西安高元珪墓的墓室壁画。高元珪是唐玄宗宠臣高力士的哥哥，官至明威将军检校左威卫将军，埋葬于唐玄宗天宝十五年（756 年）。在墓室内北壁绘墓主图像。墓主垂足端坐于大椅子上，惜画面残损过甚，可喜的是椅子的形貌还能大致看清。椅子的形象颇显拙朴，椅脚很粗大，像是立柱，在靠背的立柱与横梁之间，用一个大栌斗承托，很像是建筑物的柱头斗拱托梁，说明当时制造椅子还属启蒙时期。椅子汲取了中国传统木构建筑的大木构架的式样，结构还较笨重，但造型却很稳定。在北京陶然亭发掘的唐墓壁画中，也发现了椅子的图像。这是葬于安史之乱时史思明天顺元年（759 年）的何府君墓。在墓室西壁北侧绘有墓主人端坐于大椅子上的画像（图一），椅脚部位画面已残毁，椅靠背部位保存清晰，靠背甚高，高于坐着的人体头部，横梁拱形。这座墓的葬入时间比高元珪墓略迟，但也比《唐语林》关于藤椅子的记述早二十余年。更多的唐代椅子图像，发现于敦煌莫高窟，多绘的是高僧坐在椅子上的图像。常出现在两类壁画中。一类是在大幅的经

✦ 图一　北京陶然亭唐何府君墓壁画墓主人座椅图像

变画中，特别是劳度叉斗圣变，与劳度叉对斗的菩萨座前，都绘有一组高僧。传统的画法是高僧们坐于铺在地上的席上，到了唐代晚期，有的改为坐在大椅子上。第 61 窟东壁五代时维摩诘经变方便品图像中，也有高僧坐在椅子上的图像。另一类画的是寺院内坐在椅子上的高僧，特别是迟至五代时的第 61 窟所绘五台山图中，大佛光之寺、大清凉之寺等寺中都绘出在院内有高僧坐在椅子上的图像。莫高窟壁画中的图像，反映出椅子在唐代佛教寺院中流行的景况。这些高僧的坐椅，形貌大致与高元珪墓壁画所绘椅子近同。此外，在唐人的绘画和雕塑里，还可以看到一些较矮的圈背椅和各式坐凳的画像，其中显示宫廷生活的传周昉绘《纨扇仕女图》及作者佚名的《宫乐图》中绘出的矮圈背椅和坐凳，椅脚装饰华美，还系有漂亮的绦带（图二）。

✦ 图二 传世佚名《宫乐图》

但是椅子并不源于唐代，它出现在中国古代社会生活的时间，至少可以追溯到南北朝时期。目前所知纪年明确的最早的椅子图像，出现于敦煌莫高窟第285窟壁画中，该窟保存有西魏大统四年（538年）和五年（539年）的发愿文，表明壁画应是西魏大统年间绘制的。椅子图像绘于窟顶北坡禅修图中，展现了禅修者趺坐在大椅子上的画面。椅子的靠背、扶手、椅脚都画得很清楚（图三）。在北朝的造像碑上，也发现过僧人坐在椅子上的雕像。椅子画像出现以前，在佛教石窟寺的壁画和雕刻中，已经出现有供垂足高坐的各种坐具的图像。其中最早的是新疆克孜尔石窟的壁画，在佛本行和本生故事图中，出现有椅子、坐凳、束腰高凳（筌蹄）等垂足跋坐的图像。束腰高凳（筌蹄）的图像在云冈石窟和敦煌莫高窟中也常可看到。佛教石窟寺中不断出现的椅子等供垂足高坐的坐具，表明这类坐具传入中国与佛教在中国的传播有关，也说明椅子等新型家具是中西文化交流的产物，它们是经由西域东传至此的外来家具。

✦ 图三 敦煌莫高窟第285窟西魏壁画椅子图像

中国古籍中广义的"西域"一词，指西出阳关后向西直抵地中海的广泛地域。地中海沿岸诸古代文明，从埃及、希腊到以后的罗马，人们在社会生活中都习惯使用垂足高坐的坐具。中东如古波斯帝国，同样流行椅子等高足坐具。这类坐具至今仍影响着中国新疆地区。斯坦因由新疆古遗址窃去的古代遗物中，就包括从尼雅遗址窃去的大木椅构件，其时代相当于汉代。但是正如"春风不度玉门关"一样，这种影响无法经玉门关、阳关等进入中国内地。究其原因，是源于中国古代礼俗的限制。自先秦至汉魏，社会生活沿袭席地起居习俗，所有国家礼制和个人行为规范，皆以席地起居为基础。按礼法正坐是跪坐，垂足跂踞都是不被允许的失礼行为。因此，域外胡人垂足跂坐的高足坐具，不合礼法，自然被拒于玉门关、阳关之外，直到西晋灭亡。这时，许多原居边陲的北方和西北的古代少数民族先后入主中原，建立割据政权，成为统治民族，中国进入十六国时期。此时期，传统汉魏礼俗被打破，草原放牧生活习俗传入中原，"华风夷俗"相互融合，形成新的礼俗。同时，接受了自天竺东传的外来宗教——佛教。随着佛教的传播和盛行，来自古印度及西域的高足坐具在社会上日趋流行。留存至今的十六国至北朝时期佛教石窟中的高足家具图像，正是在这样的历史背景下产生的，反映了当时社会上特别是佛教活动场所中高足坐具流行的真实情景。西来的坐具椅子，因此出现在中原的社会生活之中。

供垂足高坐的高足坐具在社会上的流行之风，到唐代日趋强烈，不仅与传统的席地起居家具分庭抗礼，更进入宫廷和官员的日常生活之中，呈现出日渐取代席地起居家具的趋势。前述高元珪墓壁画中，就看到原来汉末至北朝墓室壁画中绘出的墓主人正面坐在上张帷帐的床榻上的标准程式，已为坐在大椅子上的新图像所取代。高元珪官至明威将军，从四品，这表明当时高级官员家中确已重视椅子这种新式高足坐具。反映宫廷生活的传世绘画中，也出现了装饰华美的矮圈椅等垂足坐的家具，章怀太子墓壁画和长安南里王村韦氏家族墓壁画中都有仕女垂足坐方凳的图像。在韦氏家族墓壁画中，还有围在大桌旁，坐在长凳上宴饮的图像（图四）。在西安唐墓出土的陶俑中，虽没有坐在椅子上的形象，但有坐在束腰圆凳上的对镜仕女，还有垂足高坐的说唱艺人。凡此种种，都反映着新式家具在社会上使用的情况。

✤ 图四 陕西西安南里王村唐韦氏家族墓壁画宴饮图像

椅子的出现 /

五代时期，椅子的使用更加普遍，与高桌、圆凳、屏风、高脚床等新的供垂足高坐的家具形成完整的组合，完全取代了传统的席地起居家具组合，给人们的社会生活增添了新情趣。传世的顾闳中《韩熙载夜宴图》，正生动地描绘出这样的生活景（图五）。

✦ 图五　传世五代顾闳中《韩熙载夜宴图》中所绘椅子图像

到北宋时期，椅子的制作工艺逐渐进步，完全摆脱了高元珪墓壁画椅子的笨拙造型，更适于家居使用。河北巨鹿宋城遗址获得的木制桌椅的实物标本，后来收藏于南京博物院，20世纪50年代初，南京博物院展览说明中还刊登过它们的图片，它们是迄今发现的北宋木制桌椅的唯一资料。木椅全高113厘米（图六），据说上有墨书铭记，纪年为北宋崇宁二年（1103年）。木椅形制仍承袭唐代的大木构架，四脚使用圆材，并向外略侧，脚与脚间用类似阑额的撑木相联络。椅面下加木牙子，以加强

✦ 图六　河北巨鹿出土的宋代木椅

承托力，给人以稳定牢固的感觉。后面是微向内弧的高靠背，没有扶手。整体造型简洁，不再如唐椅那样笨拙。北宋的墓室壁画中，椅子的形貌多与巨鹿木椅式样近似，更多出现于一般民众的墓葬之中，也可见当时社会上椅子使用的普及情况。而在宋代宫廷中，椅子也是主要的坐具。原清宫旧藏历代帝后图中，有宋仁宗皇后像，应为宋时画院画家写真，所绘可能是仁宗曹后，她就端坐在装饰华美的椅子上，椅前还设有踏足的脚床子（图七）。传世宋高宗书《女孝经》、马和之补绘的图中，皇后也是坐在前设脚床子的椅子上。赵伯驹（赵千里，为宋太祖七世孙）所绘《汉宫图》，虽云绘的是"汉宫"，实为宋时宫廷写照，殿内所布置的家具，正中为宝座，两侧排列着大椅子，前设脚床子，椅上覆盖红色的椅袱。在当时北方地区的辽墓中，也多绘有家居桌椅的图像，河北宣化的辽墓中还随葬有木制的桌椅实物，一般桌脚和椅脚较矮，桌上还常摆满内盛食物的瓷食具。以后金朝的墓葬中，也如辽墓随葬椅脚较矮的木椅，墓室壁画内亦绘桌椅图像。这些都表明，宋、辽、金时期，椅

✦ 图七 清宫原藏宋仁宗曹后坐椅画像

子已成为人们社会生活中不可或缺的日用坐具。

元朝时桌椅继续发展，墓室壁画中除通常的椅子外，还常绘有交椅。在承袭前代家具的基础上，明朝时供垂足高坐的木制家具的发展达到新高峰，但当时已没有在墓葬中随葬真实桌椅的习俗，所以在田野考古发掘中，明墓中仅出土有家具的木制模型。但这些模型制作得很精致，可以真实地反映出明式家具中椅子的造型特征，而且墓葬纪年明确，颇具学术价值。

古文物图像中的相扑*

相扑，早期又称"角抵"，是我国古代盛行的摔跤运动。五代时后唐的大将李存贤精于此道，《旧五代史》本传中说他"少有材力，善角觝（抵）"，并记录了以下故事："初，庄宗在藩邸，每宴，私与王郁角觝斗胜，郁频不胜。庄宗自矜其能，谓存贤曰：'与尔一搏，如胜，赏尔一郡。'即时角觝，存贤胜，得蔚州刺史。"这反映当时在宫廷显贵间，摔跤运动极为流行，帝王将相会亲自参加比赛。其实，在这以前的唐代乃至更早的南北朝时期，宫廷中已经盛行摔跤。有时在宫闱斗争中，这种运动竟被用作暗杀的一种手段。例如，北齐后主高纬准备杀掉南阳王绰，但又"不忍显戮"，于是暗使宠胡何猥萨利用在后园与高绰相扑之机，下毒手扼杀了他（《北齐书·武成十二王传》）。

这种运动的历史，看来至少可以上溯到春秋时期。《左

＊ 本文原载《文物》1980 年第 10 期。

传·僖公二十八年》记载，晋楚"城濮之战"前夕，"晋侯梦与
楚子搏，楚子伏已而盬（gǔ）其脑"。搏即手搏，也就是摔跤。考
古发掘中获得的年代较早的摔跤图像资料，属于战国末期到西汉
初，如在陕西长安客省庄第 140 号战国末年墓中出土的铜饰牌和
湖北江陵凤凰山秦墓中出土的漆绘人物画木篦。客省庄出土的铜
饰牌共两件，大小相同，牌长 13.8 厘米，宽 7.1 厘米，发现于墓
中所葬死者腰下两侧，是嵌在腰带上的装饰品。牌上有相同的透
雕图像，描绘了在茂密的林木中的一场摔跤比赛。居中是二人摔
跤。他们乘骑的鞍辔齐备的骏马，分别系在两侧的大树上。比赛
双方都赤裸上身，下穿长裤，互相弯腰扭抱。左边的人用右手搂
住对手的腰部，左手抓紧对手的后胯；右边的人用两手分别抱住
对手的腰部和右腿。双
方相持不下，都想奋
力摔倒对方，夺取胜
利（图一）。从铜饰的
造型风格看来，它们应
属于内蒙古一带具有
游牧民族特色的青铜
艺术品，可能是与活
跃在我国北方的匈奴
等古代民族有关的遗
物。与这两件铜饰相
同的标本，以前曾有

✦ 图一　陕西长安客省庄第140号战国墓出
土的铜饰牌角抵图

发现，但都是出土地点不明的传世品。因此，这些铜饰还难以作为中原地区摔跤历史的形象资料，而这一欠缺正好为湖北江陵的考古发现所弥补。江陵凤凰山秦墓出土的木篦，在圆拱形篦背的两面都有漆绘人物画，其中一面绘有角抵图：右边二人对搏，左边一人旁观。三人的装束相同，头上都没有戴冠，只束发髻，上身赤裸，着短裤，腰系长带，在后腰打结，带端飘垂于臀后。对搏双方正相向扑来，旁观者侧身而立，前伸双臂，全神贯注地观察着双方，又像在指导他们进行训练（图二）。漆画用笔简练传神，正是当时摔跤运动的真实写照。两汉的角抵沿袭秦代的传统，有关图像只有东汉晚期的壁画，发现于河南密县打虎亭 2 号墓中室北壁券顶东侧。对搏双方都是面有胡须的壮士，服饰基本上与秦代漆画相似，赤膊光腿，束短裤，不戴冠，但是发式是朝天束成的发辫，足登翘头的黑履（图三）。

秦汉时期，角抵表演常

✦ 图二　湖北江陵凤凰山秦墓出土的木篦漆画角抵图

✦ 图三　河南密县打虎亭2号东汉墓壁画角抵图

与优俳百戏杂技一起进行。《史记·李斯列传》："二世在甘泉，方作觳抵优俳之观。"觳抵即角抵。应劭曰："战国之时，稍增讲武之礼，以为戏乐，用相夸示，而秦更名曰角抵。角者，角材也；抵者，相抵触也。"《汉书·西域传赞》：汉武帝时"设酒池肉林以飨四夷之客，作巴俞都卢、海中砀极、漫衍鱼龙、角抵之戏以观视之"。到了南北朝，角抵与百戏杂技分离，完全成为角力决胜的摔跤运动，又称"相扑"，正如上文所讲，不仅流行于宫廷权贵之门，而且一些高级统治者也亲自参加比赛。

南北朝到隋唐时期相扑的图像，在敦煌莫高窟的壁画以及出自藏经洞的彩色幡画和白描图中都有发现。比较早的如在第290窟窟顶的北周时期佛传故事连续画中，有太子比武的画面，其中就有一幅相扑图，描绘太子已取胜，左手拿住对方脖颈，右手抓住对方右脚踝，正要用力把他抛翻在地。这幅画作风古朴，笔法有力，线条粗疏，色彩浑厚，勾画出的人物显得拙朴生动（图四）。出自藏经洞的唐代佛幡绢画，描绘的也是佛传故事，题材相同，但作风与北周壁画完全异趣，笔调细腻，色彩鲜明，画家选取的是双方正在对峙、准备伺机扑向对方的一刹那，也是

✦ 图四　敦煌第290窟北周壁画相扑图

传神之笔（图五）。另一幅唐代相扑图，当是白描的粉本。进行相扑的双方扭抱在一起，筋肉凸张，劲武有力，显示出人体的健美和力量（图六）。上述三幅图像各自描绘了相扑过程的一个片段，表现的恰好是三个主要环节，把它们依次连接起来，我们就得到古代相扑的一个完整印象。唐代佛幡绢画应该排在第一幅，表现的是相扑开始时的情

✦ 图五 敦煌藏经洞唐代幡画相扑图

✦ 图六 敦煌藏经洞出土的唐代白描相扑图

景，比赛双方都警惕地摆好架势，小心地移动着位置，窥伺对手的空当，准备猛扑上去。唐代白描图应作为第二幅，描绘的是相扑的高潮，双方已扭抱在一起，全力以赴地要把对方摔倒。敦煌第290窟壁画应是第三幅，表现的是相扑的尾声，胜负已定，败北一方正被胜利者抛翻在地。

这三幅图像中相扑的装束，保留着秦汉的传统作风。比赛双方上身完全赤裸，下身光腿赤足，仅在腰胯束有短裤。头上一般是梳髻不冠，有时也戴幞头。在《延安地区石窟艺术图片展

览》中，可看到在宜君福地水库西魏大统六年（540年）石窟中也有一幅相扑的浮雕，其服饰特点与上面所述相同。这样的装束在中国古代摔跤运动中一直沿用到明清时期。在元明间成书的小说《水浒全传》中，第七十四回《燕青智扑擎天柱》就对相扑前脱衣服准备的情况有极具体生动的描述。当燕青跳上献台时，"部署道：'你且脱膊下来看。'燕青除了头巾，光光的梳着两个角儿，脱下草鞋，赤了双脚，蹲在献台一边，解了腿绷护膝，跳将起来，把布衫脱将下来，吐个架子"。这里的献台，是专为比赛而搭的。明杨定见本《水浒传》插图中亦有描绘相扑时的人物形象。同样的形象还可在一件明嘉靖五彩武戏图有盖壶上看到，只是画出的相扑者不是赤足，而是穿有靴子。

宋代相扑极为流行，相扑表演由宫廷权贵的宴会上，普及到平民游乐场所和庙会，成为一般市民喜爱的项目。在南宋首都临安（今杭州），除了皇帝大开宴会时有官军表演的大型集体相扑外，在平民游乐场所和庙会上都有相扑表演，民间还组织相扑的专业性技艺团体——角抵社（周密《武林旧事》卷三）。当时在护国寺南高峰露台上，就有各地来的高手互相比赛。据《梦粱录》："若论护国寺南高峰露台争交，须择诸道州郡膂力高强、天下无对者，方可夺其赏。如头赏者，旗帐、银杯、彩段、锦袄、官会、马匹而已。"《武林旧事》所录当时角抵名手有王侥大、张关索、撞倒山、王急快等共44人之多。

值得一提的是，宋代不但有男子相扑、小儿相扑，还有妇女参加的相扑比赛。女子相扑时的装束也和男子差不多，也是肢体裸露，这对当时的封建礼教是一种大胆的冲击。司马光因此特别写了《论上元会妇人相扑状》上奏皇帝，指出："今月十八日圣驾御宣德门，召诸色艺人，令各进技艺，赐与银绢，内有妇人相扑亦被赏赉……今上有天子之尊，下有万民之众，后妃侍旁，命妇纵观，而使妇人裸戏于前，殆非所以隆礼法示四方也。"他要求"仍诏有司，严加禁约，今后妇人不得于街市以此聚众为戏"（《温国文正司马公集》卷二十一，《四部丛刊》本）。但是，女子相扑仍是受群众欢迎的项目，司马光的奏状并没有产生太大效果。直到南宋，首都临安城内，女子相扑依然流行，当时有名的女子摔跤手就有嚣三娘、黑四姐等多人。

除了中原地区，边疆的一些古代少数民族中也流行角抵比赛。在吉林集安发现的 3 世纪中叶到 4 世纪的高句丽族墓室壁画中，常常出现角抵图像，其中，通沟禹山下墓区中角抵冢左壁那幅最为著名。画面上两人在一棵大树下搂抱而搏，旁边有一老人拄杖观看。角抵者的装束也和秦汉墓出土的材料相近似，全身赤裸，只束一条黑色短裤。

我国古代的相扑对东邻日本有很大影响，至今这种运动还是为日本人民所喜爱的项目，而且一直保持着"相扑"的名称，比赛者的装束还保持着唐代的风格。

《降魔变》绢画中的喷火兵器*

——探寻古代管形射击火器发明时间的新线索

中国是火药的故乡，现代枪械的前身——古代管形射击火器开始出现于战争舞台，也发生在中国。一般认为，南宋时陈规守卫德安时用巨竹制造的"火枪"，是目前确知的世界上使用管形火器作战的最早实例，时间是南宋绍兴二年（1132 年）。那么，这一时间，是不是还有可能提前呢？研究中国古代科学技术史的专家们从一幅在敦煌发现的绢本着彩的佛画中，寻到一个值得注意的新线索。

此绢画场面宏伟，人物众多，描绘了释迦牟尼得道前夕降魔的故事。画面中心是结跏趺坐于山石上的释迦，作佛妆，面相庄严，两旁有女侍和天王。无数奇形怪状的魔鬼四面猥集，蜂拥而至，魔王魔子们持着各种兵器，猖狂进攻。当然，魔军的进攻是

---

* 本文原载《文物天地》1986 年第 4 期。

以失败而告终的，所以画面的右下角画出魔军溃败，狼狈翻滚的情状。在降魔变两侧，又各画六尊立佛，表现出佛陀的十二姿相，降魔变下部则绘出七宝，自右向左排列，分别是神珠宝、马宝、主兵宝、金轮宝、玉女宝、白象宝和王藏宝。绢画中的各种佛、神、魔、怪和动物等，形态各异，传神生动，蔚为大观，极尽作者的想象能力。据绘画的特点和风格，可以断定它是五代至北宋的作品，约绘于公元 10 世纪中叶以后。令人感兴趣的是，画面右侧上方向释迦袭来的魔众中，有一个头顶上生有三个毒蛇头的恶魔，赤身裸体，只束有一条犊鼻裈。它双手持着一种形态奇特的喷火兵器，器体筒状，前端作展口形，筒体束有几道箍，筒后安有较细的柄，从筒口喷射出熊熊的烈火（图一）。

✦ 图一　巴黎吉美博物馆收藏的敦煌绢画《降魔变》局部

　　这幅画中的兵器，引起了一些西方学者的注意。研究中国科技史的英国著名学者李约瑟博士据此指出："现在却必须把火枪的发明向前推二百年，因为克莱颂·布雷特（Claylon Bredt）在巴黎吉美博物馆（Musée Guimet）里发现了一张关于佛教的横幅画，其年代可确定为约公元950年，上面画的显然是一支火枪。"他甚至认为，"这支火枪除了装有火药外，里头还塞满金属弹丸或碎金属和碎瓷，这些随着火焰一起射出"[1]。不过，从画上看到的图像，只有火焰，至于什么金属弹丸或碎金属云云，仅是想当然而已。尽管如此，这幅画起码是为探寻古代管形射击火器的发明提供了一条新线索。

根据有关文献资料，在北宋仁宗庆历四年（1044年）成书的《武经总要》中，已经记录了当时军队中装备有火药兵器，如毒药烟球、霹雳火球、蒺藜火球、火药鞭箭等，并且开列出火药的三种配方，即用于毒药烟球、蒺藜火球的火药和火炮火药法。这些都雄辩地证明，在1044年以前，我国北宋的军队已经装备有多种早期的火药兵器了。火药兵器的出现，揭开了兵器发展史上的新篇章，人们从使用冷兵器的阶段，开始迈向使用火器的阶段，同时预示着将引起军事史上的一系列变革，终将使战争的面貌彻底改变。不过在火药兵器刚出现的时期，它还是被人视为传统的火攻战术的一种，一般都把唐哀宗天祐初年郑璠攻打豫章城（今江西南昌）时，利用"发机飞火"，烧毁该城的龙沙门一事，作为使用火药兵器最早的战例[2]，但是因史籍记述过于简略，无法确定"飞火"就是火药兵器。舍此不论，如果把唐末五代时看成

---

① ［英］李约瑟、鲁桂珍：《关于中国文化领域内火药与火器史的新看法》，《科技史译丛》1982年第2期。

② 冯家升：《火药的发明和西传》，上海人民出版社1957年版，第17页。

尝试把火药用于战争的萌芽阶段，还是大致无误的。因为只有经历一个摸索经验的尝试阶段以后，才能达到像《武经总要》中列举的使用多品种火药兵器的水平。虽然《武经总要》中的火药配方和各种火药兵器，反映出北宋初年火药和火药兵器的制造已具有一定规模，但都是用黑火药（主要成分是硫、硝、炭）燃烧爆炸的原理制成的，还没有见到有关管形射击火器的记载，而管形射击火器最早见于历史文献中，已是迟到1132年陈规制造的巨竹"火枪"。

提到"火枪"，还应注意到古文献中记述的这种使用火药的喷火兵器，有两类名称虽同但性质并不相同的兵器。第一类是在一般的长枪的枪头后部绑缚一个装有火药的筒（通常是纸制的），作战时点燃筒中的火药，喷出火来用以烧伤前来格斗的敌军，火药烧尽后则可同一般长枪一样格斗扎刺。这种枪又称"飞火枪"，《金史·蒲察官奴传》对其具体制法有较详细的记述。第二类火枪就与上一类不同了，其最早的就是陈规用巨竹制造的，每支由两个人扛抬发射，点燃后喷射火焰烧向敌方，但因记载简略，具体形制和用法无法弄清。这种枪虽仍靠燃烧的火药喷火作战，但已与在传统长枪上附加火药筒的办法根本不同，是一种原始的管形火药火器。又过了一些时候，于1259年在寿春制出了"突火枪"，也用大竹筒制成，内装火药，还安有"子窠"。作战时点燃火药，先喷火焰，火焰喷尽后"子窠"射出，并发巨响。但是"子窠"到底是什么？记载并不清楚。有些人认为它是子弹的雏形，如果这一推测正确，那么这种从管中利用火药燃烧后产生的作用力发射"子窠"的突火枪，可以算是近代枪械的前身。因突火枪用竹筒制造，故又称"突火筒"或"火筒"，以后逐渐不用突火枪等名目，而火筒的名称保留了下来，直到元末明初还在沿用。曾参加张士诚起义军的张宪，写有"五百貔貅夸善守，铁关不启火筒焦"的诗句，因筒为竹制，故发射稍久即被烧焦。当这种用竹筒制造的原始管形火器改用金属制造以后，就出现了一个从"金"旁的新字来称呼它，但还是用"筒"的音，即"铳"字。明代邱濬在《大学衍义补》中讲到"铳"字时说，过去的字书中无"铳"字，"近世以火药实铜铁器中，亦谓之炮，又谓之铳"。可见这个新字的出现，正反映出大约在元朝时由竹制的火筒演变为铜铁制造的火铳的实际情况。现存传世的纪年最早的铜铳，是发现于内蒙古的元大德二年（1298年）铜火铳，其次是现藏于中国国家博物馆的元至顺三年（1332年）铜铳。而从考古发掘中获得的年代较早的铜铳，有1974年在西安东关景龙池巷南口外与元代建筑构件同出的铜铳，应为元代遗物。同样的铜铳，还在黑龙江阿城县半拉城子和北京通县 [①] 出土过。

现在回到敦煌绢画《降魔变》上的那件恶魔所持的喷火兵器。从图中所画的形象来观察，它的形制与出土的早期火铳颇有近似之处，前有铳体，后有铳柄，恶魔手握处似当铳体中部药室处，前为稍侈的展口。但这件兵器喷出的是火焰而无他物，更与陈规的喷火的竹筒火枪性能一致，体上的几道箍，当表示竹筒的

---

① 本文发表于1986年，时称通县；1997年，撤销通县，设立通州区。

竹节处。如果这样去猜想的话，它很有可能是一支竹筒制的喷火兵器，和陈规火枪一样使用了火药。假使上述并无实际可靠根据的猜想能够成立，那么我们在前面介绍的中国古代发明使用火药兵器的历史就必须加以修正了，那就是把管形火药火器出现的时间，由陈规制造火枪的 1132 年，又向前推溯了 200 年左右，到了 950 年前后。但是上述推测存在许多疑点，例如，对各类兵器记述详尽的《武经总要》中寻不到管形火器的痕迹，以后的战例中，特别是在宋金战争中大量使用火药兵器，开始都是利用其燃烧爆炸性能，只是到陈规制火枪后才开始有竹制管形火器使用的记录，但仍不普遍。那么，为什么早在 950 年即已出现于边远敦煌的画中的这种兵器，竟在中原销声匿迹达两个世纪之久？因此，仅靠一张宗教画中的鬼怪图像，自然得不出科学的结论。不过这幅至少是公元 10 世纪的喷火兵器图像，仍不失为探讨中国古代管形射击火器有用的参考资料。随着文物考古事业的进一步发展，我相信距解决古代管形射击火器的始创年代问题的时刻，不会太遥远了。

三星堆铜像 *

　　目前考古学范畴内尚存在多少未知的事物，难以估量。新的考古发现不断将问号推到人们面前，四川广汉三星堆的发现，正是近些年来展现出的问号之一，有待人们进行深入探索。面对三星堆出土的那些创作于 3000 多年前的青铜人物造型，谁能否认它们具有非凡的艺术魅力？！劲健的线条，鲜明的轮廓，夸张的容貌，巨大的体量，金属的光泽，组合成神奇瑰丽又古朴粗犷的艺术造型，散发着诱人的异彩。初看到它们时，只是对这些从未见过的怪异的形貌倍感惊奇。呈现在面前的是如此硕大的青铜人面，面高超过 1 米，脸宽超过 1.3 米，是真人面孔的 3—4 倍。铜面上部浮起一双粗眉，其下巨目上斜，紧闭的阔嘴和棱角分明的方形下颏，现出某种奇异、神秘甚至令人生畏的表情。还有的更为奇特。生有凸出眼眶的柱状睛球（图一），以及类似铜戈形

＊ 本文原载《中国美术报》1988 年 12 月 2 日。

状、向上斜伸的大耳朵，又
有在前额伸出朝天的长角。
再仔细看下去，发现那些面
孔的轮廓线和刻画五官的棱
线，竟然出奇鲜明、简练且
准确，绝对没有任何多余的
线条，正如古人惜墨如金一

✦ 图一 三星堆出土的青铜人面

样，那些无名的古代雕塑家可算是"惜线如金"，因此才形成如
此浑厚粗犷的美感。赞叹之余，再仔细看下去，竟然不由自主地
深陷于这些古代作品的艺术魅力的感染之中，初始时突发的惊异
感早已消失，也不再去注意它们的创作手法和线条，似乎产生与
这些古老的铜雕融为一体之感，听到以它那硕大的体量呼喊出的
艺术最强音，震撼着人们的灵魂，情感随之沸腾，简直企望伴同
它们深入那超越自然的神秘的氛围中去……

　　这些巨大的青铜人面像发现于 1986 年，出土于四川广汉城
西三星堆的两个相距 20—30 米的大型古蜀人祭祀坑中，其中 1
号坑的坑口长度超过 4.5 米，宽度超过 3.3 米，坑口至坑底深度
超过 1.4 米。除了青铜人面，还有铜人坐像、龙柱形器、龙虎尊、
缶、盘、戈等青铜制品，又有金皮杖、金面罩、金箔虎形器等
黄金制品，以及许多玉制的璋、戈、剑、佩、瑗、璧等，还有海
贝、象牙及大量烧骨碎渣。2 号坑的长度与 1 号坑大致相同，但
宽度只有 2.2—2.3 米。在坑的表面放置有数十根象牙，其下埋有
许多精美的青铜器、青铜人面、小青铜人头像、金面罩、戴金面

三星堆铜像 /

罩的青铜人头像、玉石器等，数量之多超过 1 号坑。其中最特殊的文物，要数高度达 3.84 米的青铜神树和高达 2.62 米的青铜立人像。青铜神树分为树与底座两部分。直树干，上分九枝杈，集成三丛。树枝上有三个桃状果，其中两个果枝下垂，另一果枝向上，在果上还立有一只钩喙的神鸟，伸展双翅，昂然挺立。自树顶又铸有一条逶迤而下的游龙，龙首上昂，一足踏于树座之上，神奇瑰丽（图二）。青铜立人像也尤为引人注目，它是迄今为止在中国考古发掘中获得的最大的青铜人像，由方座和立人像两部分构成，分段嵌铸，人像衣饰华丽，赤足立于方座上，右臂上举，右手置于鼻前，左臂平举，左手与胸平齐，双手造型夸张，其大小与身躯比例过大，粗大的拇指与食指、中指、无名指相握成环形，惜原握持物已失。人像的面型与那些巨大的青铜人面相同，也是粗眉之下巨目上斜，方颏阔嘴，大耳斜伸，表情严肃而显神秘（图三）。

对于古代蜀人铸造的这些神秘的青铜人物

✦ 图二　三星堆出土的青铜神树　　✦ 图三　三星堆出土的青铜立人像

造型艺术品，学者们进行过研究，对当时人们制作它们的目的，做了各自认为正确的推测，但我至今还难以认定哪种推测是正确的。不过可以肯定一点，它们与古代蜀人的信仰或者宗教有关。这些作品今日仍散发着感人魅力，看来当年令人敬畏崇拜的目的是达到了。但是创作者绝不曾想到，它们在地下沉寂了几十个世纪以后，再现人间，后代的"新"人（也许有些人只出于猎奇心理）还会感受到它的艺术魅力，从而得到非凡的艺术享受。其实这也无甚奥秘，只是缘于这些作品表现了时代风格以及民族特征，因而具有了持久的生命力。

这样一来，我进一步悟出了早已存在的一个道理：真正具有时代风格和民族特征的作品，其艺术魅力经久不衰。三星堆铜像之所以能拨动今日观众的心弦，产生共鸣，并非因为创作它们的古代蜀人是专为其后几十个世纪的人们设计的，这也正是今天我们折服于它们的艺术魅力的原因：美术考古的历史告诉我们，越是真正具有浓烈的时代风格和民族特征的作品，才越为几个甚至几十个世纪以后的人们所喜爱。

汉玉新风 *

　　1992 年，故宫博物院在永寿宫举办了一个"中国文物精华展览"，所展出的汉代玉器数量不多，但皆精品。其中最引人注目的当数广州南越王墓出土的承盘高足玉杯和玉盒，与河北定县东汉中山王墓（可能是中山穆王刘畅的陵墓）出土的透雕玉座屏和玉璧。

　　广州象岗山南越王墓，据出土玺印等判断，墓主是南越国文帝赵眜，也就是南越国第二代王赵胡。他大约死于汉武帝元朔末或元狩初，推测在公元前 122 年左右。墓中出土的大量玉器，与全国各地出土的汉代玉器无大区别，仅在造型细部显现出标新立异的风格，应是在中原内地的影响之下，由南越宫廷中的玉雕作坊制作而成的。至于玉料，经鉴定有的产地可能在今广东曲江一带。因此，南越王墓出土玉器，对于探讨汉玉风格的转变，无疑

---

* 本文原载《文汇报》1992 年 2 月 24 日。

是一组极为重要的实物标本。

在南越王墓出土的玉器中，数量最多的可能是璧，仅在主棺室就放置多达 47 件。这些与葬殓有关的玉璧，都作传统的圆孔平圆形状。墓内发现的另一些玉璧雕饰精美，周缘之外另加一组或几组透雕动物纹，都作佩饰之用，有的与玉璜等合缀为"组玉佩"（图一）。似乎墓中出土的玉璧，都不具有礼天的礼玉的功能。至于"礼玉"中具有神

✤ 图一 南越王墓出土的龙凤纹重环玉佩

✤ 图二 南越王墓出土的角形玉杯

秘色彩的玉琮，在墓里找不到它的踪影。而南越王墓中最具特色的玉雕，还应是这次展出的承盘高足玉杯和玉盒，以及用整块青玉雕成的角形玉杯（图二），它们都是首次被发现的新颖的器型。

承盘高足玉杯确是一件古代工艺珍品，制作特别具匠心。玉杯的杯体和高足分别由两块青玉雕成，以小竹条上下插联。下面的承盘为铜质，下有三足。盘上由边沿伸出三条金首银身的龙，

张口向内，共衔住一个三瓣形状的玉环托，玉杯就套置在环托之中（图三）。这种器形独特、制工精美的铜盘玉杯，原来用丝绢包裹，放置于南越王棺椁的头端。承孙机同志见告，应为当时人为求长生的"承

露盘"。据《三辅黄图》，汉武帝在建章宫造神明台，上置铜仙人，"舒掌捧铜盘玉杯，以承云表之露，以露和玉屑服之，以求仙道"。

玉盒也是一件极精致的玉雕工艺品，盖顶心有桥形纽，内套绞索纹圆环。不仅盒盖和盒体外表雕饰勾连雷纹、变体云纹等纹饰，揭起盒盖，还可以看到盖内壁上用单线勾勒出圆形装饰图案，由环转反顾的两只高冠凤鸟组成。盖上还有破损后修补的痕迹，表明是长久使用的实用器皿。出土时与玉角杯和铜框玉盖杯等相邻放置，可能是一组南越王生前使用的玉雕器皿。

南越王墓内放置的铜盘玉杯——承露盘，与求仙的思想有关。无独有偶，展览中展出的东汉透雕玉座屏，也是与求仙思想有关的工艺美术佳作。这件高 15.6 厘米的玉屏，由 4 件玉片组成，两侧是两个支架，其间上下各插接一块透雕玉屏板，上边一

块雕出东王公的坐像，
下面一块雕出西王母坐
像，东王公和西王母身
旁还雕有侍者、日、月
和各种神兽（图四）。
这件玉座屏1969年出
土于河北定县北陵头汉
墓，可惜墓盗扰严重，
玉座屏散乱地发现在西
后室内，原来放置位置
已不清楚，目前也还不

✦ 图四 河北定县43号东汉墓出土的玉座屏

清楚其用途。这件别致的小型座屏，正以其独特的造型特征，显
示着早已突破先秦礼玉藩篱的汉代玉雕新风貌。

与透雕玉座屏同墓出土的
青玉璧，雕工更加精美，璧的
上缘附雕双龙衔环纹，镂空的
环孔颇大，正好用为挂系玉璧
的穿孔。在璧的左右两侧，又
对称附雕一向上行进的龙纹。
在玉璧圆形外轮廓上附雕的三
组纹饰，均衡对称，使全璧造
型更富装饰趣味，成为构图精
巧的佩饰（图五）。

✦ 图五 河北定县43号东汉墓出土
的青玉璧（拓片）

在这一次的文物精华展中，还陈列有另一件雕工同样精美的东汉玉璧，系1982年出土于山东青州。在玉璧上缘雕出的双龙纹之间，刻出隶书"宜子孙"铭文。它又使人联想到1984年在江苏邗江甘泉老虎墩东汉墓发现的另一件玉璧，刻有同样的"宜子孙"铭文，但由于该玉璧形体较小，所以铭刻的位置稍有不同，"宜"字

图六　江苏邗江老虎墩东汉墓出土的"宜子孙"玉璧（拓片）

刻在璧上缘附雕的凤鸟纹之下，"子""孙"二字雕于璧上，在圆孔的上下各雕一字（图六）。据考证，老虎墩汉墓可能是东汉某一代广陵侯或其重臣的坟墓。在玉璧上雕"宜子孙"吉语铭刻，表明它们与礼仪使用的祭天玉器无涉，只是具有装饰佩悬的性能，同时，它们都是显示汉玉新风的典型作品。

虎贲・虎符・虎节*

——与古代军旅有关的虎纹文物

中国古代，将虎视为"山兽之君"，也就是兽王。又因它凶猛，故被视为武勇的象征，常以之称誉军中勇猛善战的将士。三国时期，曹军中名将许褚，被称为"虎痴"，被马超称为"虎侯"。据《三国志・魏书・许褚传》，曹操率军攻打韩遂、马超时，操曾与遂、超等单马会语，"左右皆不得从，唯将褚。超负其力，阴欲前突太祖，素闻褚勇，疑从骑是褚。乃问太祖曰：'公有虎侯者安在？'太祖顾指褚，褚瞋目盼之，超不敢动，乃各罢"。原本"军中以褚力如虎而痴，故号曰虎痴；是以超问虎侯，至今天下称焉，皆谓其姓名也"。同时许褚所从侠者，来曹军后，亦"皆以为虎士"。这些许褚帐下的虎士均英勇善战，"其后以功为将军封侯者数十人，都尉、校尉百余人，皆剑客也"。

＊ 本文原载《文物天地》1998 年第 1 期。

追溯历史，以虎之威猛而名军中精锐，至迟在商周之际。《史记·周本纪》记武王伐纣，至于盟津，所率军队有"戎车三百乘，虎贲三千人，甲士四万五千人"。"集解"引孔安国曰："虎贲，勇士称也。若虎贲兽，言其猛也。"对虎贲的取名，还有另一种解释，见《后汉书·百官志》注："虎贲旧作'虎奔'，言如虎之奔也，王莽以古有勇士孟贲，故名焉。"据《周礼·夏官·司马》，有虎贲氏"掌先后王而趋以卒伍。军旅会同，亦如之，舍则守王闲。王在国，则守王宫。国有大故，则守王门。大丧，亦如之。及葬，从遣车而哭"。表明虎贲当时是宿卫王左右的部队。直到汉代，军中仍有虎贲名号，设虎贲中郎将。据《后汉书·百官志》："虎贲中郎将，比二千石。本注曰：主虎贲宿卫。"注："《前书》武帝置期门，平帝更名虎贲。蔡质《汉仪》曰：'主虎贲千五百人，无常员，多至千人。戴鹖冠，次右将府。'"西晋时仍依汉制，光禄勋下统虎贲中郎将。在中朝大驾卤簿中，虎贲中郎将（又作"武贲中郎将"）在御史中丞之后，九游车之前，骑乘，行中道，见《晋书》的《职官志》和《舆服志》。

在中国古代，除以猛虎称誉军中勇猛的将士，或以虎作军旅名称外，还常将与军旅有关的事物器用以虎为名。例如，将武将的营幕称为"虎帐""虎幄"，发兵符节称为"虎符""虎节"，遮护营垒的障碍物称"虎落"（"虎路"），强弩的一种称"虎蹲弩"，明朝时还将一种形体短粗的火炮称"虎蹲炮"，等等。至于以猛虎的形象装饰各种兵器和装具，更是时间久远，甚至可以上溯到

✦ 图一 浙江余杭良渚反山
12号墓出土的玉钺

✦ 图二 浙江余杭良渚反山12号墓出土
的玉钺上的神人兽面纹

史前时期。在江南的良渚文化的玉钺上，有的精细地刻出造型奇特的神人骑虎纹图案。1986年在发掘浙江余杭反山良渚文化墓地时，第12号墓中出土有一柄刃宽16.8厘米的青玉钺（图一），装有白玉冠饰，柄末装有白玉端饰，钺体玉质优良，磨制光洁，两面刃部上角浮雕神人骑虎图像，两面刃部下角雕有大嘴神鸟。神人雕成倒梯形的人面，头戴放射状羽冠，胯下是巨睛的猛虎头的正面形象，头很大，环形重圈眼，两眼间以短脊相连，阔鼻、扁嘴，头下浅雕有折曲的前肢。环眼、阔鼻、扁嘴明显地呈现出猛虎的特征，是别具情趣的猛虎的变形图案（图二）。有人认为它表现了威力无比的神人降服凶猛的巨虎，也有人认为本是表现巫师借助巨虎来沟通天地。不论作何种推测，可以肯定这类图像应是当时人们尊敬的神圣的"徽帜"，持有镌刻这种徽帜的玉钺的人，自是具有权威的军事或宗教方面的领袖。后来，中国文字中的"王"字，正是由钺的形象演化而成，钺也一直是权威的象征物。到了商代，大钺这种具有传奇色彩的特殊兵器，虽然已改用青铜铸制，但仍常以猛虎图像作装饰图案。目前所发现的形体最为硕大的青铜钺，应为1976年在河南安阳殷墟发掘的妇好墓出土的一对。其中较重的那件，在钺体两面靠肩处饰有双虎扑噬人头的图案，居中是一个圆脸尖颏的人头像，左右两侧各有一只瞪目张口的猛虎，扑向中间的人头，似欲吞噬，散发着狰狞、恐怖而神秘的色彩。上面铸有"妇好"铭文，表明大钺是专为她制作的器物。此外，商周时期的其他青铜兵器，也常以虎纹装饰。例如，河南洛阳庞家村的西周墓中，就曾出土一件带有"太保"铭文的青铜戈，在戈阑前浮雕出虎头纹，瞪目张口，颇显威猛。不仅在格斗兵器上以虎纹为饰，将士装备的防护装具也常以猛虎为饰，特别是胄（头盔）和盾牌。在发掘河南安阳殷墟的殷商王陵时，第1004号大墓内出土有大量的青铜铸造的胄，其中有的铜胄正面额部的图案，就是猛虎的头像，大耳巨目，形貌威猛（图三）。与河南安阳出土的商代虎纹铜胄图案近似的，还有在江西新干大洋洲商墓出土的铜胄，正面额部也饰猛虎头像，大耳巨目，鼻的下缘就是胄的前沿。当战士戴上这类铜胄以后，在相当于虎嘴的地方，正露出他们那英武的面庞，显得分外雄劲威严。此外，有时还用剥下的虎皮来

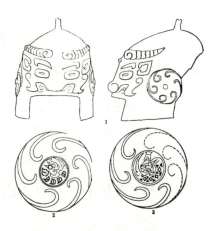

图三　河南安阳殷墟M1004出土的铜胄

装饰兵器，特别是用虎皮来制作弓袋，又称"虎韔"，见于《诗经·秦风·小戎》："虎韔镂膺，交韔二弓。"注："虎，虎皮也；韔，弓室也。"用以形容秦军威之盛。此外，当时生活在中国边疆地区的古代民族，更是常常以虎纹来装饰兵器。带有草原文化气息的青铜短剑，有的柄端以虎纹为装饰；云南的滇文化兵器中，也常见用于装饰的虎纹图案，特别是一件出土于云南江川李家山的刻纹铜臂甲（图四），以兽纹为装饰图纹，其中刻出一只扭体舞爪的猛虎，体态生动，是滇族猛虎刻纹中最精致的作品之一；蜀地的巴蜀文化青铜兵器，不论是戈还是剑，虎纹都是其主要装饰图像，这可能与古代巴人"白虎夷王"的古老传说有关。

✦ 图四 云南江川李家山出土的铜臂甲

军中以虎的形貌作为器物外形的青铜制品，还有虎符。《史记·魏公子列传》生动记述了如姬为信陵君盗晋鄙兵符，从而夺晋鄙十万大军救赵的故事。信陵君得符后"至邺，矫魏王令代晋鄙。晋鄙合符……"表明这种兵符分为两半，发兵时持留于王处的半符为信，与主将所持半

图五　陕西西安出土的秦国杜虎符

符合符，方可发兵。当时这类兵符都制成伏虎形貌，故又称"虎符"。目前保存的先秦时的虎符文物中，最精致的是 1973 年陕西西安郊区发现的秦国杜虎符（图五），虎作走动姿态，伸颈昂首，长尾卷曲，体长 9.5 厘米，背面有用于合符的槽。虎体有错金铭文 9 行共 40 字："兵甲之符，右才（在）君，左才杜。凡兴士披甲，用兵五十人以上，必会君符，乃敢行之。燔燧之事，虽母（毋）会符，行殹（也）。"据考证，秦代称"君"者，只惠文君一人，他即位 14 年后更元为王，因此该符之铸造当在惠文君元年至十三年间（前 337—前 325 年）。铭文字体绝大部分是小篆，错金技艺精湛，至今金光闪熠，尚如新制。此后，各代沿用虎符为兵符，1955 年曾在内蒙古呼和浩特美岱北魏墓出土有北魏时虎符，为完整的两半合成整符，形作伏虎状，前胸左右各刻"河内太守"铭文，腹下分刻"铜虎符左"和"铜虎符右"铭文，背铭"皇帝与河内太守铜虎符第三"一行文字中剖为二，只有合符才能通读。北魏铜符，四肢伏卧，头部过大，造型不如先秦虎符英

俊生动，刻文亦略显拙稚，不如秦杜虎符错金铭文精美。

至于虎形铜节，以20世纪80年代初在广东广州象岗山西汉南越王墓出土的虎节最为精美（图六）。它被包裹于丝绢内，放置在墓内西耳室中部南墙根下。外貌铸成蹲踞的猛虎，张口

✦ 图六　南越王墓出土的错金铜虎节

露齿，弓腰卷尾，虎体主斑系在铸出的弯叶形浅凹槽内贴以金箔片，呈现出斑斓的虎皮形貌，华美生动，器长19厘米。虎节正面有错金铭文。从纹饰、文字等方面看，与楚文化似有渊源，值得深入探研。

古物的声音*

考古发掘获得的古代遗物，按规矩会送到由国家管理的各级博物馆中，它们中的精品，会被陈列在展柜内，供广大民众观赏。人们在观赏这些凝聚着中国古代文明的科学信息的考古标本时，在寂静的展厅中，是否能够聆听到它们在吟唱关于它们本身的故事？是的，考古标本是会吟唱的，特别是随情抒发它们自身的故事。只要你能够掌握正确的方法，寂静的展厅立时就会热闹起来。那些考古标本会争先恐后地吟唱它们的故事，每件标本都有自己的个性，它们的吟唱曲调各异，有的曲调高昂，长篇叙事；有的言辞清晰，简洁明快；有的浅吟低唱，委婉动人；有的雄浑长啸，撼人心脾。组合成一曲称颂中国古代文明的华彩乐章。考古标本尽情吟唱，你闭目聆听，直到曲终，重归寂静，正如白居易在《琵琶行》所咏"此时无声胜有声"，你会继续长久地神游

---

* 本文原载《古物的声音——古人的生活日常与文化》，商务印书馆，2018 年。原题为《开头的话》。

于历史的长河之中。

但是如何才能够尽情聆听考古标本的吟唱呢？这就要由考古人来为你帮忙了。当你从事考古工作的时间越长，接触的考古标本越多，你对它们的了解越深，就会感悟标本内在积淀的历史文化的魅力，让冷冰冰的标本活起来，聆听到它们吟唱自身的故事，得到它们所承载的历史信息。回溯到1953年，那一年我开始成为考古学的学徒，日积月累。由于考古学是一门博大精深的学科，所以至今还没能结束学徒生涯，但是已能初步掌握聆听考古标本吟唱的本领。可以将它们吟唱的内容，转释给无法听到的读者，大家共享。

考古学还可以说是一门"遗憾"的学科，也就是说，古人并不是把什么都遗留在地下，而且遗留在地下的古代遗迹和遗物，今天并非都已被发掘出土，这里存在着极大的局限性。何况古人又没有把什么都写在书中，而古书又不是都能留存至今，所以许多考古遗存或遗物出土后，又缺乏文献的对应证实。还要注意到遗留在地下的古代遗存，大致可概括为古人生活的城址和居住址，以及古人死后埋入的墓葬两大类。城址本应保留有关古时人们社会生活最重要的科学信息，但是非常遗憾，古代城址都是在经历战乱、遭到彻底破坏后被废弃的遗存，基本上除了一些惨遭损毁的建筑基址以外，很少能有古代遗物保留下来。建筑基址和道路遗迹对了解当时城市平面布局等十分重要，但是有关古人日常生活的遗物和信息很少。所以，目前在田野考古工作中出土的大量保存完好的古代遗物的考古收获，主要是在发掘古代墓葬中取得的。只要下葬后没有遭到当时或后代的破坏和盗掘，一般在发掘古代墓葬时都能有随葬的遗物出土。目前在博物馆中展出的考古遗物，绝大部分是在古墓发掘中获得的。不过不同历史时期的墓葬，又受到当时礼俗和丧仪制度等各方面的局限，从其中获得的考古标本，有的是与当时社会实际生活有关的遗物，还有的是大量专为丧葬而制作的物品（包括碑、墓志、明器及与迷信有关的物品），因此必须加以分析辨识，理出与实际生活有关的遗物，如礼乐器、兵器、家具、灯具、服饰等（包括明器中的仿真模型），再通过它们蕴含的信息，结合有关文献，尽可能地复原古人的生活情景以及礼俗文化。特别是有关家具、灯具等遗物，因与人们生活起居紧密关联，更是了解古人平时生活的主要考古标本。

让我们走进博物馆的展厅，去重点倾听那些古代家具等考古标本吟唱的关于它们的故事，转译成篇篇短文，一起去了解古人生活的真实情景吧！